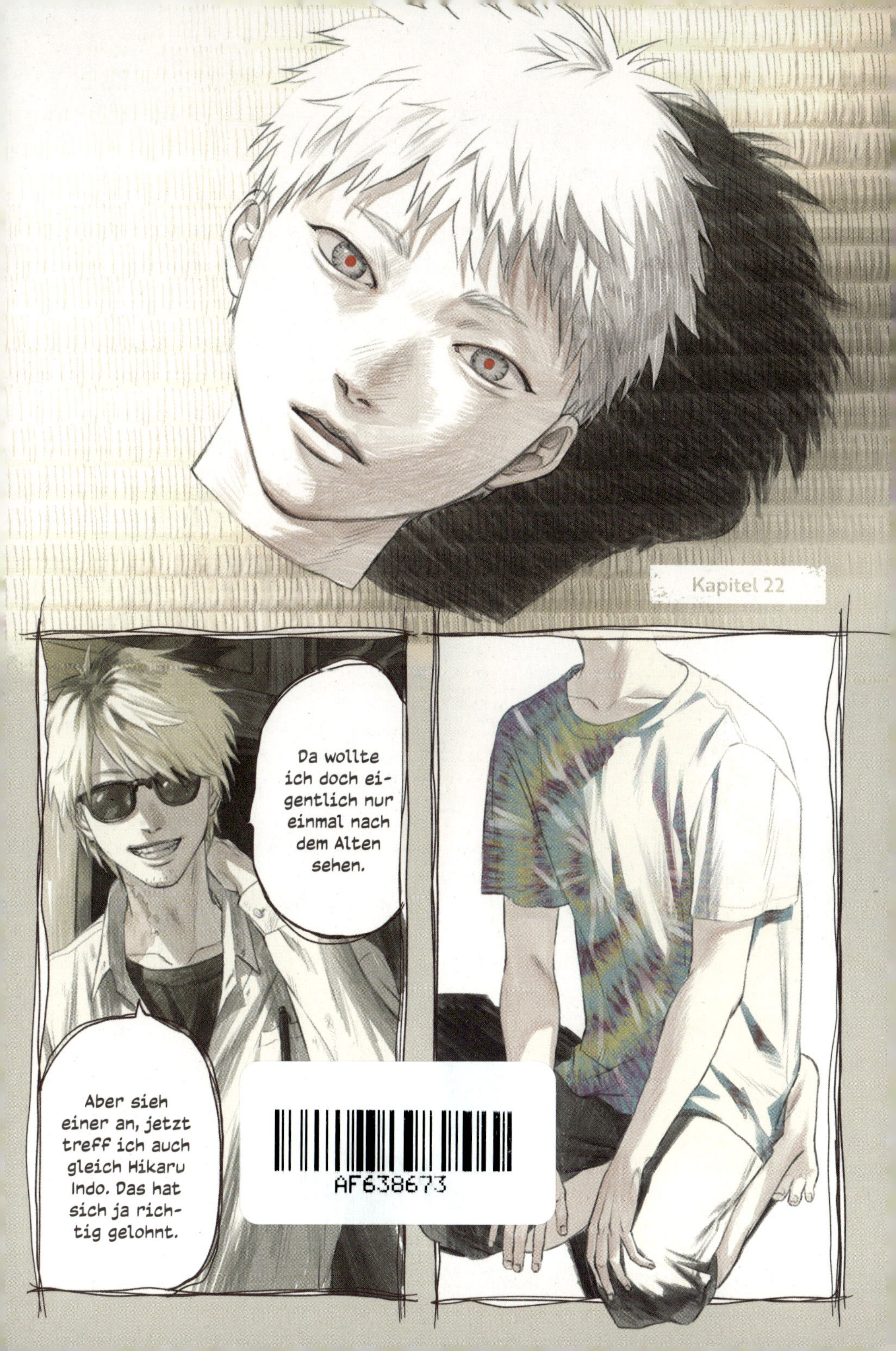
Kapitel 22
Da wollte ich doch eigentlich nur einmal nach dem Alten sehen.
Aber sieh einer an, jetzt treff ich auch gleich Hikaru Indo. Das hat sich ja richtig gelohnt.

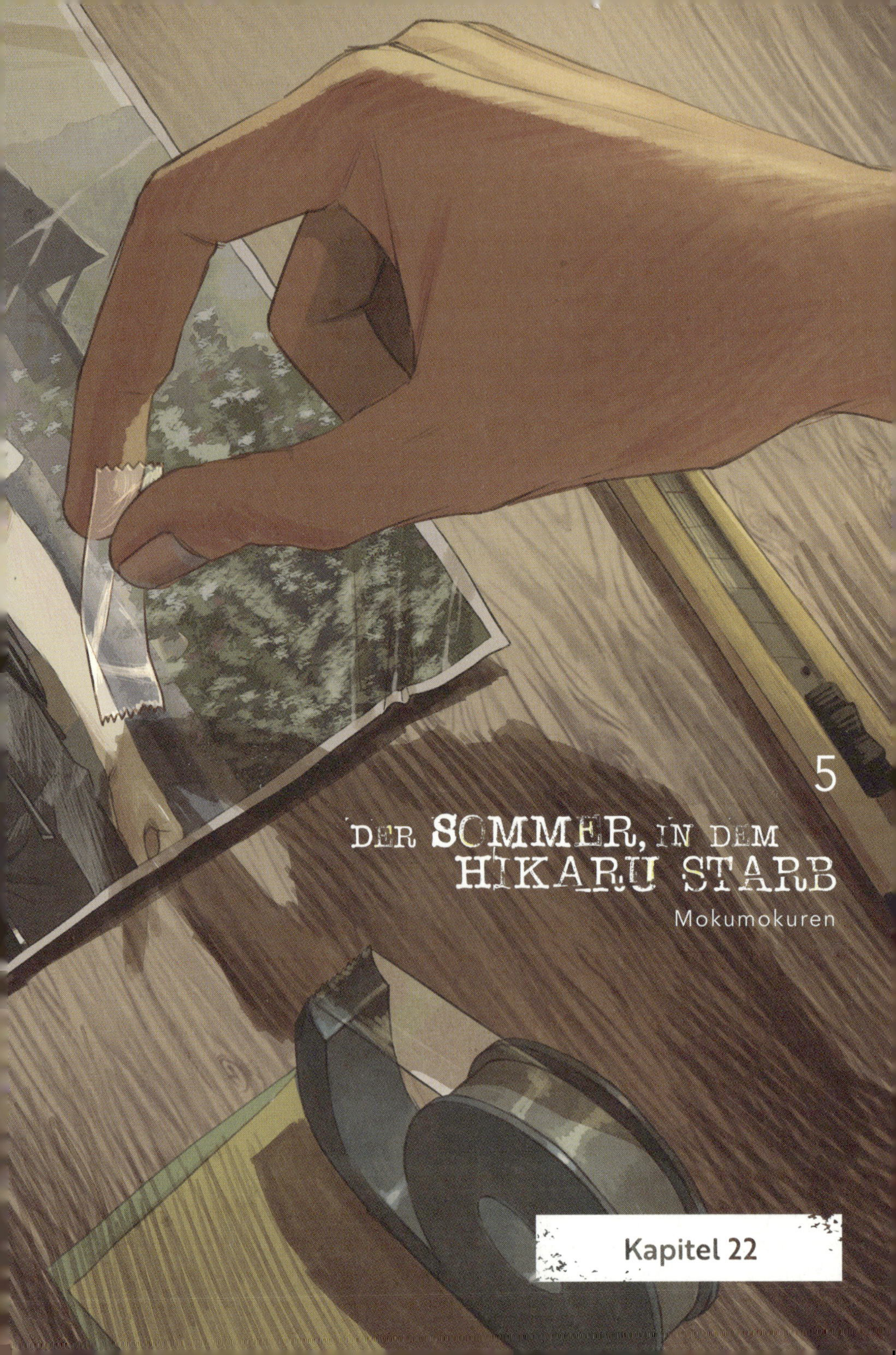
5
DER SOMMER, IN DEM HIKARU STARB
Mokumokuren
Kapitel 22

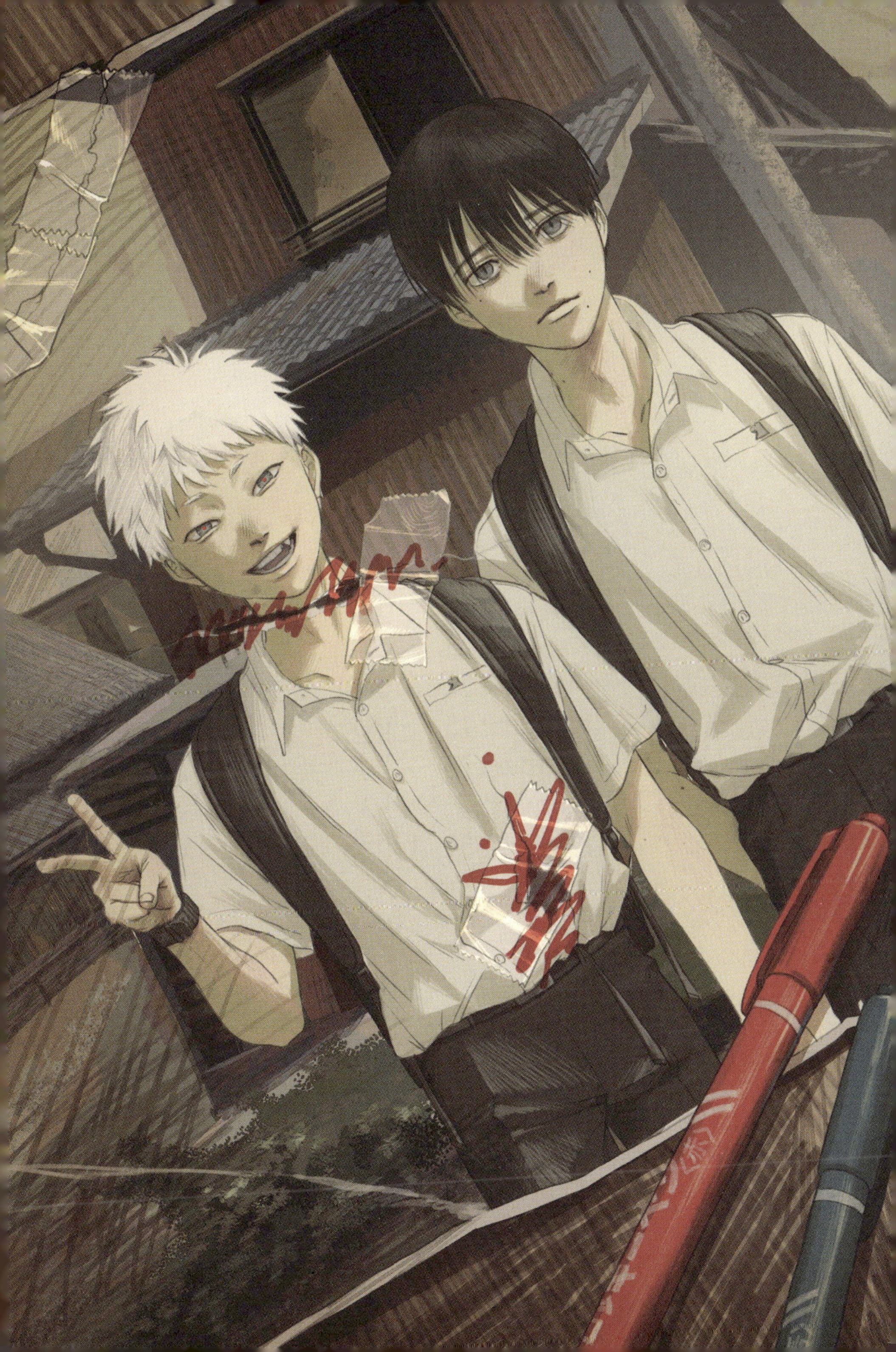

Inhalt

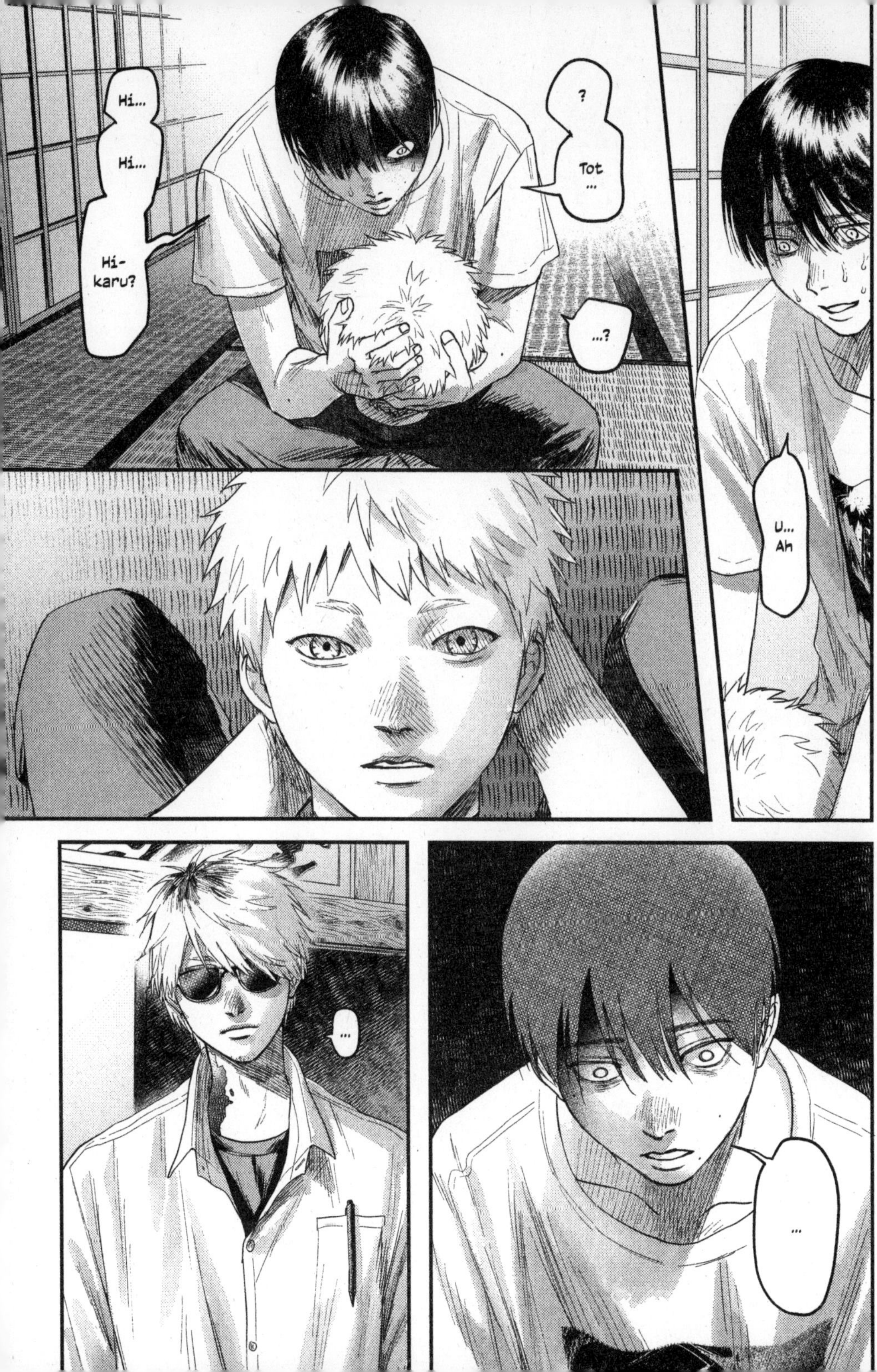
?
Tot ...
Hi...
Hi...
Hi-karu?
...?
U... Ah
...
...

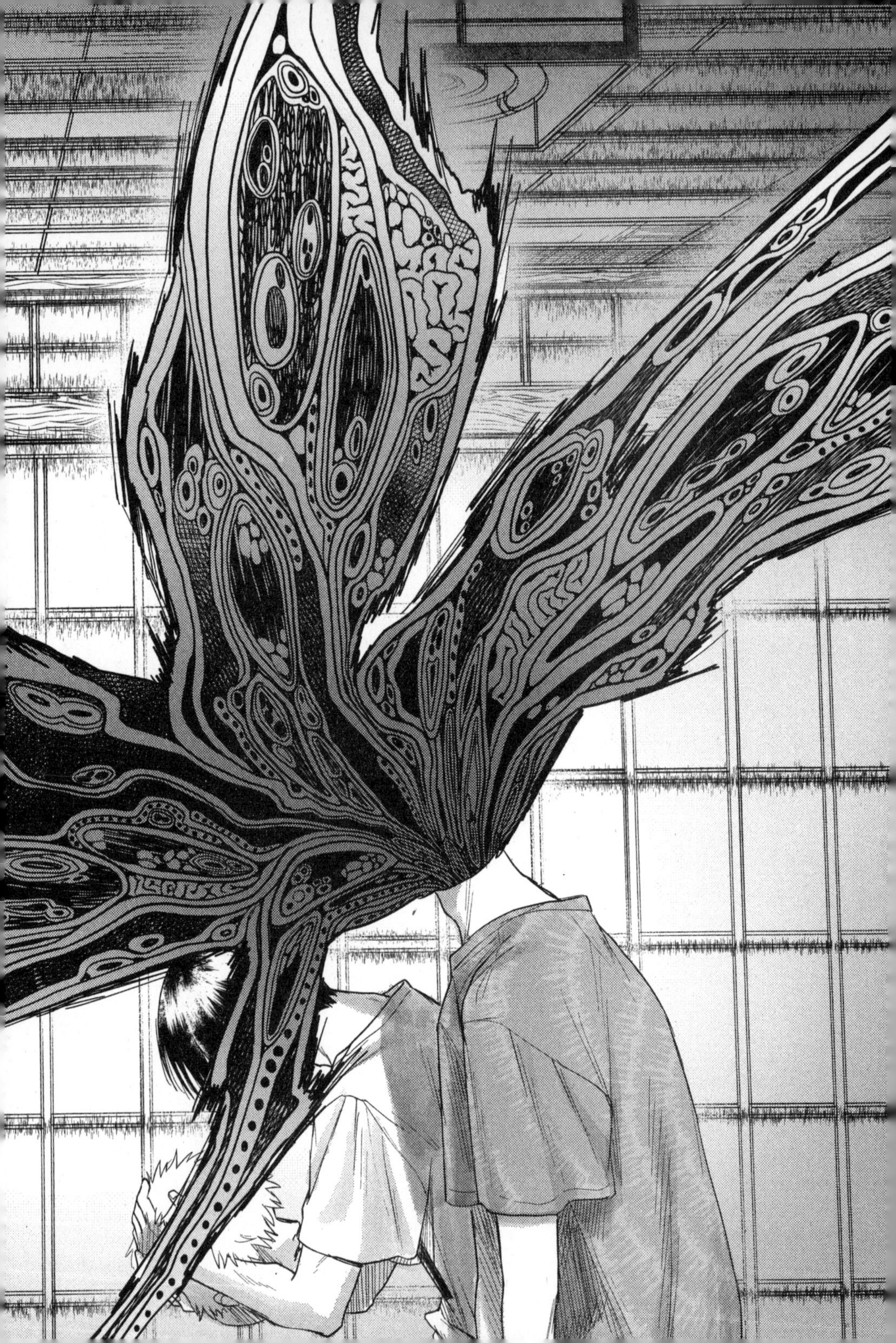

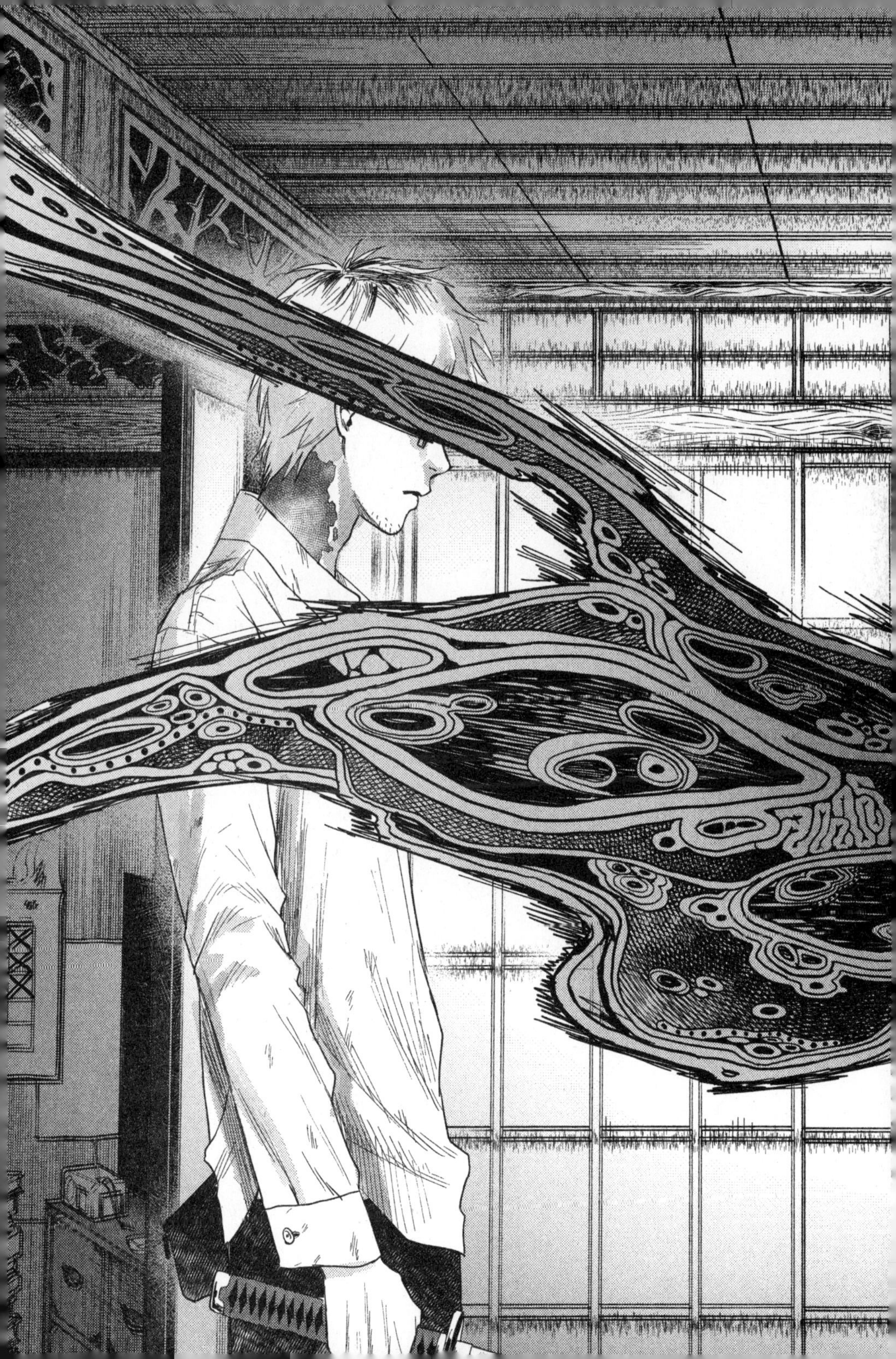

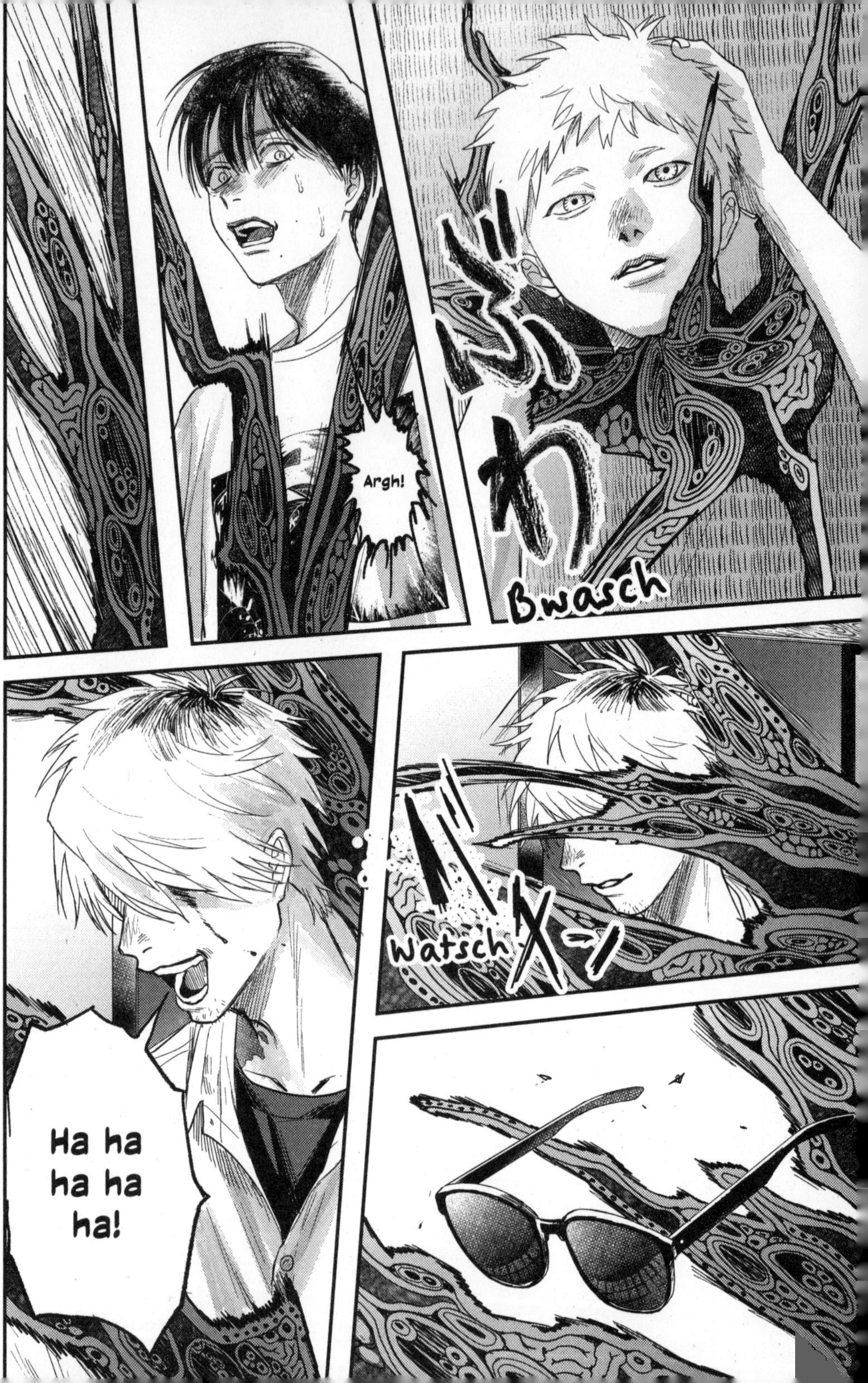
Bwasch
Argh!
Watsch
Ha ha ha ha ha!

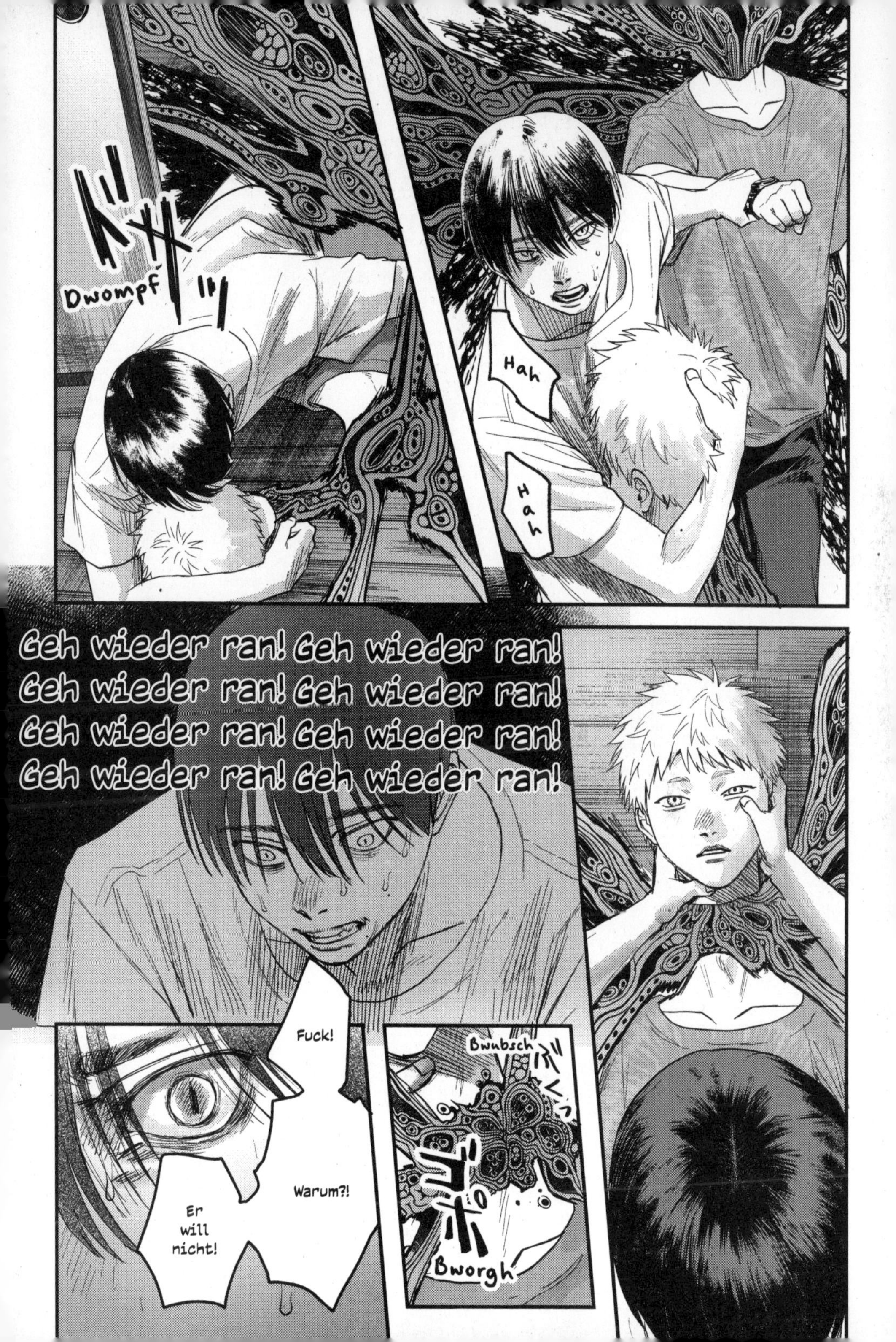

Hah
Hah
Dwompf
Geh wieder ran! Geh wieder ran! Geh wieder ran! Geh wieder ran! Geh wieder ran! Geh wieder ran! Geh wieder ran! Geh wieder ran!
Bwubsch
Bworgh
Fuck!
Warum?!
Er will nicht!

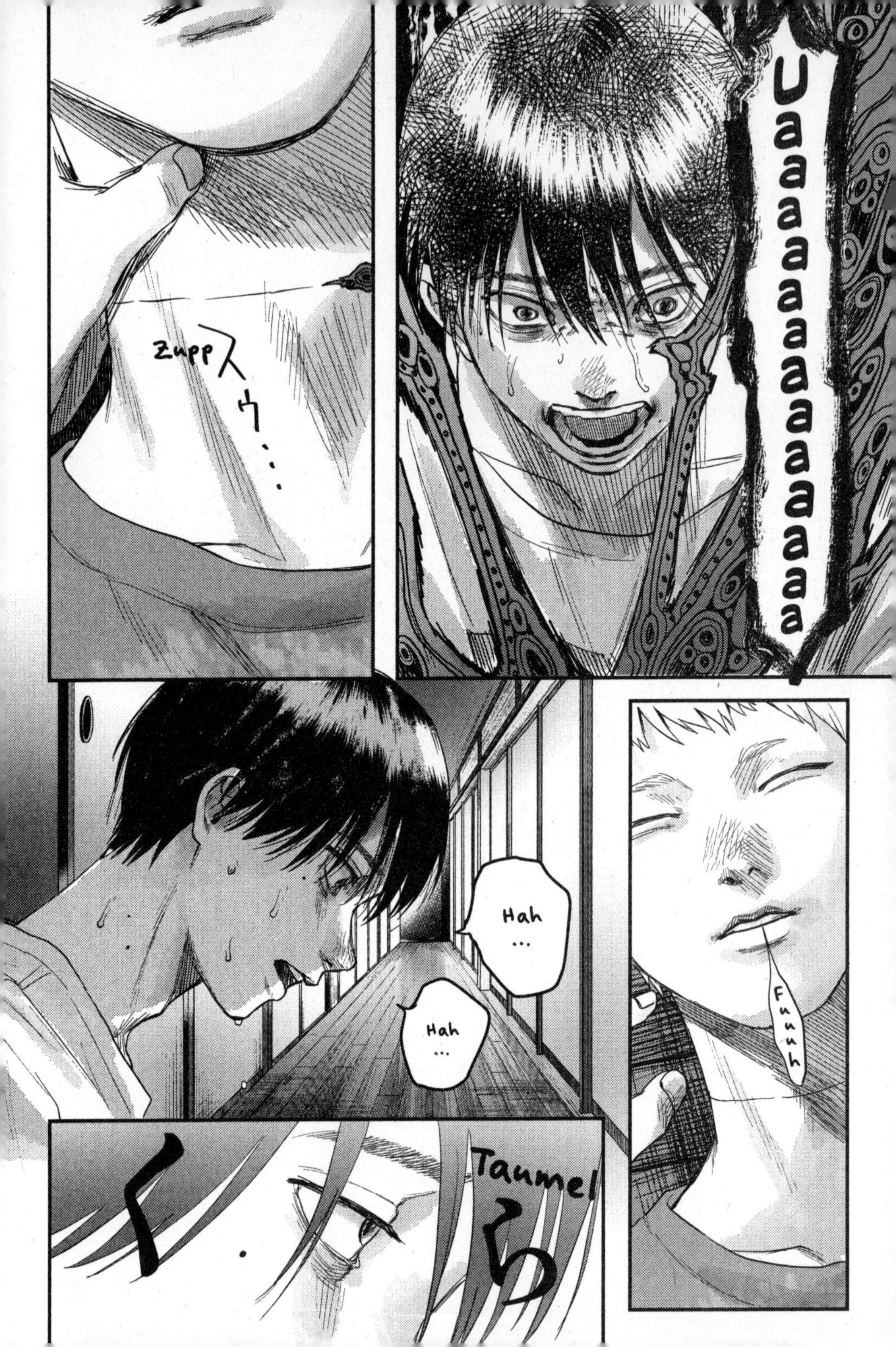
Uaaaaaaaaaaaaaaaaaa
Zupp
Funuh
Hah ...
Hah ...
Taumel

Wie lange war ich denn bewusstlos?
Eine Stunde etwa ...
Murmel
Murmel

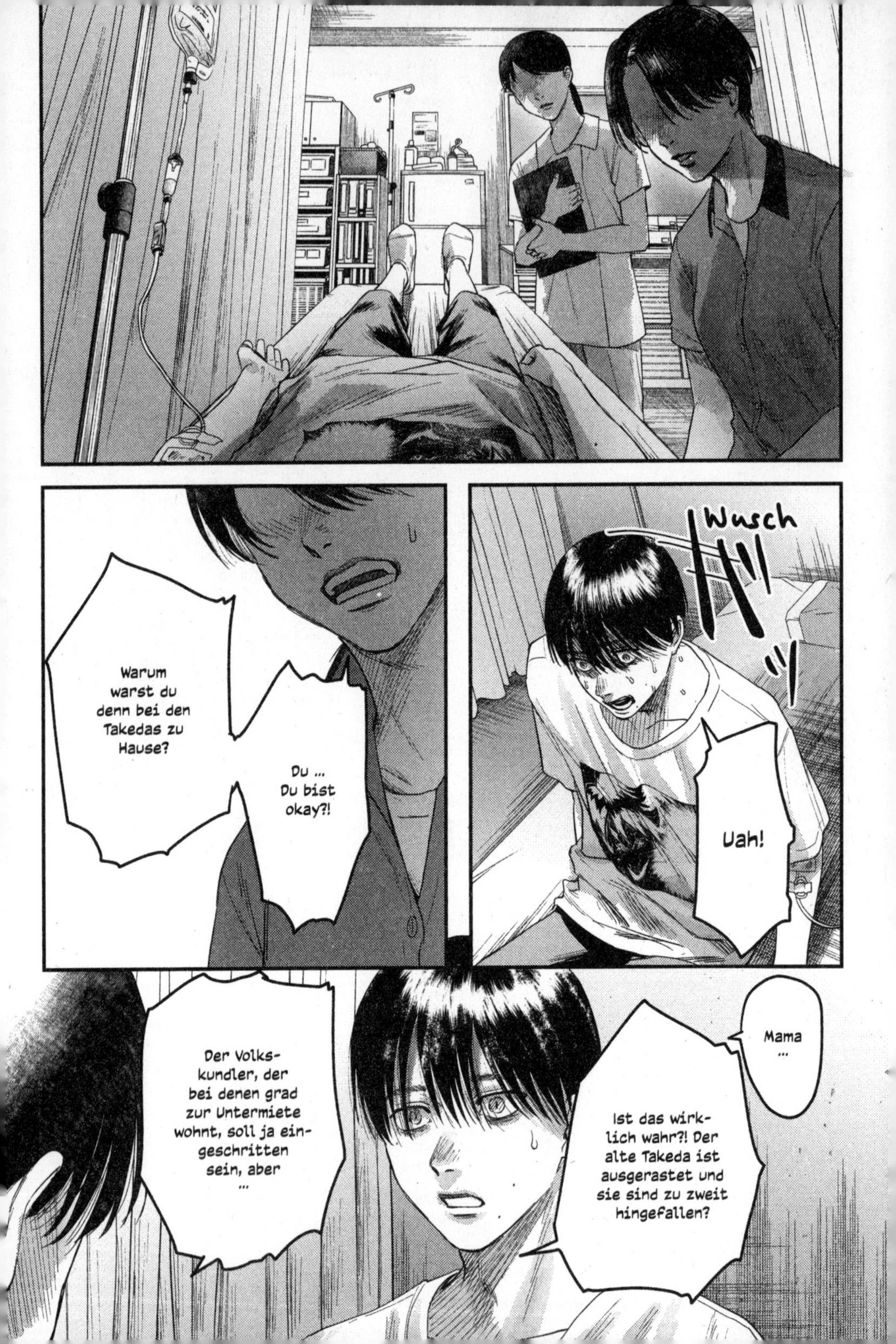
Wusch
Uah!
Du ...
Du bist okay?!
Warum warst du denn bei den Takedas zu Hause?
Mama ...
Ist das wirklich wahr?! Der alte Takeda ist ausgerastet und sie sind zu zweit hingefallen?
Der Volkskundler, der bei denen grad zur Untermiete wohnt, soll ja eingeschritten sein, aber ...

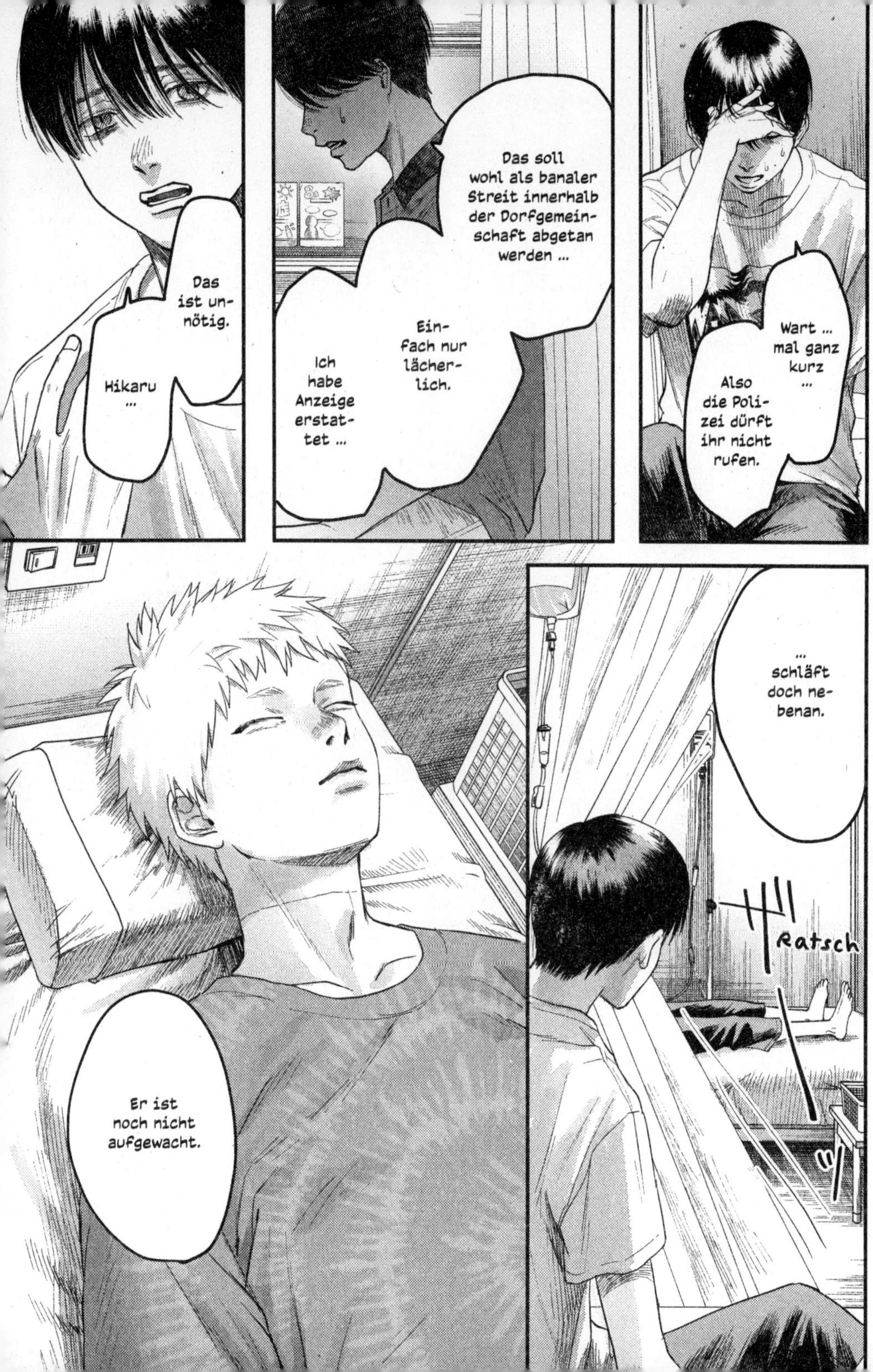
Wart ... mal ganz kurz ...
Also die Polizei dürft ihr nicht rufen.
Das soll wohl als banaler Streit innerhalb der Dorfgemeinschaft abgetan werden ...
Einfach nur lächerlich.
Ich habe Anzeige erstattet ...
Das ist unnötig.
Hikaru ...
... schläft doch nebenan.
Ratsch
Er ist noch nicht aufgewacht.

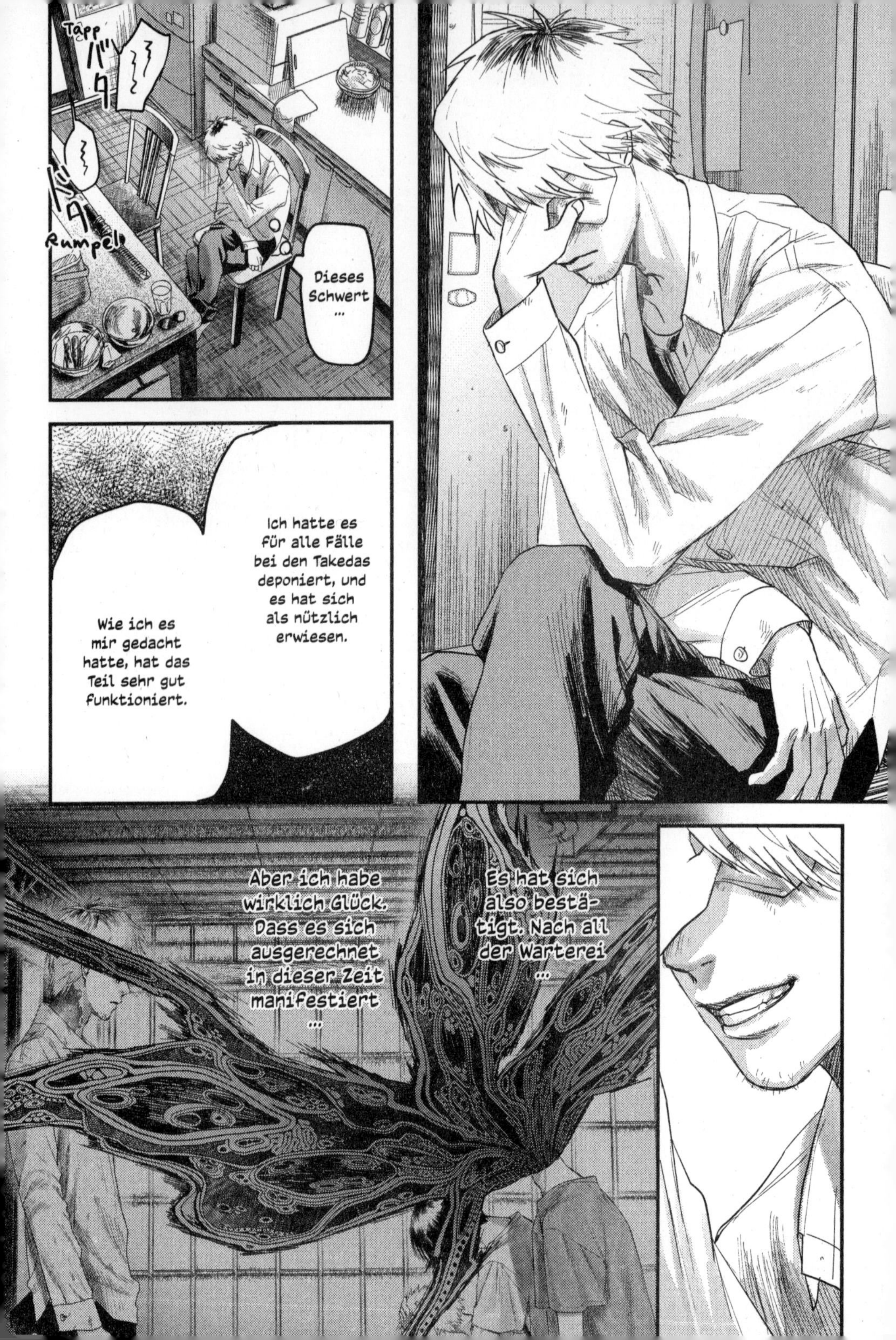
Tapp
バタ
ドタ
Rumpel
Dieses Schwert …
Ich hatte es für alle Fälle bei den Takedas deponiert, und es hat sich als nützlich erwiesen.
Wie ich es mir gedacht hatte, hat das Teil sehr gut funktioniert.
Es hat sich also bestätigt. Nach all der Warterei …
Aber ich habe wirklich Glück. Dass es sich ausgerechnet in dieser Zeit manifestiert …

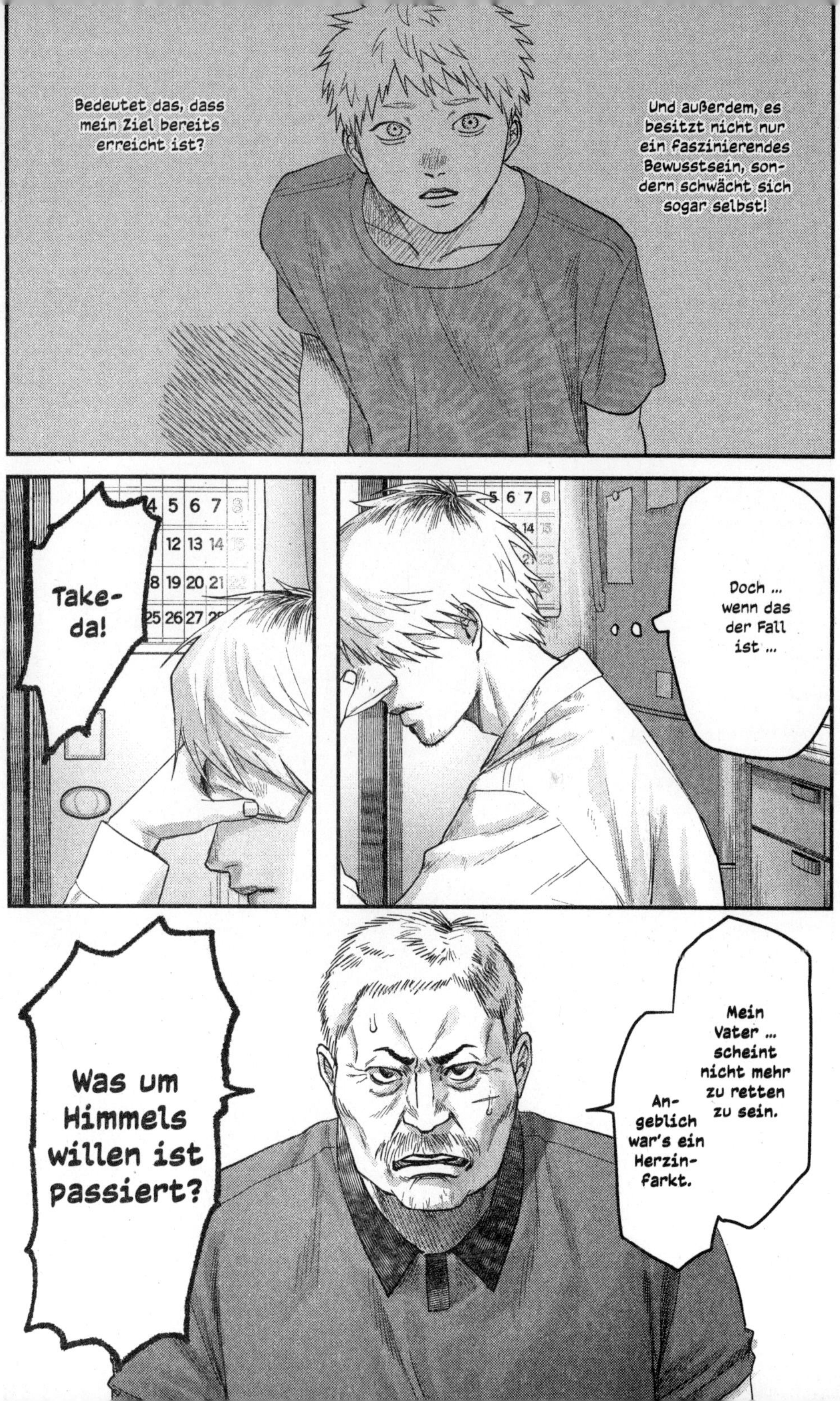
Und außerdem, es besitzt nicht nur ein faszinierendes Bewusstsein, sondern schwächt sich sogar selbst!
Bedeutet das, dass mein Ziel bereits erreicht ist?
Doch ... wenn das der Fall ist ...
Take-da!
Mein Vater ... scheint nicht mehr zu retten zu sein.
Angeblich war's ein Herzinfarkt.
Was um Himmels willen ist passiert?

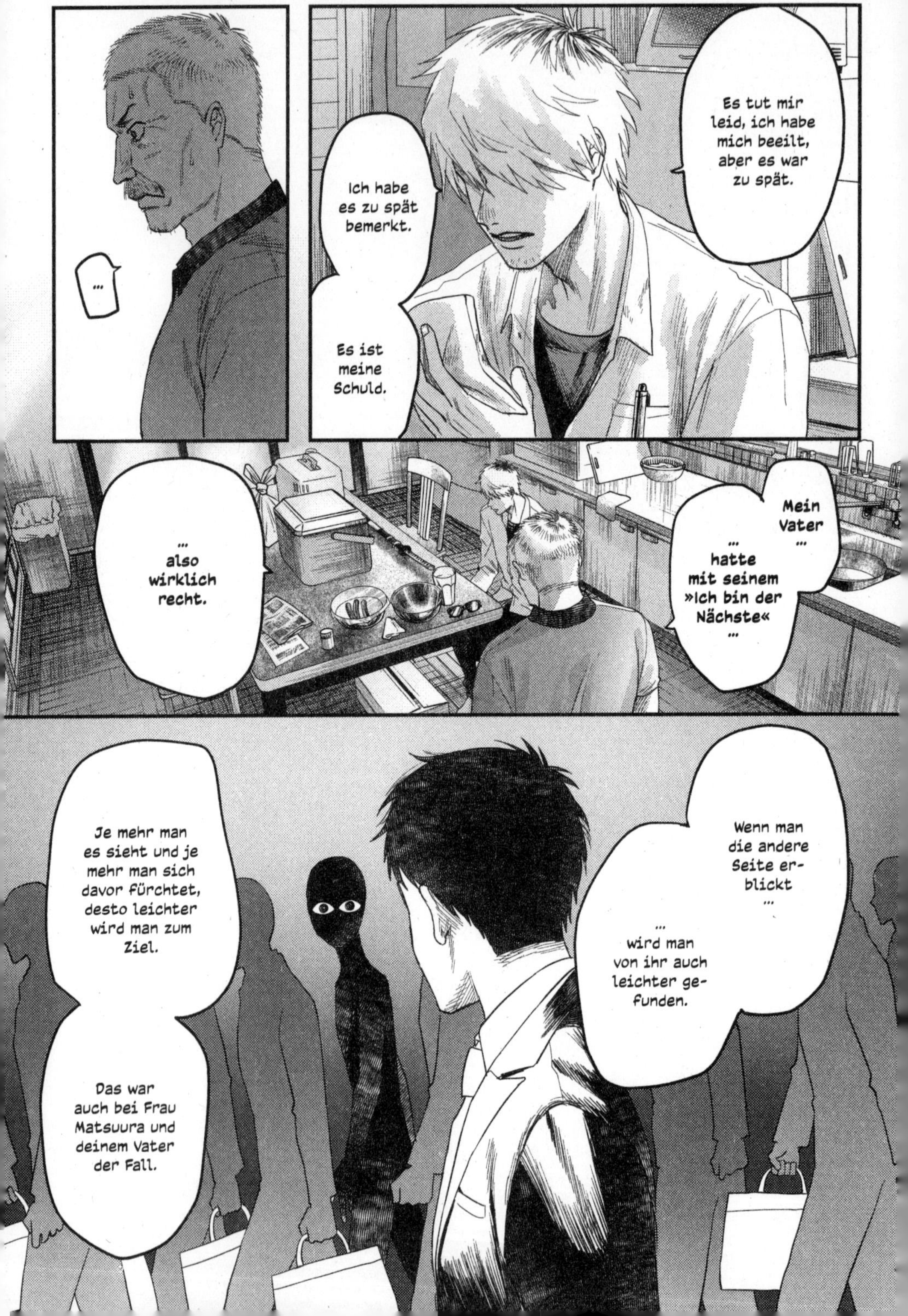
Es tut mir leid, ich habe mich beeilt, aber es war zu spät.
Ich habe es zu spät bemerkt.
Es ist meine Schuld.
...
Mein Vater ... hatte mit seinem »Ich bin der Nächste« ...
... also wirklich recht.
Wenn man die andere Seite erblickt ...
... wird man von ihr auch leichter gefunden.
Je mehr man es sieht und je mehr man sich davor fürchtet, desto leichter wird man zum Ziel.
Das war auch bei Frau Matsuura und deinem Vater der Fall.

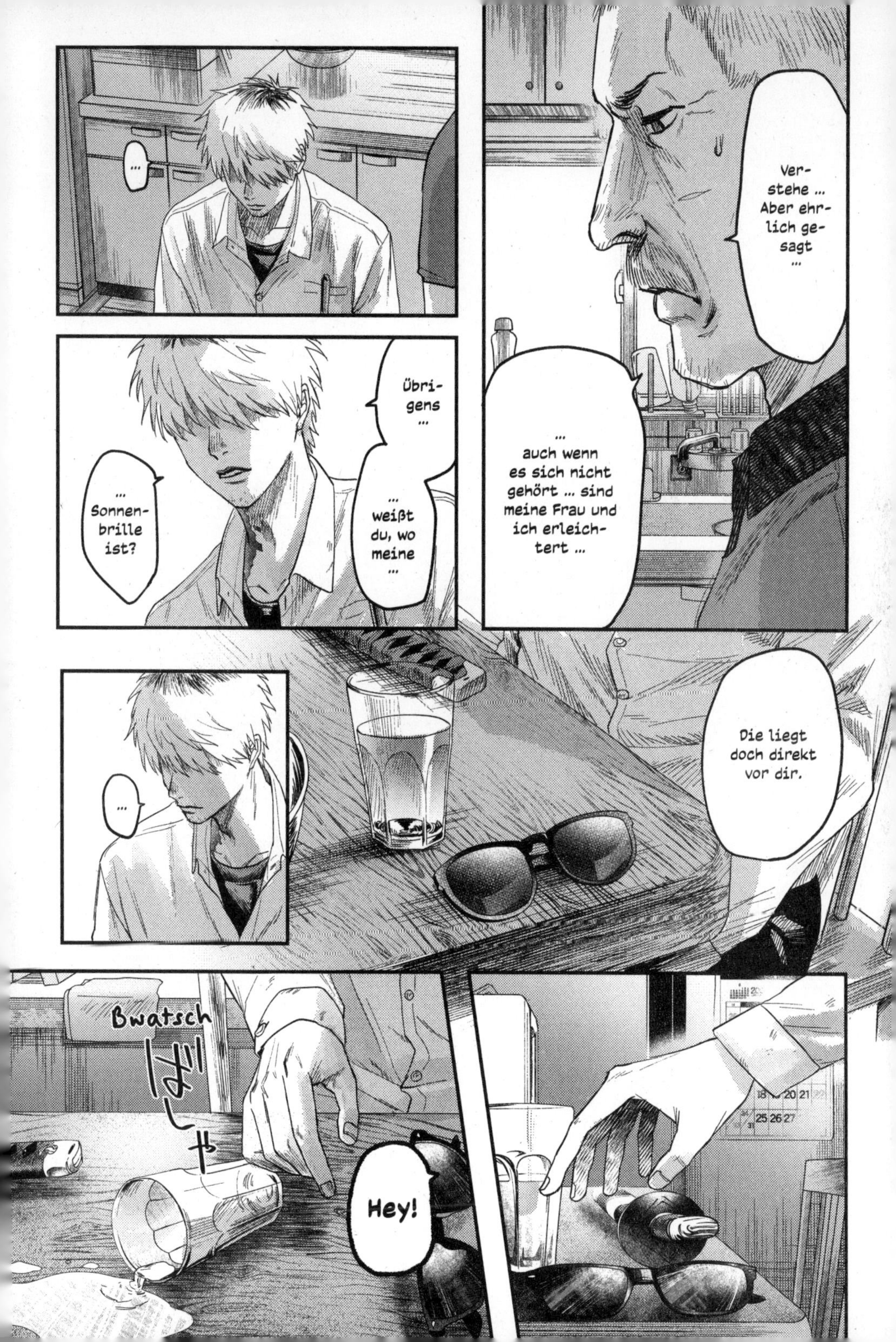

Verstehe ... Aber ehrlich gesagt ...
... auch wenn es sich nicht gehört ... sind meine Frau und ich erleichtert ...
...
Übrigens ...
... weißt du, wo meine ...
... Sonnenbrille ist?
Die liegt doch direkt vor dir.
...
Hey!
Bwatsch
ばしゃ

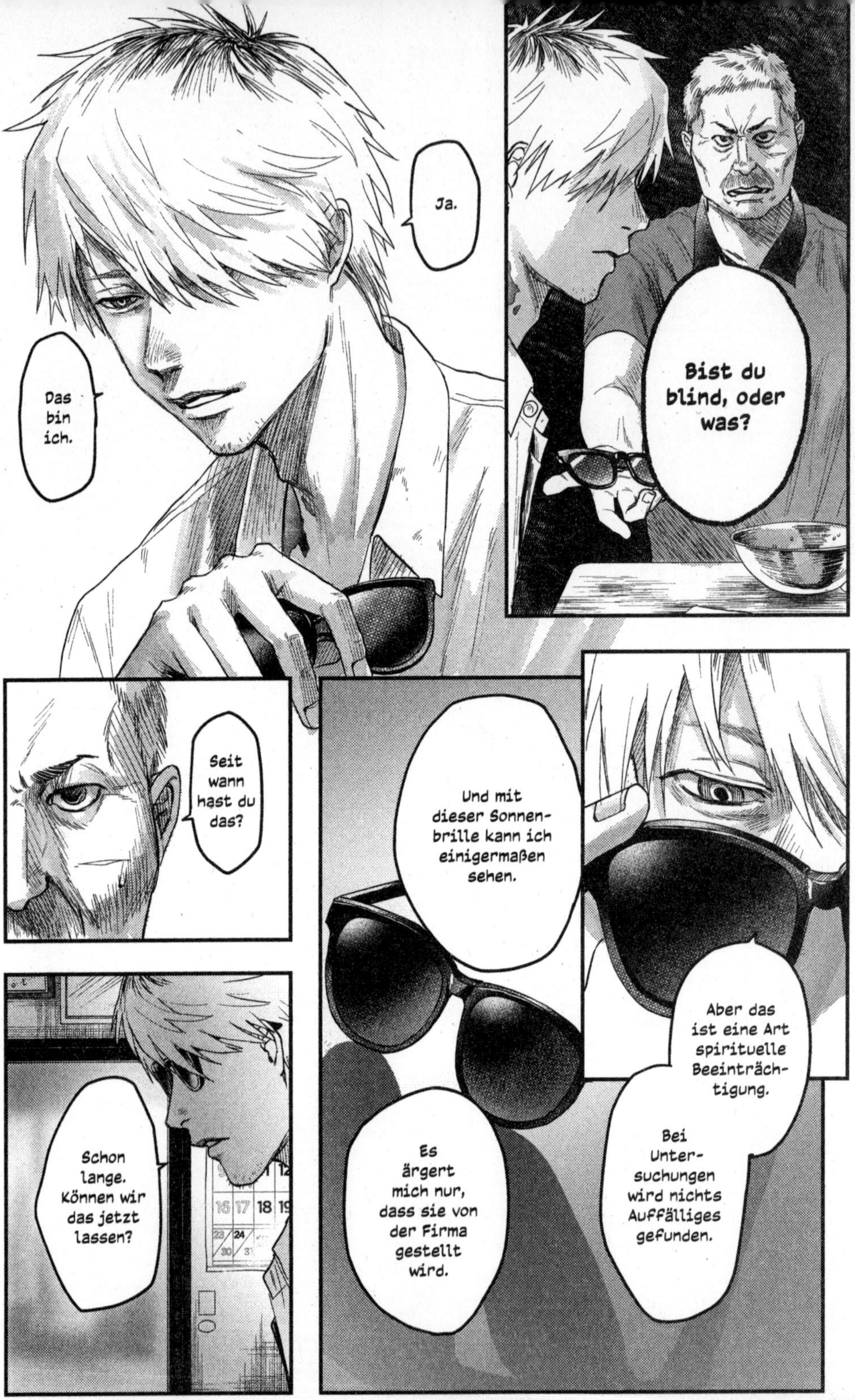
Bist du blind, oder was?
Ja.
Das bin ich.
Seit wann hast du das?
Schon lange. Können wir das jetzt lassen?
Und mit dieser Sonnenbrille kann ich einigermaßen sehen.
Aber das ist eine Art spirituelle Beeinträchtigung.
Bei Untersuchungen wird nichts Auffälliges gefunden.
Es ärgert mich nur, dass sie von der Firma gestellt wird.

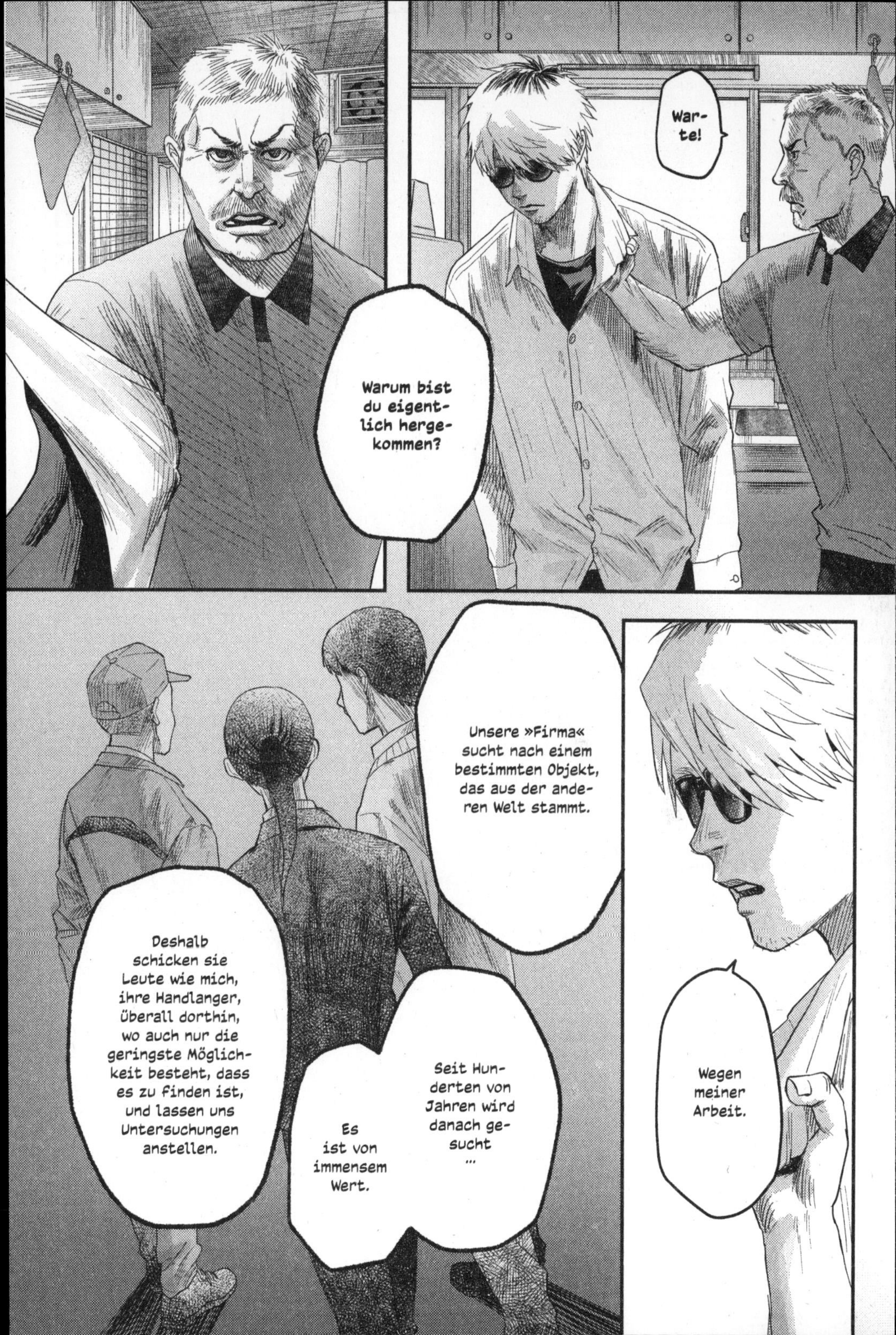
Warte!
Warum bist du eigentlich hergekommen?
Wegen meiner Arbeit.
Unsere »Firma« sucht nach einem bestimmten Objekt, das aus der anderen Welt stammt.
Seit Hunderten von Jahren wird danach gesucht ...
Es ist von immensem Wert.
Deshalb schicken sie Leute wie mich, ihre Handlanger, überall dorthin, wo auch nur die geringste Möglichkeit besteht, dass es zu finden ist, und lassen uns Untersuchungen anstellen.

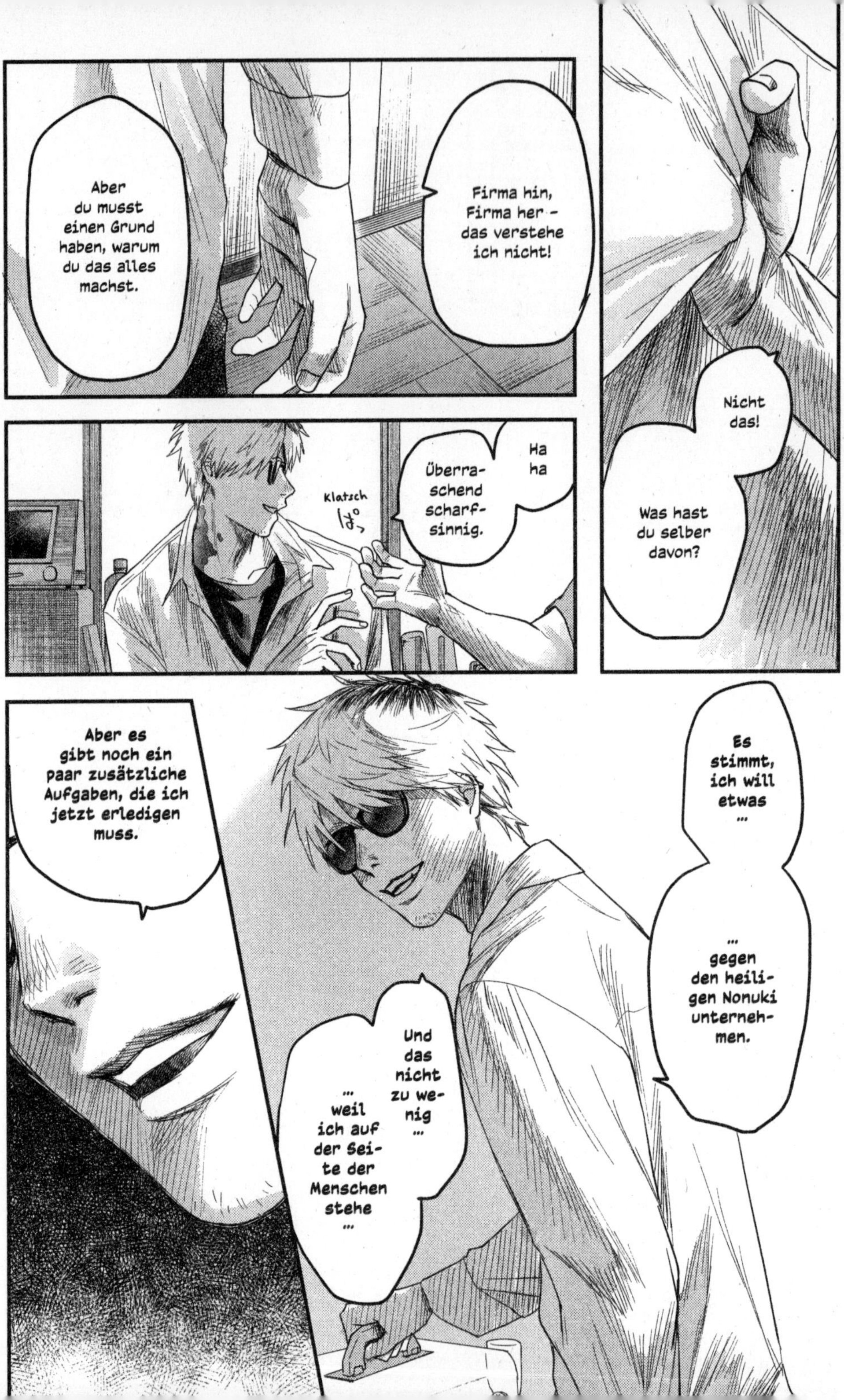
Nicht das!
Was hast du selber davon?
Firma hin, Firma her - das verstehe ich nicht!
Aber du musst einen Grund haben, warum du das alles machst.
Ha ha
Überraschend scharfsinnig.
Klatsch
ぱっ
Es stimmt, ich will etwas …
… gegen den heiligen Nonuki unternehmen.
Und das nicht zu wenig …
… weil ich auf der Seite der Menschen stehe …
Aber es gibt noch ein paar zusätzliche Aufgaben, die ich jetzt erledigen muss.

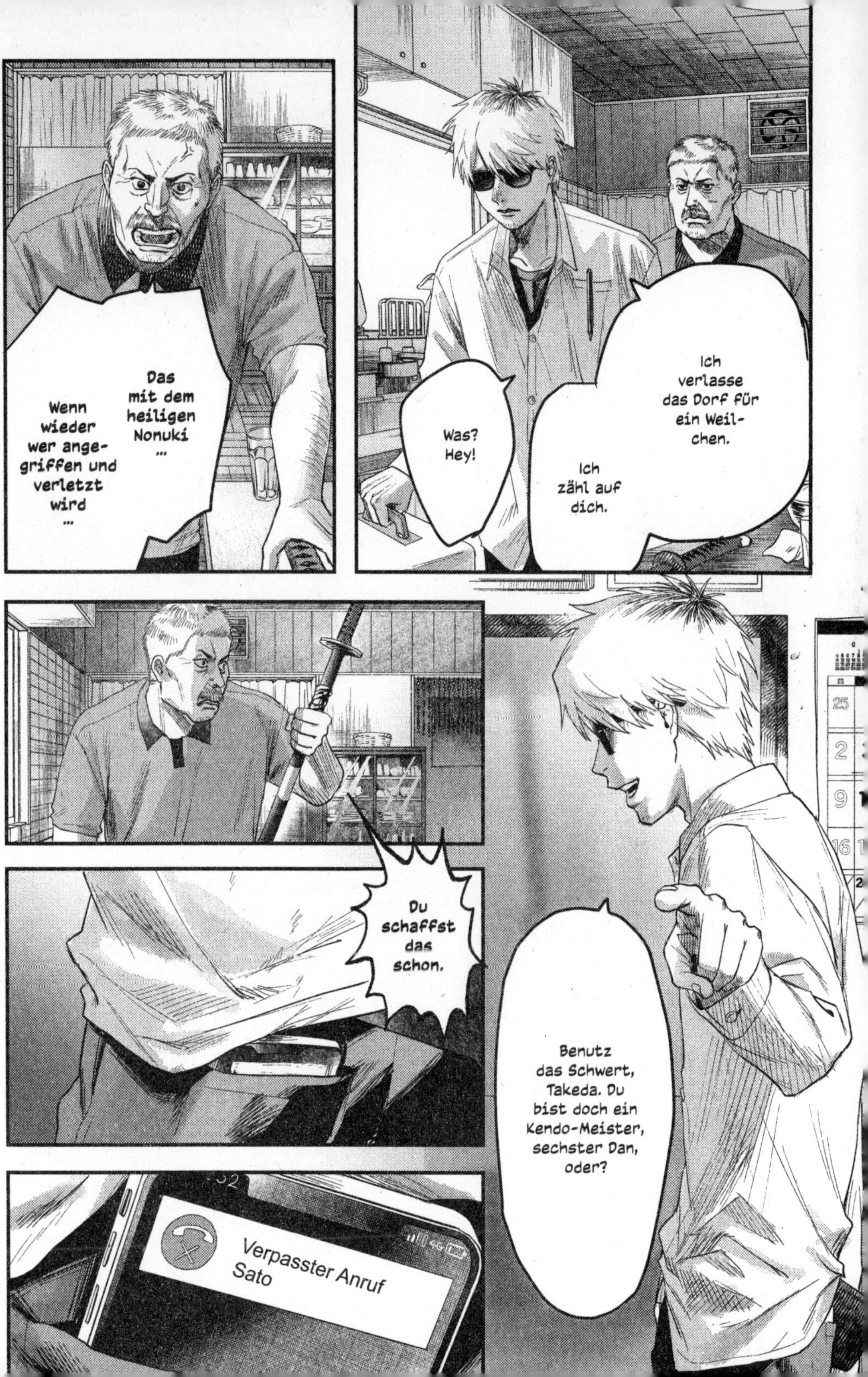
Ich verlasse das Dorf für ein Weilchen.
Ich zähl auf dich.
Was? Hey!
Das mit dem heiligen Nonuki …
Wenn wieder wer angegriffen und verletzt wird …
Benutz das Schwert, Takeda. Du bist doch ein Kendo-Meister, sechster Dan, oder?
Du schaffst das schon.
Verpasster Anruf
Sato

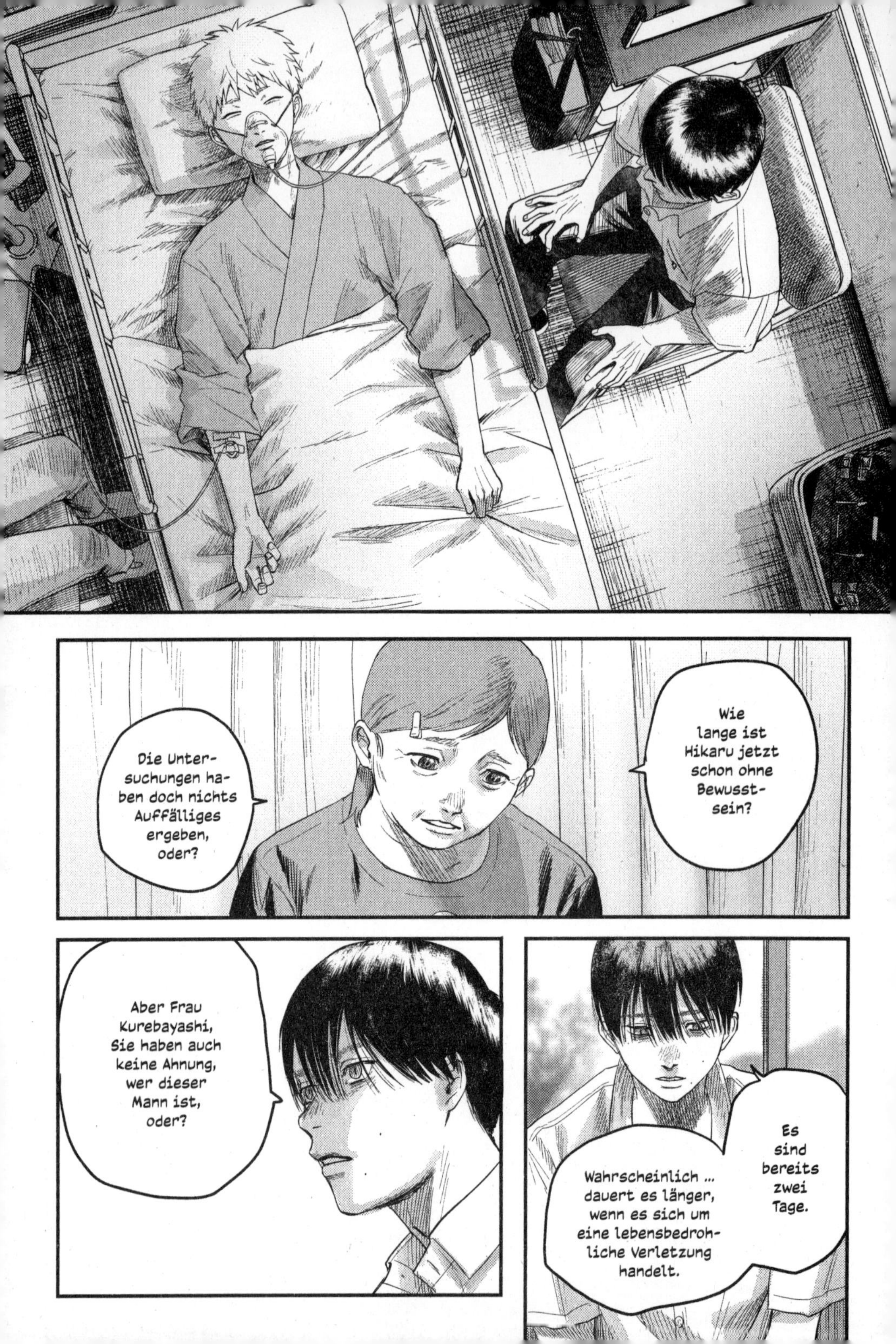

Wie lange ist Hikaru jetzt schon ohne Bewusstsein?
Die Untersuchungen haben doch nichts Auffälliges ergeben, oder?
Es sind bereits zwei Tage.
Wahrscheinlich … dauert es länger, wenn es sich um eine lebensbedrohliche Verletzung handelt.
Aber Frau Kurebayashi, Sie haben auch keine Ahnung, wer dieser Mann ist, oder?

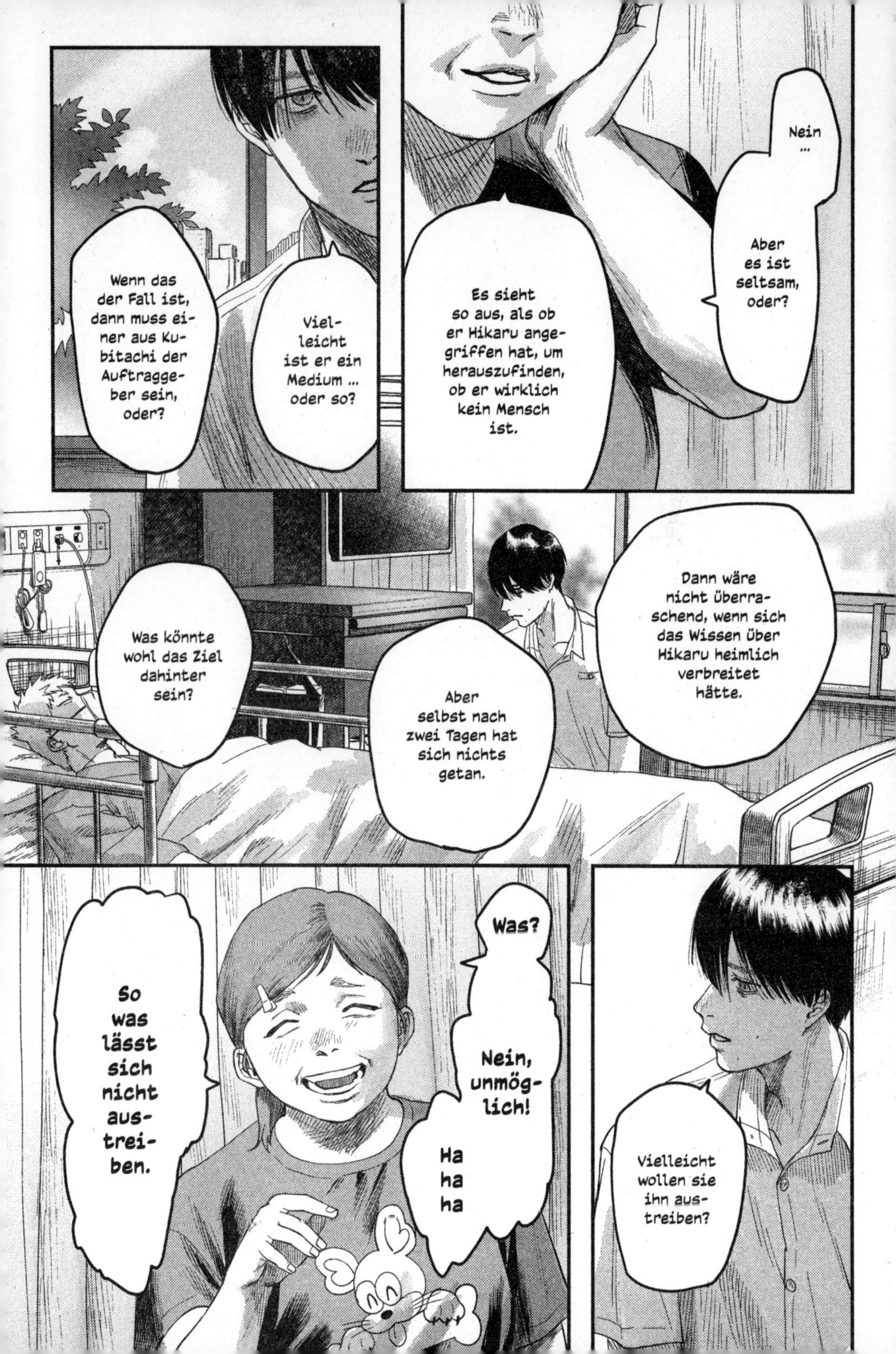

Nein ...
Aber es ist seltsam, oder?
Es sieht so aus, als ob er Hikaru angegriffen hat, um herauszufinden, ob er wirklich kein Mensch ist.
Vielleicht ist er ein Medium ... oder so?
Wenn das der Fall ist, dann muss einer aus Kubitachi der Auftraggeber sein, oder?
Dann wäre nicht überraschend, wenn sich das Wissen über Hikaru heimlich verbreitet hätte.
Aber selbst nach zwei Tagen hat sich nichts getan.
Was könnte wohl das Ziel dahinter sein?
Vielleicht wollen sie ihn austreiben?
Was?
Nein, unmöglich!
Ha ha ha
So was lässt sich nicht austreiben.

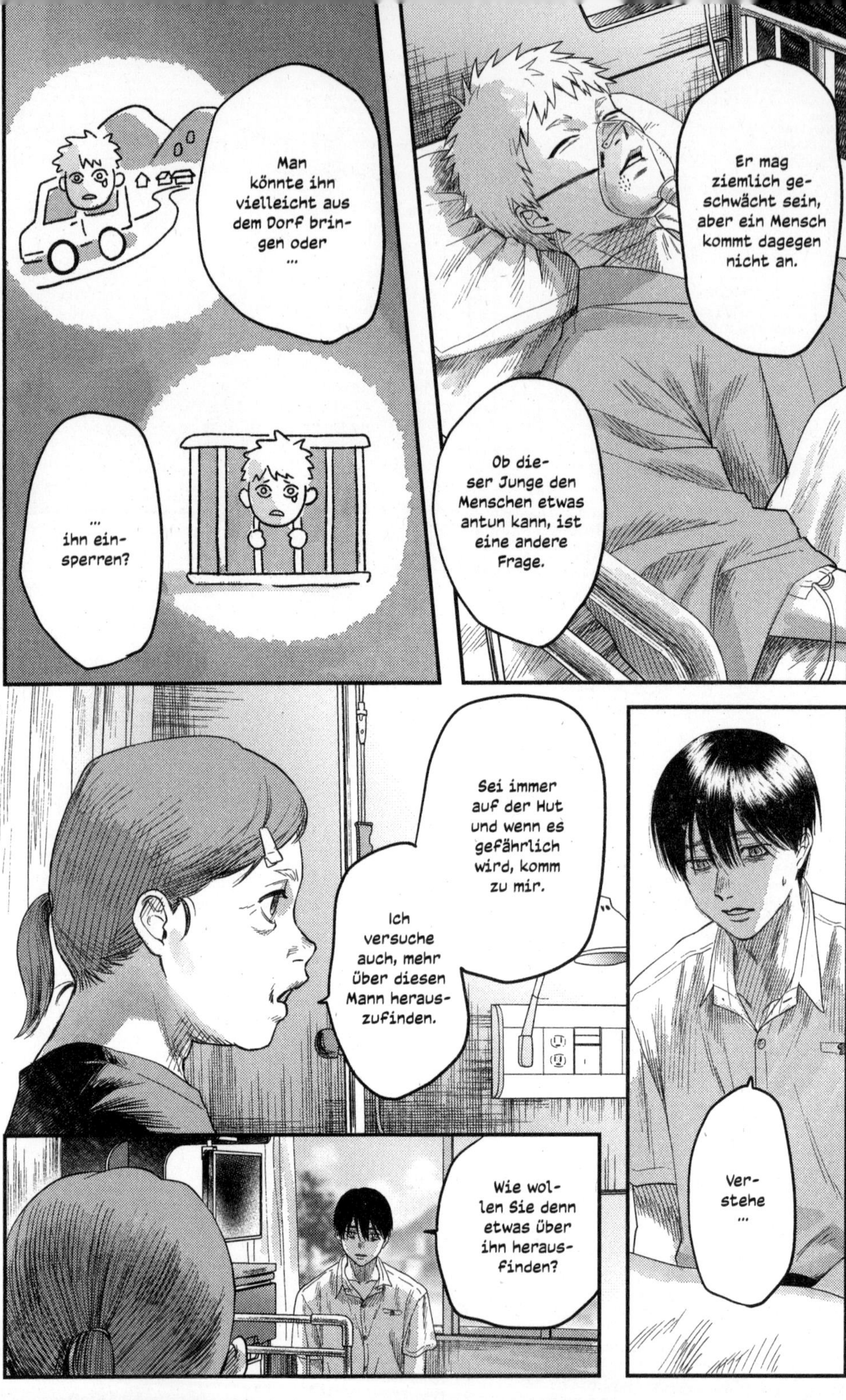

Er mag ziemlich geschwächt sein, aber ein Mensch kommt dagegen nicht an.
Ob dieser Junge den Menschen etwas antun kann, ist eine andere Frage.
Man könnte ihn vielleicht aus dem Dorf bringen oder ...
... ihn einsperren?
Sei immer auf der Hut und wenn es gefährlich wird, komm zu mir.
Ich versuche auch, mehr über diesen Mann herauszufinden.
Verstehe ...
Wie wollen Sie denn etwas über ihn herausfinden?

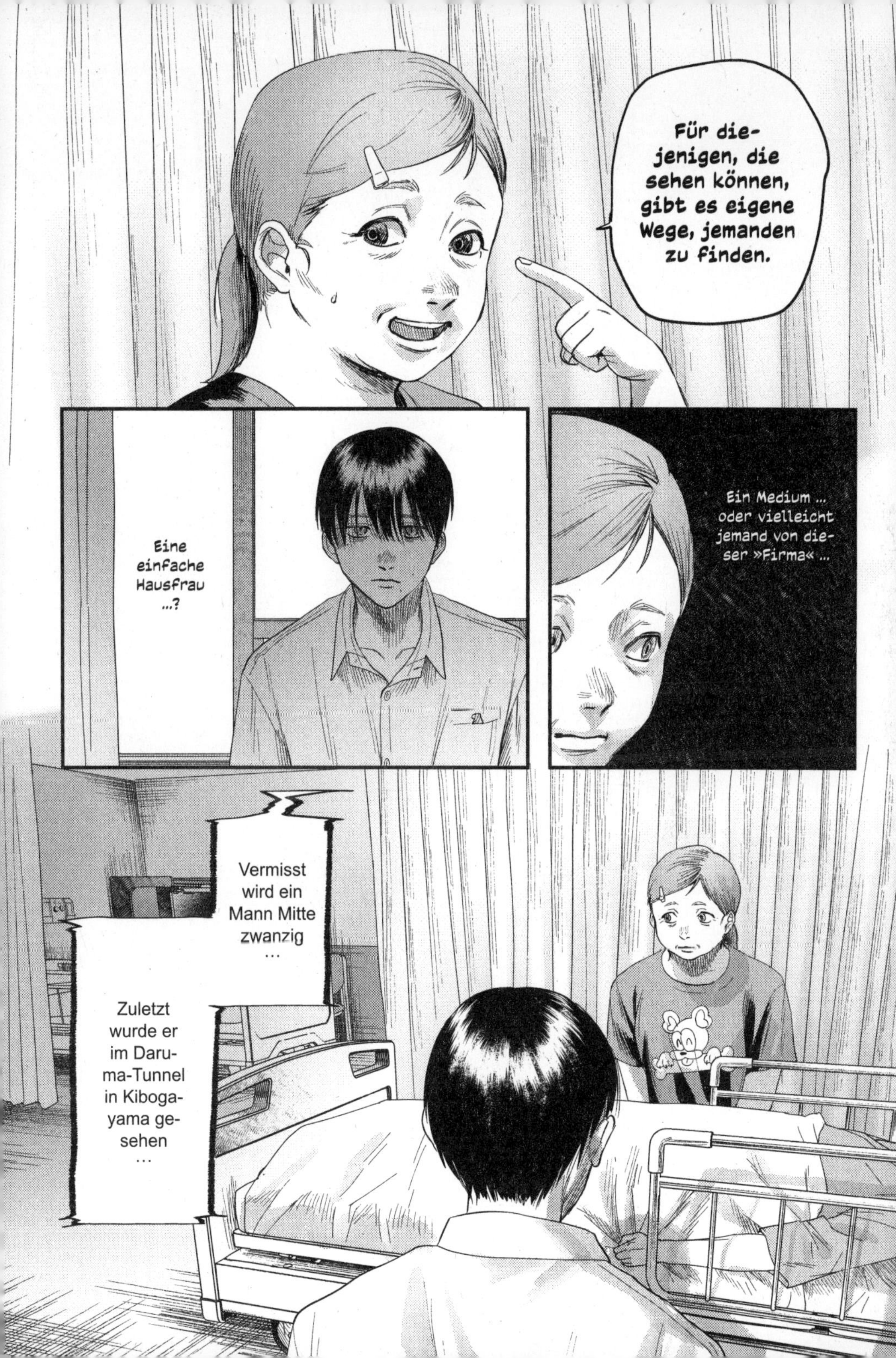
Für die-
jenigen, die
sehen können,
gibt es eigene
Wege, jemanden
zu finden.
Ein Medium …
oder vielleicht
jemand von die-
ser »Firma« …
Eine
einfache
Hausfrau
…?
Vermisst
wird ein
Mann Mitte
zwanzig
…
Zuletzt
wurde er
im Daru-
ma-Tunnel
in Kiboga-
yama ge-
sehen
…

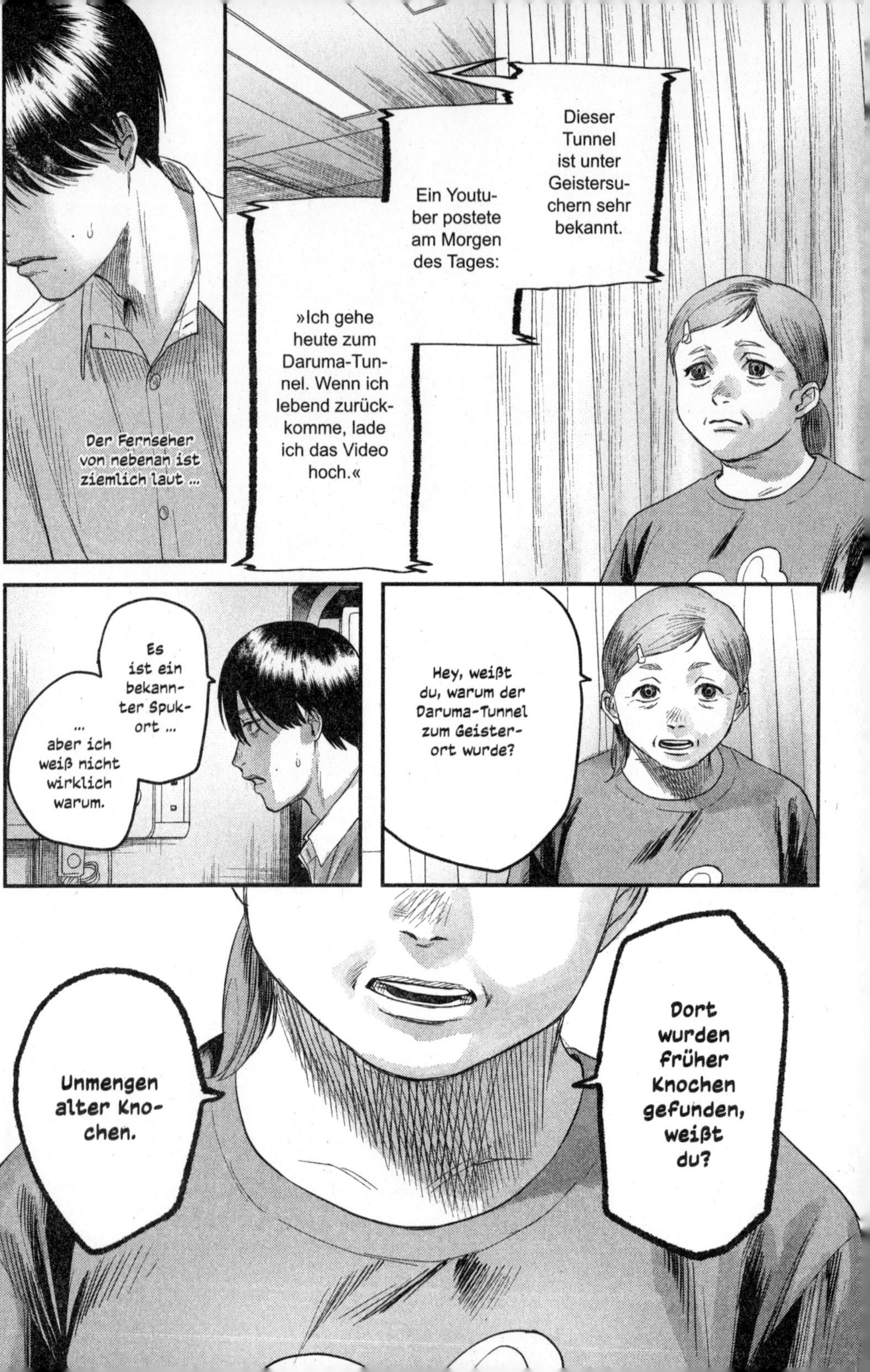
Dieser Tunnel ist unter Geistersuchern sehr bekannt.
Ein Youtuber postete am Morgen des Tages:
»Ich gehe heute zum Daruma-Tunnel. Wenn ich lebend zurückkomme, lade ich das Video hoch.«
Der Fernseher von nebenan ist ziemlich laut ...
Hey, weißt du, warum der Daruma-Tunnel zum Geisterort wurde?
Es ist ein bekannter Spukort ...
... aber ich weiß nicht wirklich warum.
Dort wurden früher Knochen gefunden, weißt du?
Unmengen alter Knochen.

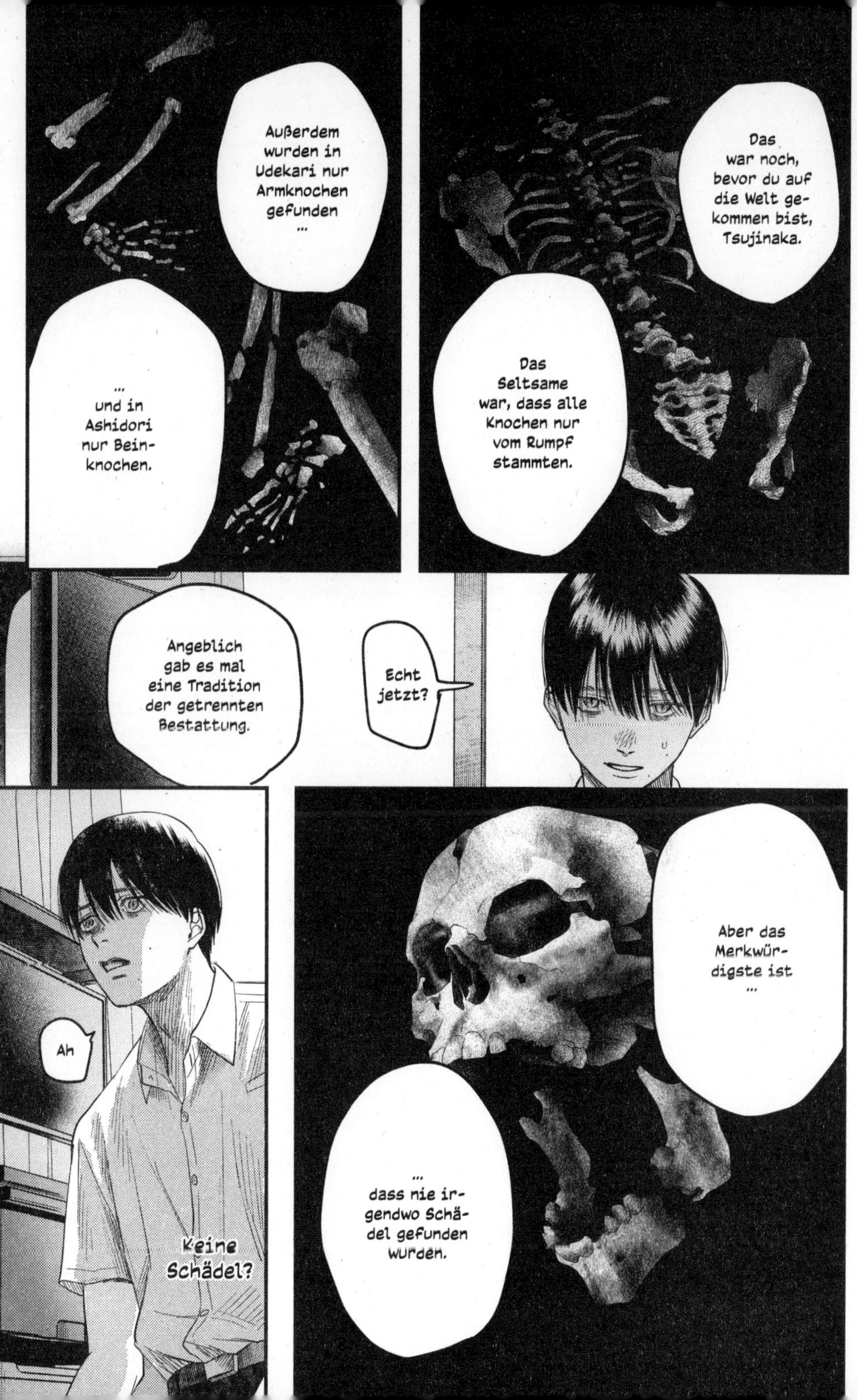

Das war noch, bevor du auf die Welt gekommen bist, Tsujinaka.
Das Seltsame war, dass alle Knochen nur vom Rumpf stammten.
Außerdem wurden in Udekari nur Armknochen gefunden ...
... und in Ashidori nur Beinknochen.
Echt jetzt?
Angeblich gab es mal eine Tradition der getrennten Bestattung.
Aber das Merkwürdigste ist ...
... dass nie irgendwo Schädel gefunden wurden.
Ah
Keine Schädel?

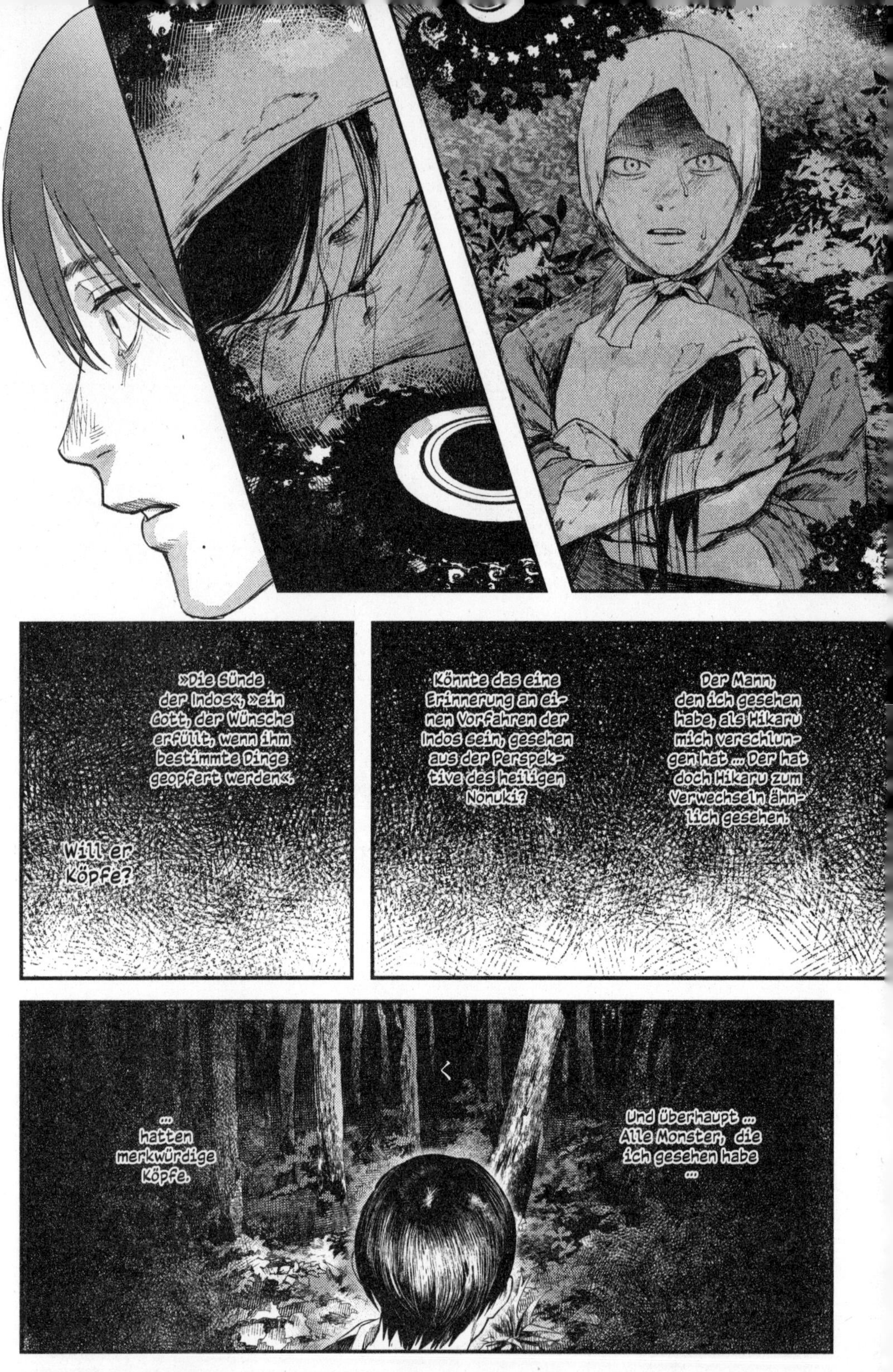
Der Mann, den ich gesehen habe, als Hikaru mich verschlungen hat ... Der hat doch Hikaru zum Verwechseln ähnlich gesehen.
Könnte das eine Erinnerung an einen Vorfahren der Indos sein, gesehen aus der Perspektive des heiligen Nonuki?
»Die Sünde der Indos«, »ein Gott, der Wünsche erfüllt, wenn ihm bestimmte Dinge geopfert werden«.
Will er Köpfe?
Und überhaupt ... Alle Monster, die ich gesehen habe ...
... hatten merkwürdige Köpfe.

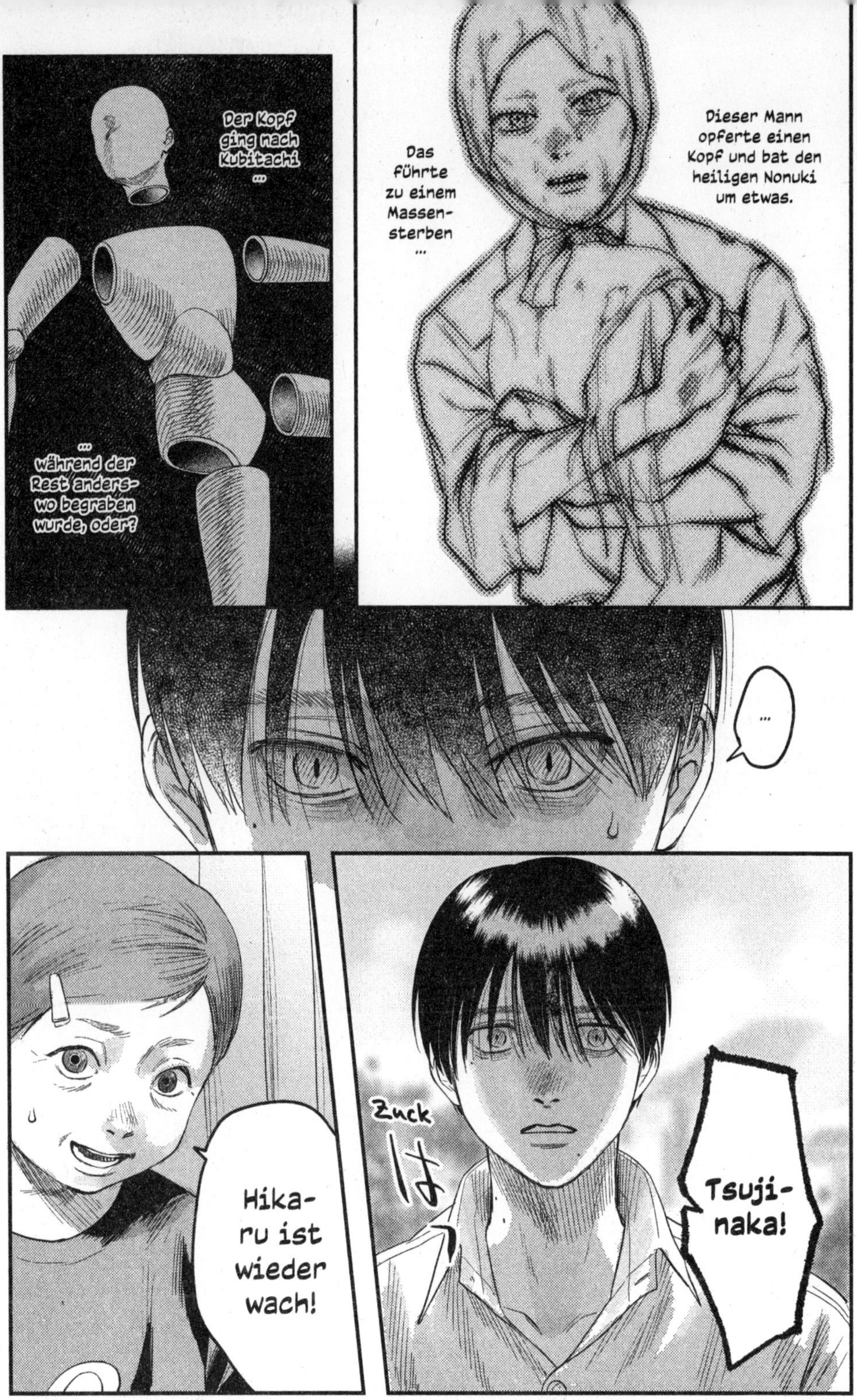
Dieser Mann opferte einen Kopf und bat den heiligen Nonuki um etwas.
Das führte zu einem Massensterben ...
Der Kopf ging nach Kubitachi ...
... während der Rest anderswo begraben wurde, oder?
...
Tsuji-naka!
Zuck
Hika-ru ist wieder wach!

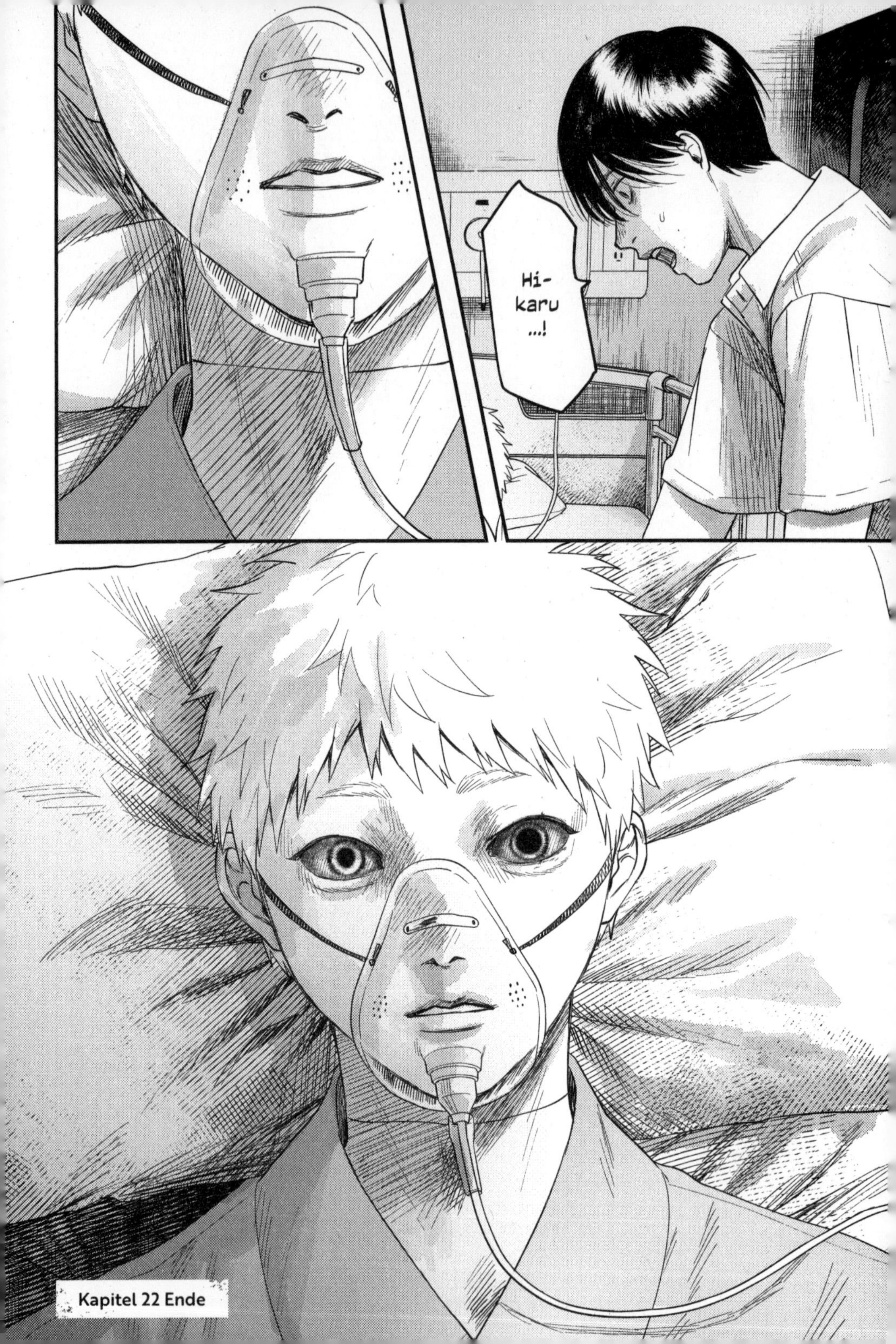
Hi-
karu
...!
Kapitel 22 Ende

Wenn er mit abgetrenntem Kopf hätte reden können ...

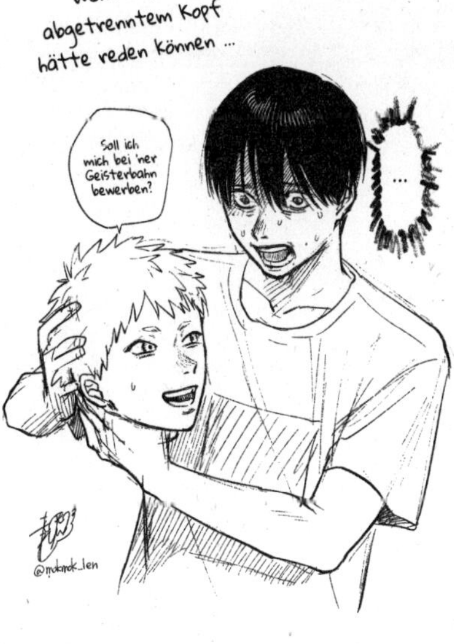

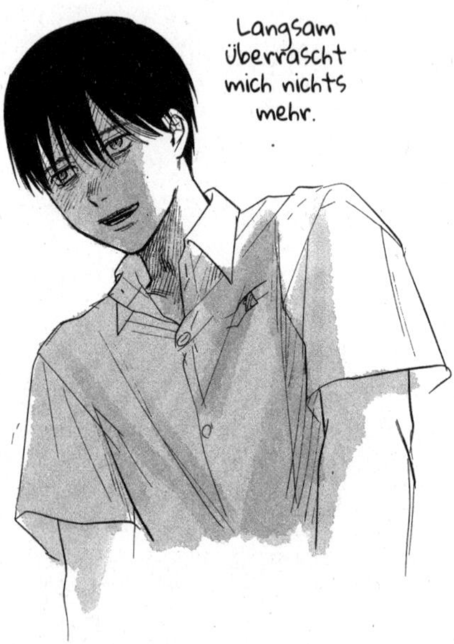
Langsam überrascht mich nichts mehr.

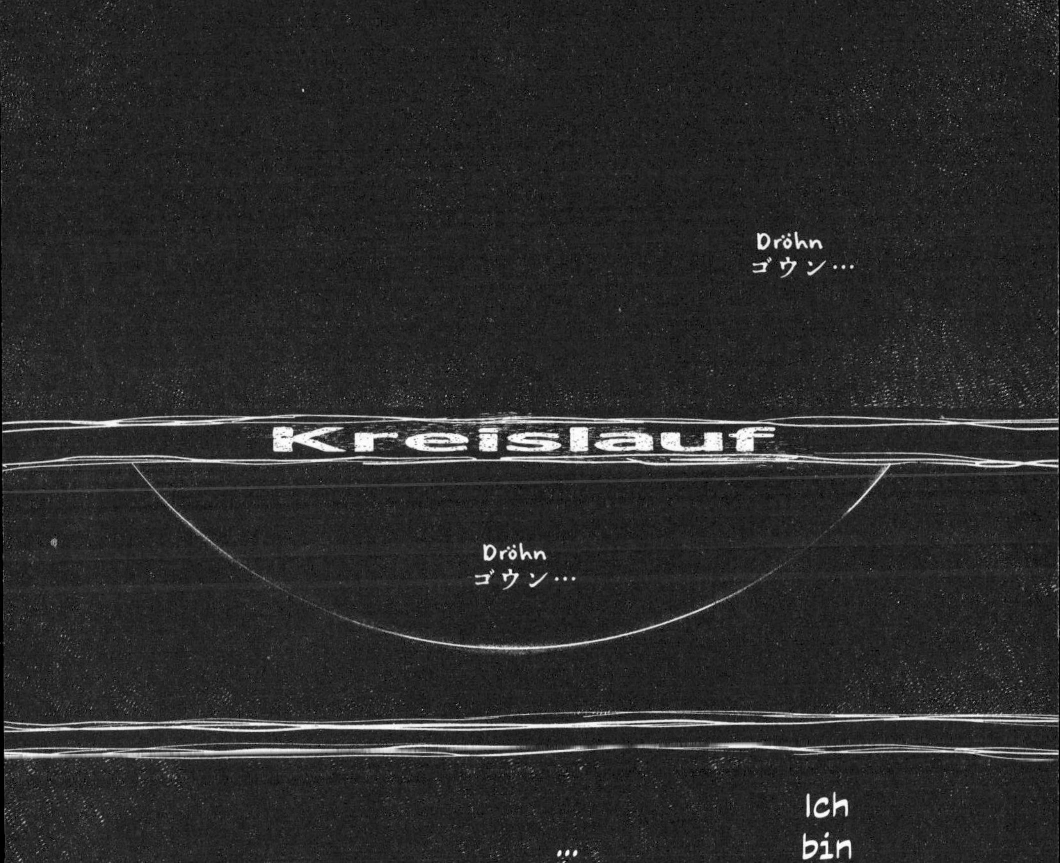
Dröhn
ゴウン…
Kreislauf
Dröhn
ゴウン…
Ich bin
…

Deshalb will ich so viel in mich aufnehmen.

Alles in mich hineinschlingen.

Dann werde ich erfüllt sein.

Kreislauf

Das ist es …

… was ich tun muss.

Kreislauf

…

Es ist so kalt …

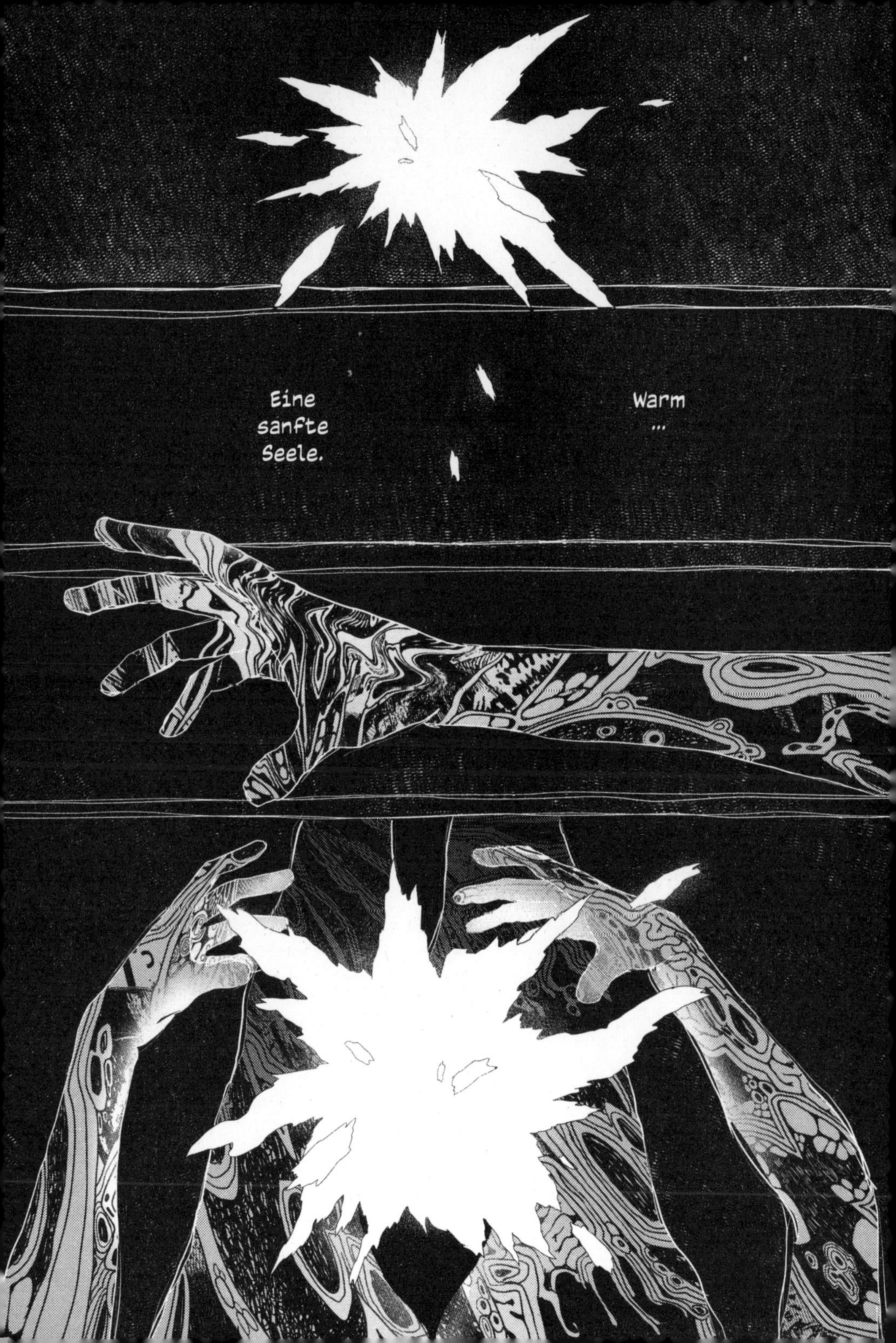
Warm
...
Eine
sanfte
Seele.

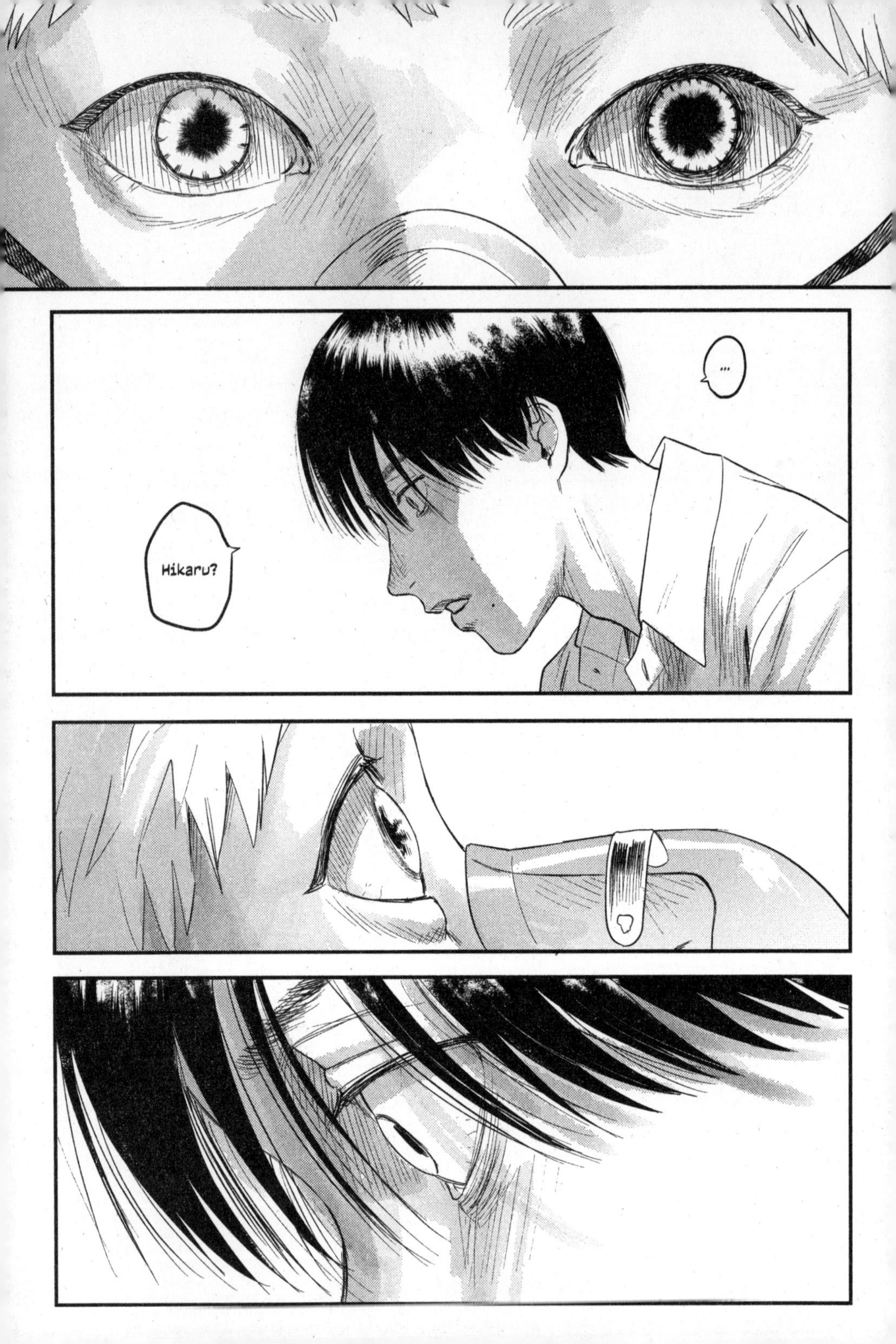
...
Hikaru?

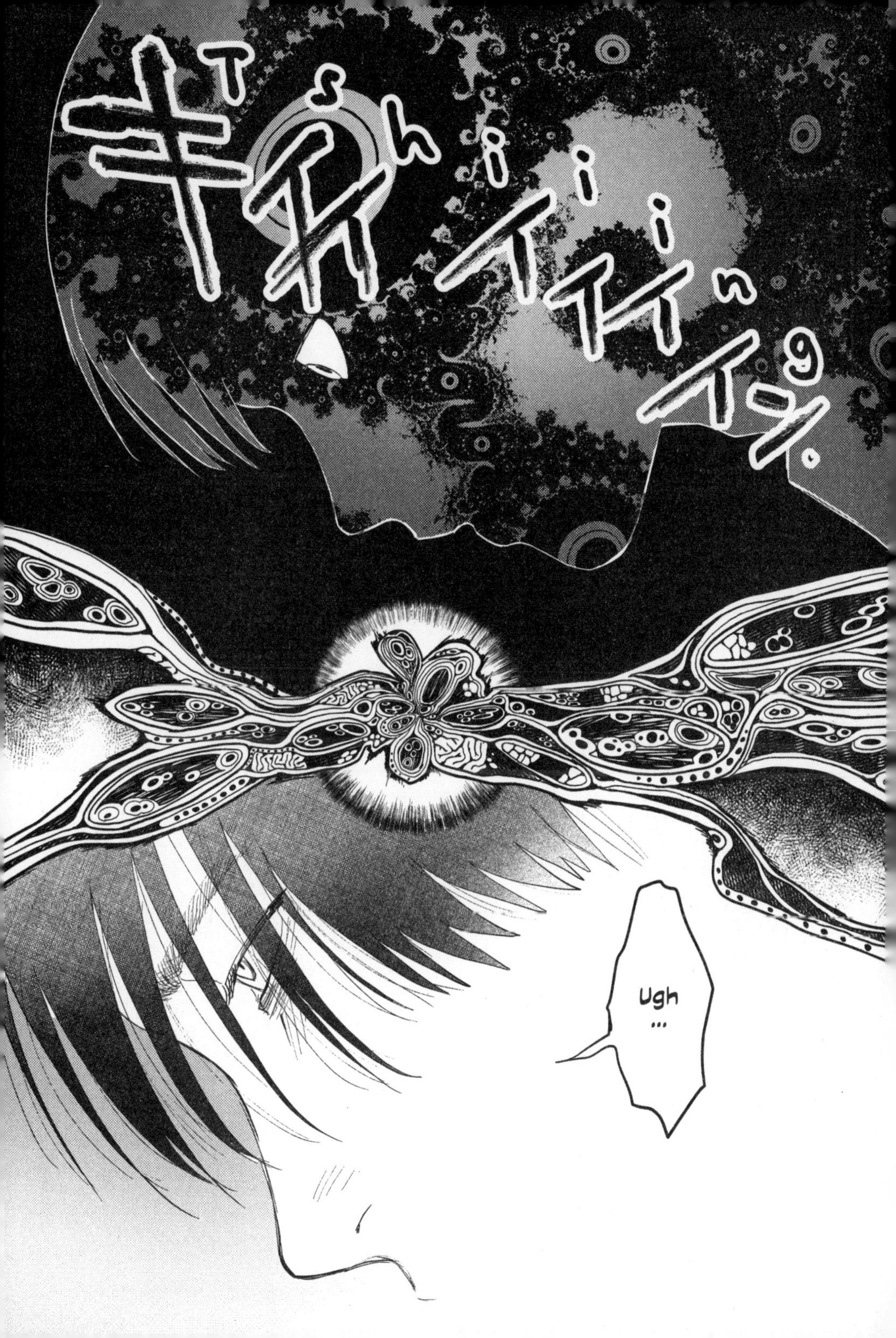
キィイイイーン。
Tshiiing
Ugh
...

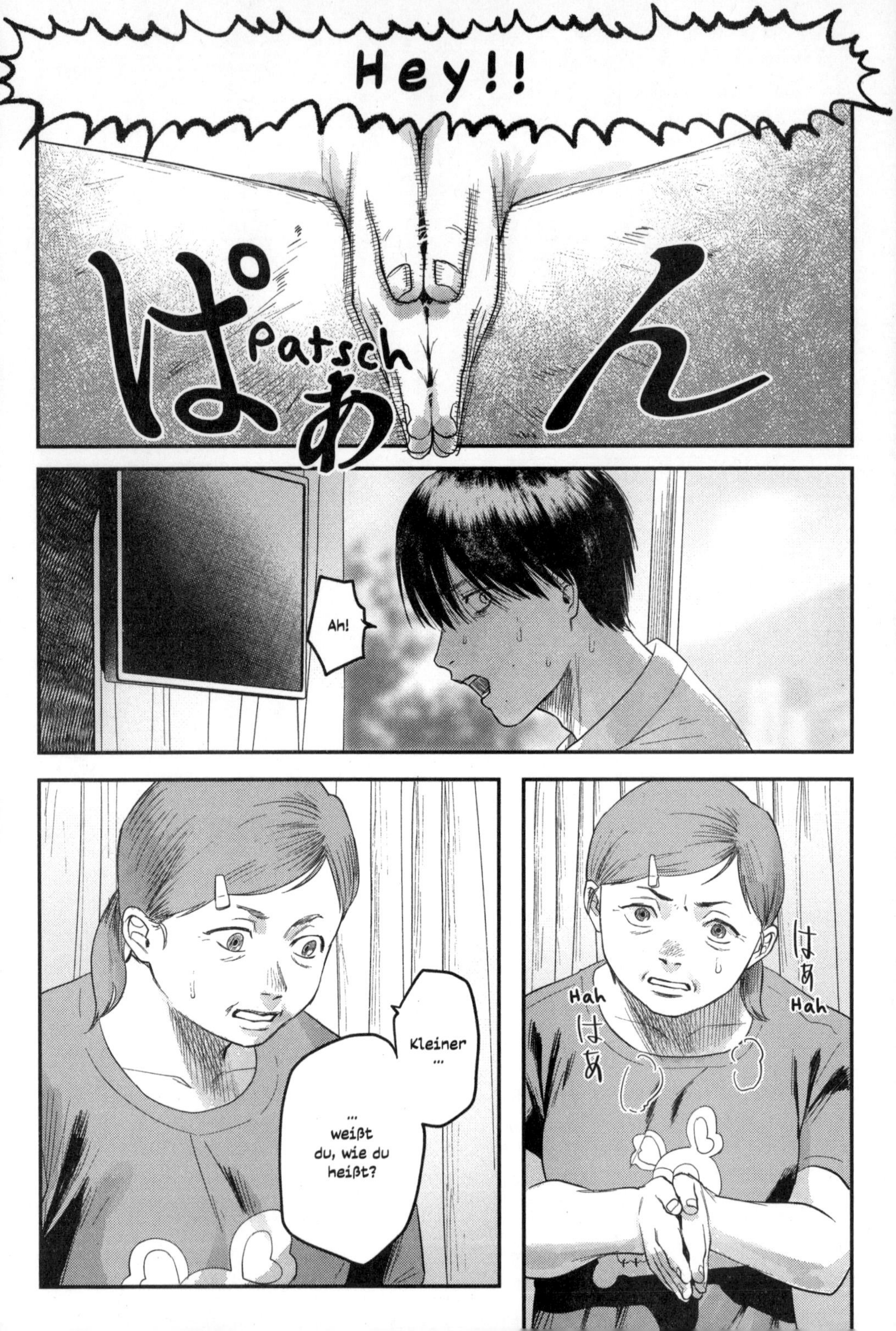
Hey!!
ぱあん
Patsch
Ah!
Kleiner ...
... weißt du, wie du heißt?
はあ
Hah
はあ
Hah

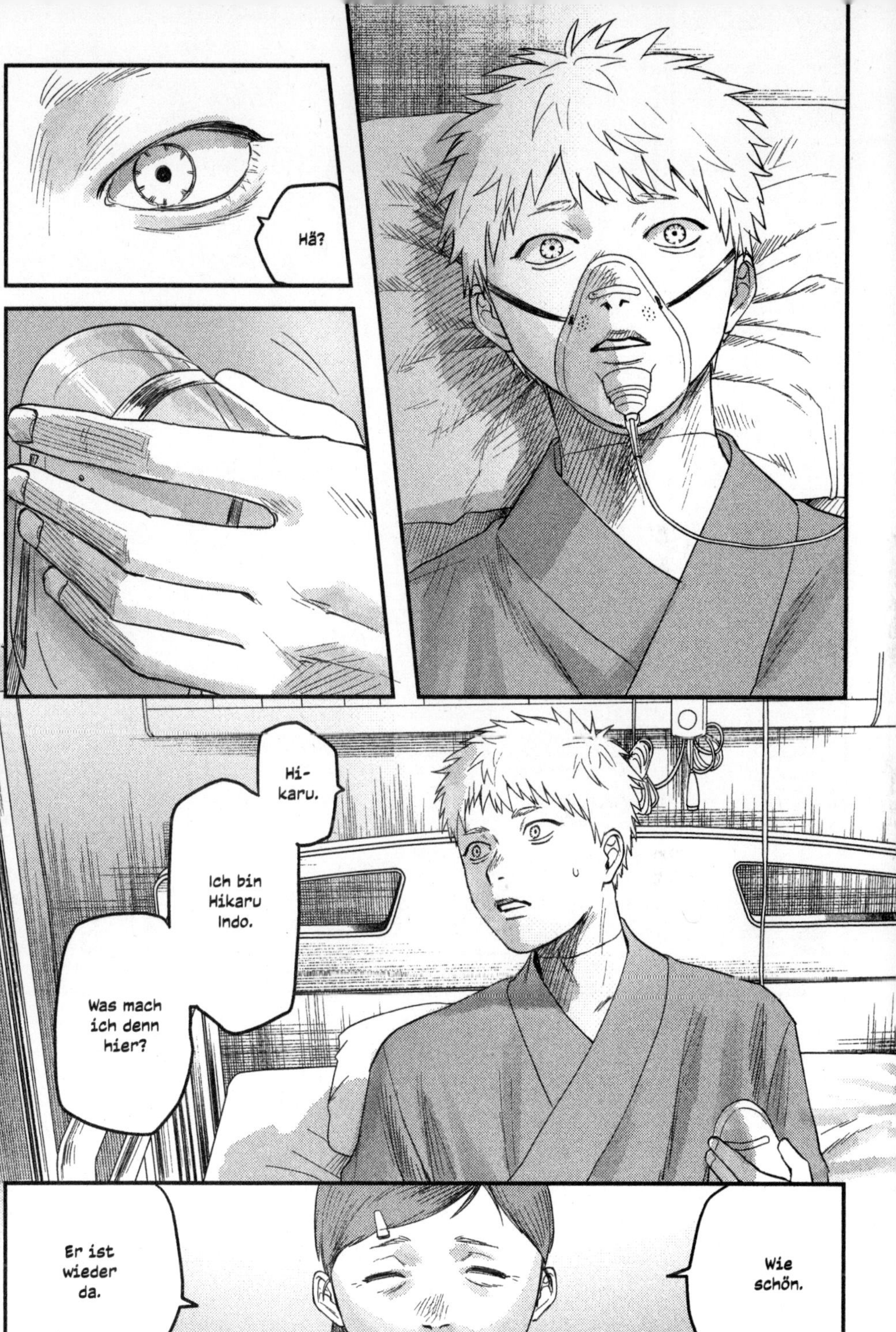
Hä?
Hi-
karu.
Ich bin
Hikaru
Indo.
Was mach
ich denn
hier?
Wie
schön.
Er ist
wieder
da.

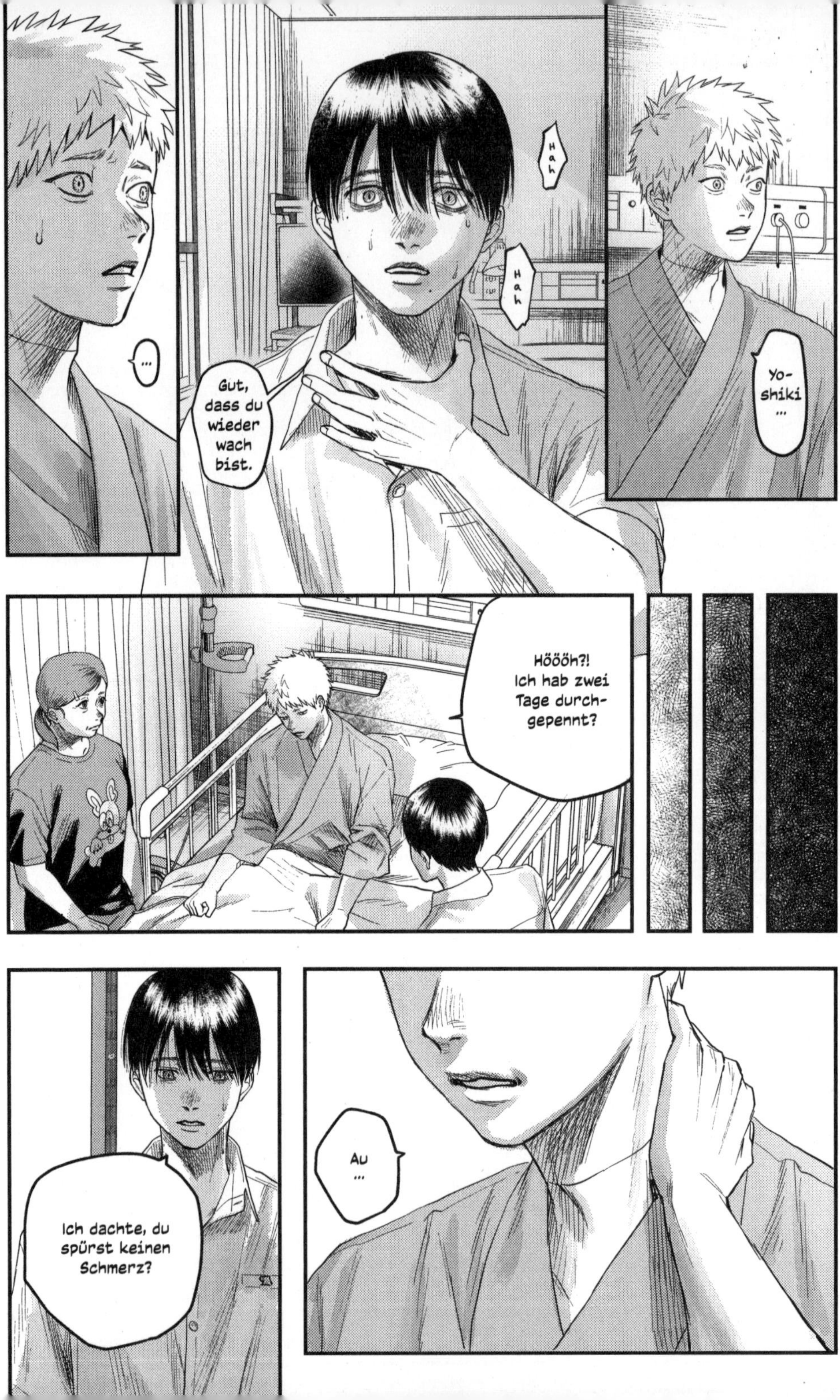
Yo-shiki ...
Hah
Hah
Gut, dass du wieder wach bist.
...
Höööh?! Ich hab zwei Tage durch-gepennt?
Au ...
Ich dachte, du spürst keinen Schmerz?

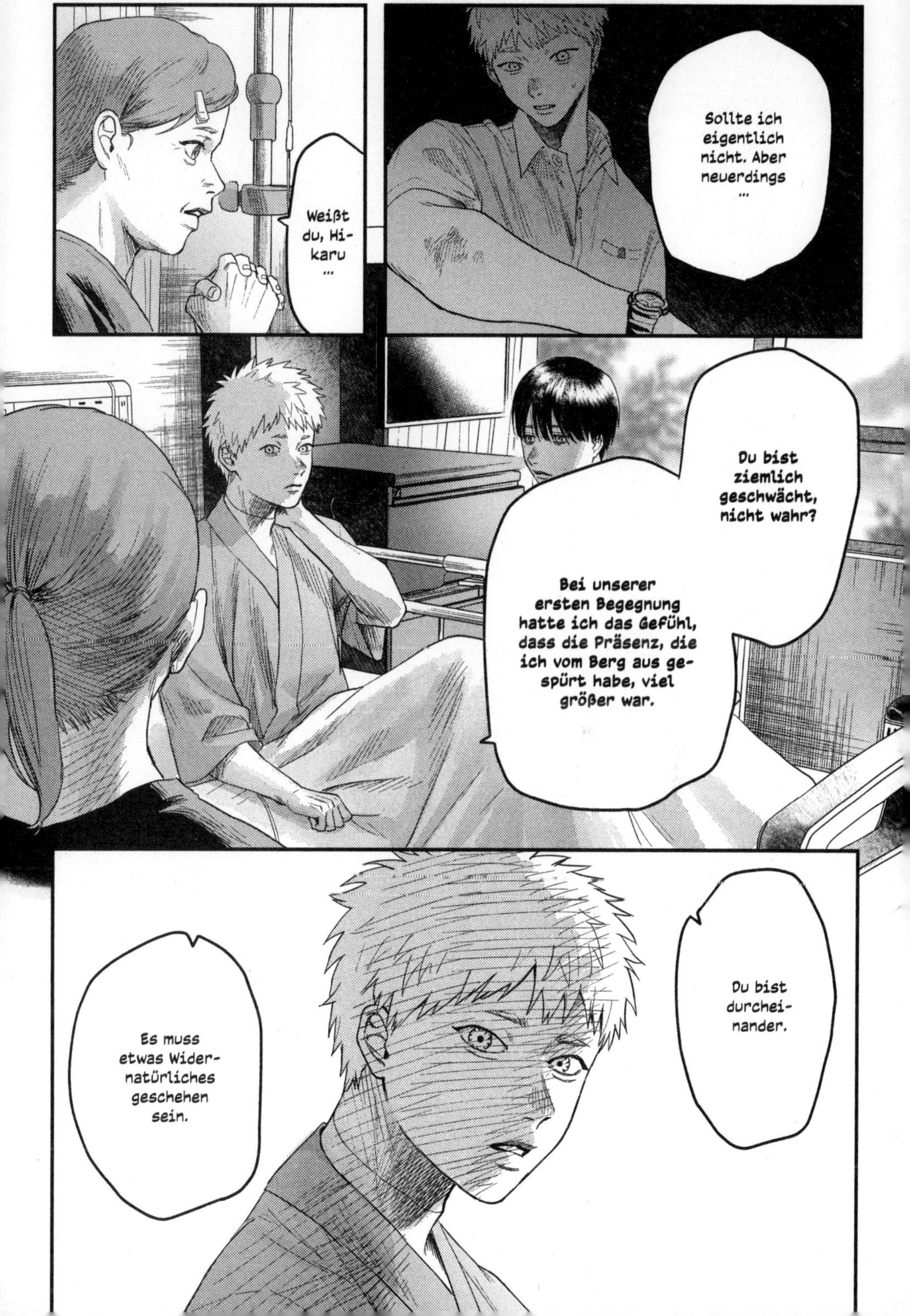

Sollte ich eigentlich nicht. Aber neuerdings …
Weißt du, Hikaru …
Du bist ziemlich geschwächt, nicht wahr?
Bei unserer ersten Begegnung hatte ich das Gefühl, dass die Präsenz, die ich vom Berg aus gespürt habe, viel größer war.
Du bist durcheinander.
Es muss etwas Widernatürliches geschehen sein.

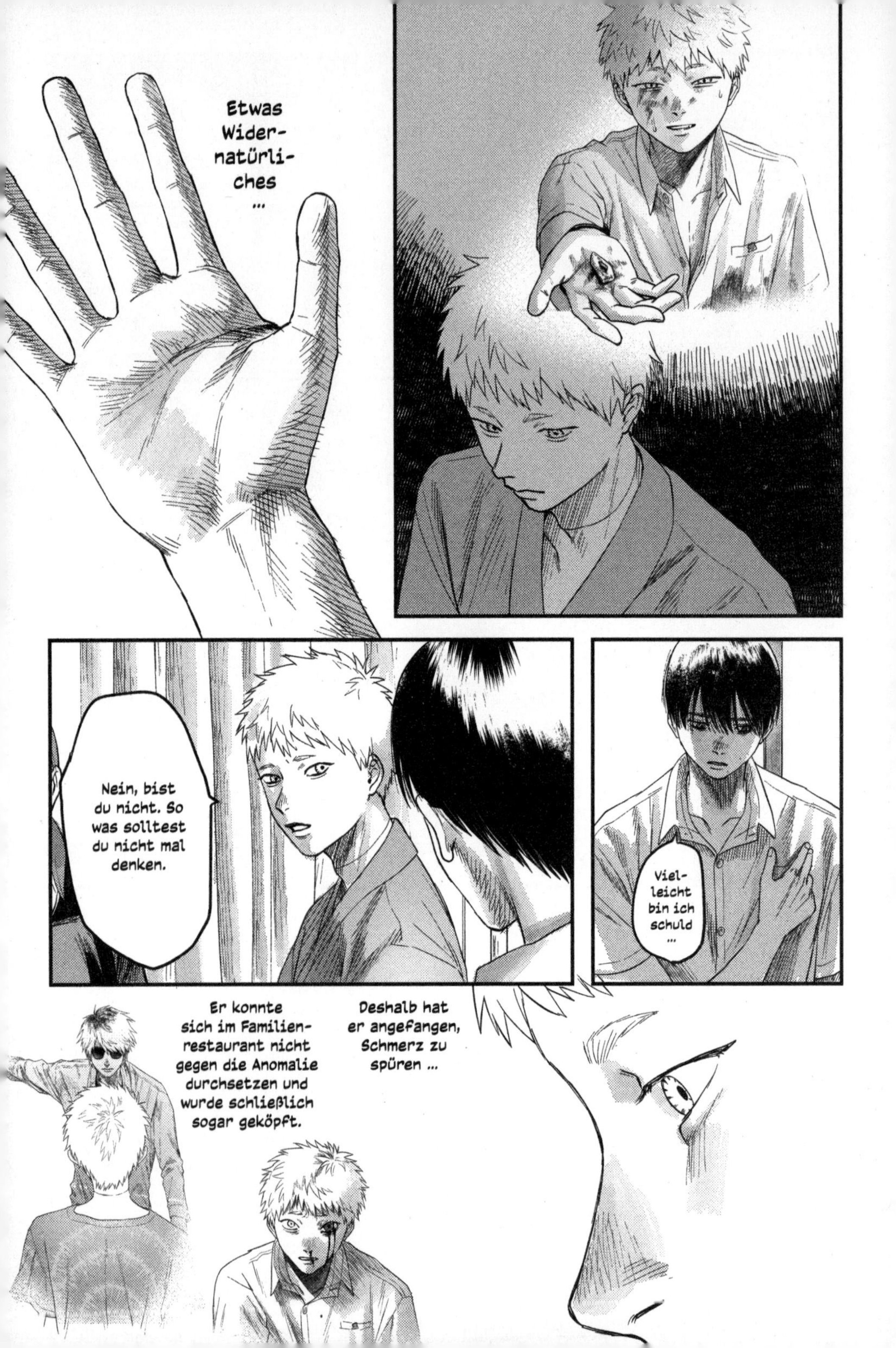

Etwas Widernatürliches ...
Vielleicht bin ich schuld ...
Nein, bist du nicht. So was solltest du nicht mal denken.
Er konnte sich im Familienrestaurant nicht gegen die Anomalie durchsetzen und wurde schließlich sogar geköpft.
Deshalb hat er angefangen, Schmerz zu spüren ...

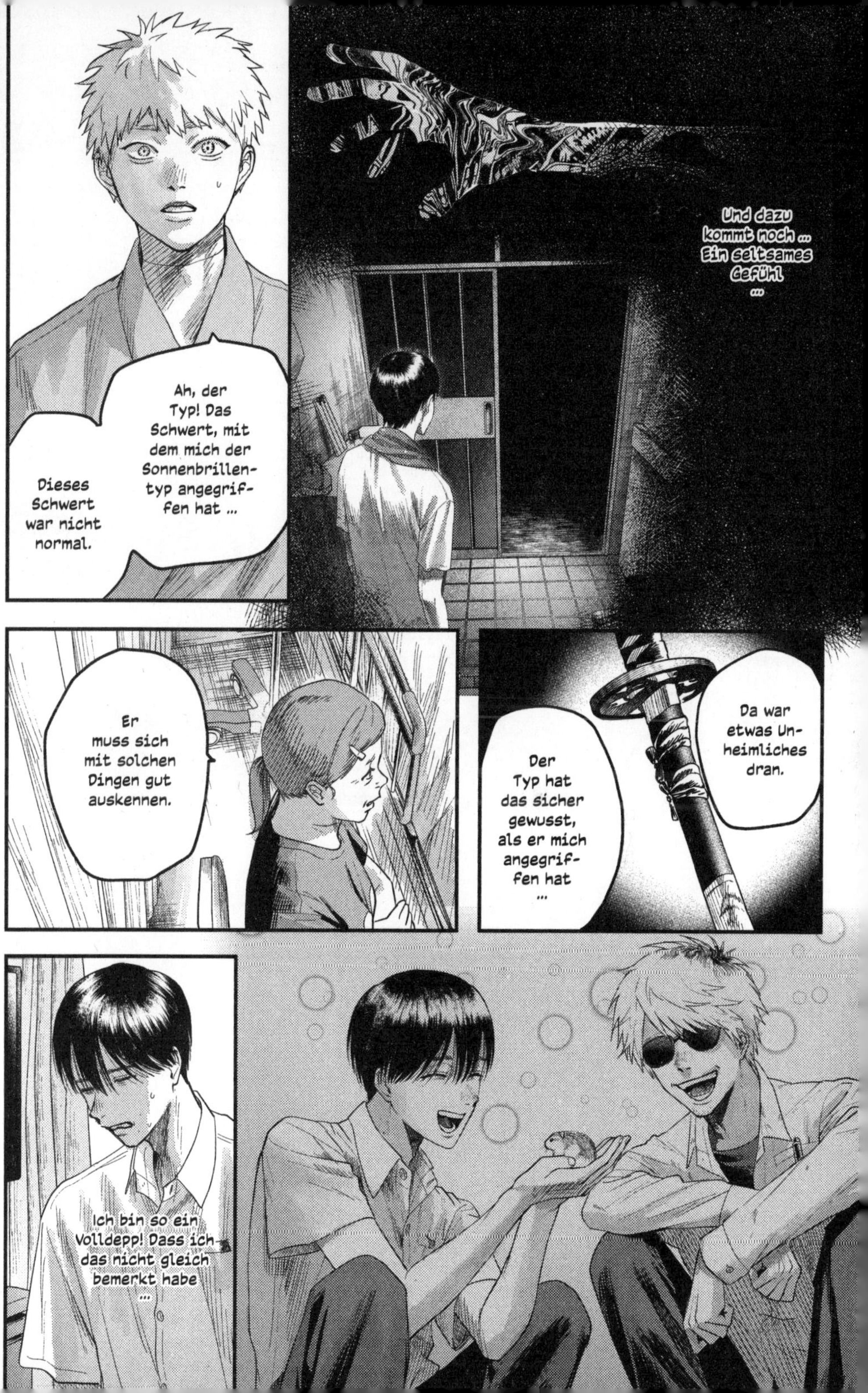
Und dazu kommt noch ... Ein seltsames Gefühl ...
Ah, der Typ! Das Schwert, mit dem mich der Sonnenbrillentyp angegriffen hat ...
Dieses Schwert war nicht normal.
Da war etwas Unheimliches dran.
Der Typ hat das sicher gewusst, als er mich angegriffen hat ...
Er muss sich mit solchen Dingen gut auskennen.
Ich bin so ein Volldepp! Dass ich das nicht gleich bemerkt habe ...

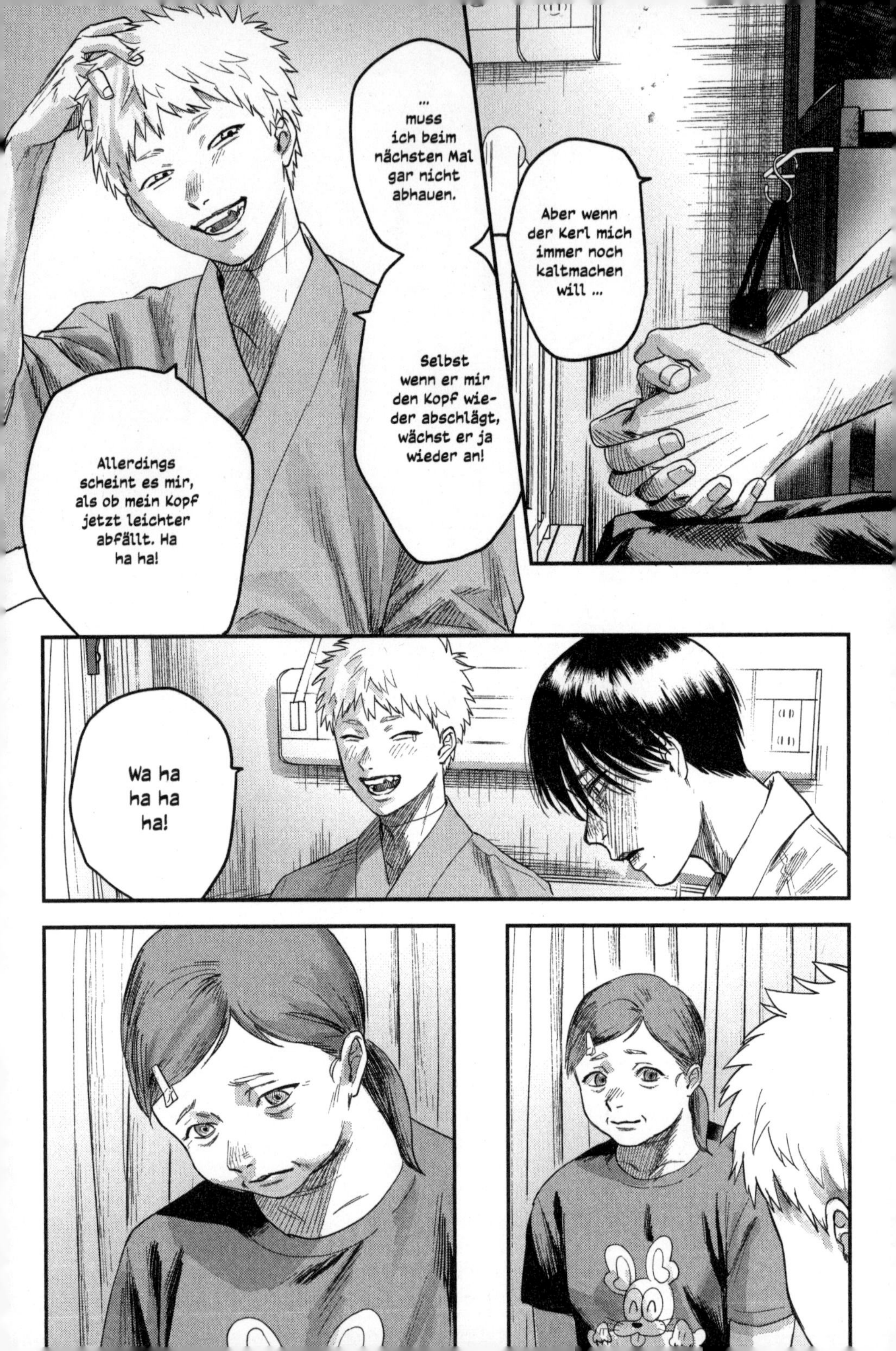
Aber wenn der Kerl mich immer noch kaltmachen will ...
... muss ich beim nächsten Mal gar nicht abhauen.
Selbst wenn er mir den Kopf wieder abschlägt, wächst er ja wieder an!
Allerdings scheint es mir, als ob mein Kopf jetzt leichter abfällt. Ha ha ha!
Wa ha ha ha ha!

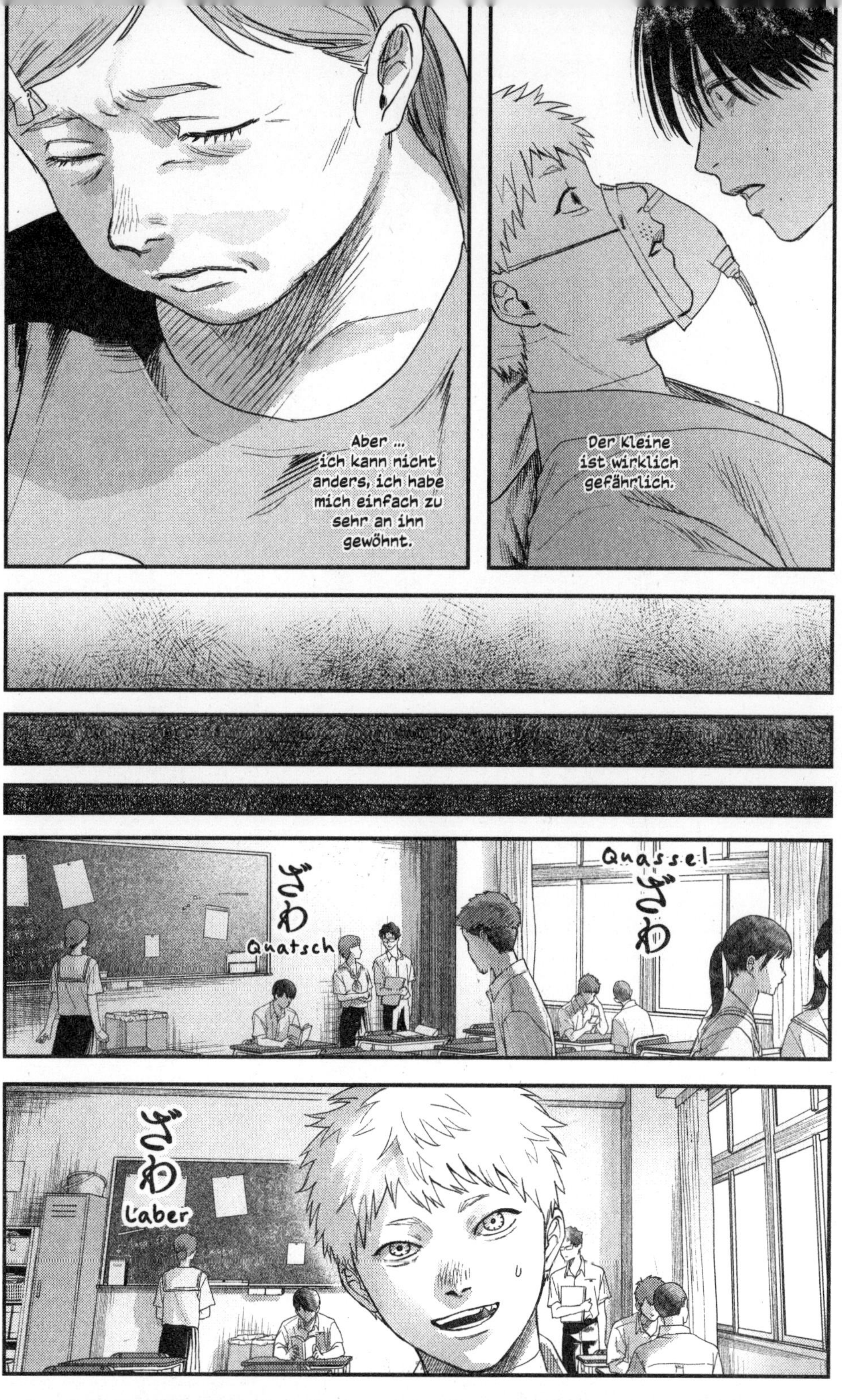

Der Kleine ist wirklich gefährlich.
Aber ... ich kann nicht anders, ich habe mich einfach zu sehr an ihn gewöhnt.
Quassel
ざわ
ざわ
Quatsch
ざわ
Laber

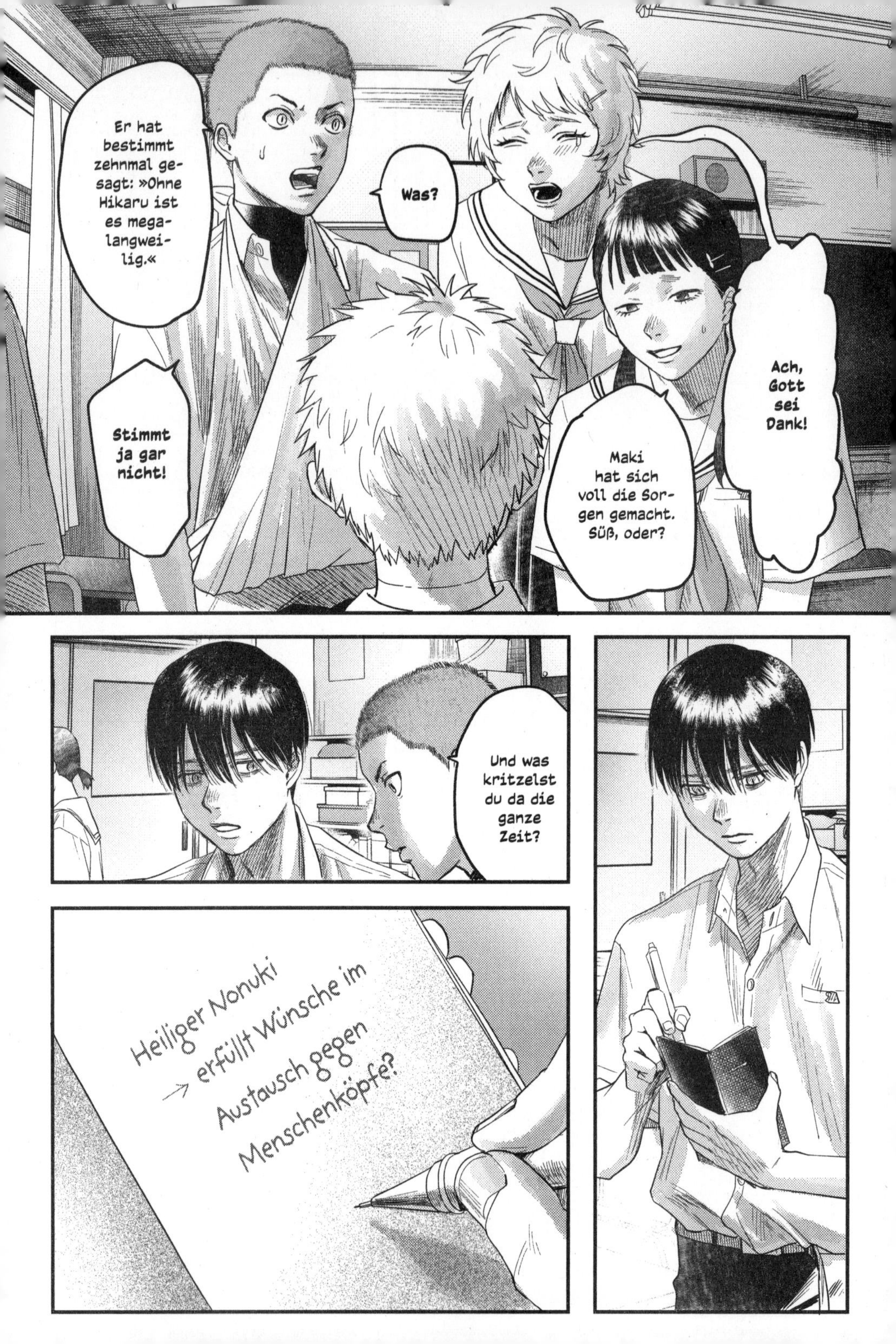

Ach, Gott sei Dank!
Maki hat sich voll die Sorgen gemacht. Süß, oder?
Was?
Er hat bestimmt zehnmal gesagt: »Ohne Hikaru ist es megalangweilig.«
Stimmt ja gar nicht!
Und was kritzelst du da die ganze Zeit?
Heiliger Nonuki → erfüllt Wünsche im Austausch gegen Menschenköpfe?

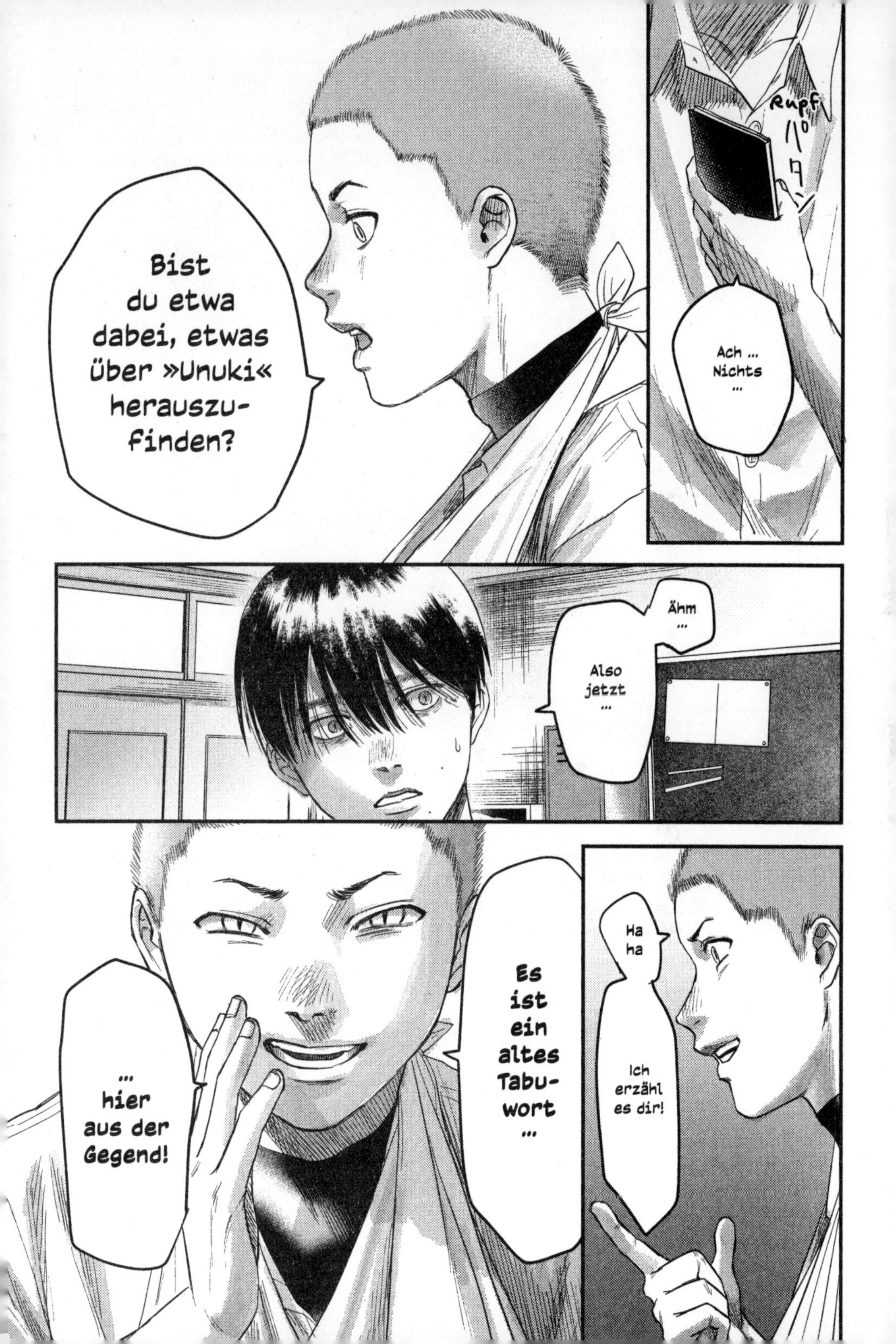
Rupf
パタン
Ach ... Nichts ...
Bist du etwa dabei, etwas über »Unuki« herauszufinden?
Ähm ...
Also jetzt ...
Ha ha
Ich erzähl es dir!
Es ist ein altes Tabuwort ...
... hier aus der Gegend!

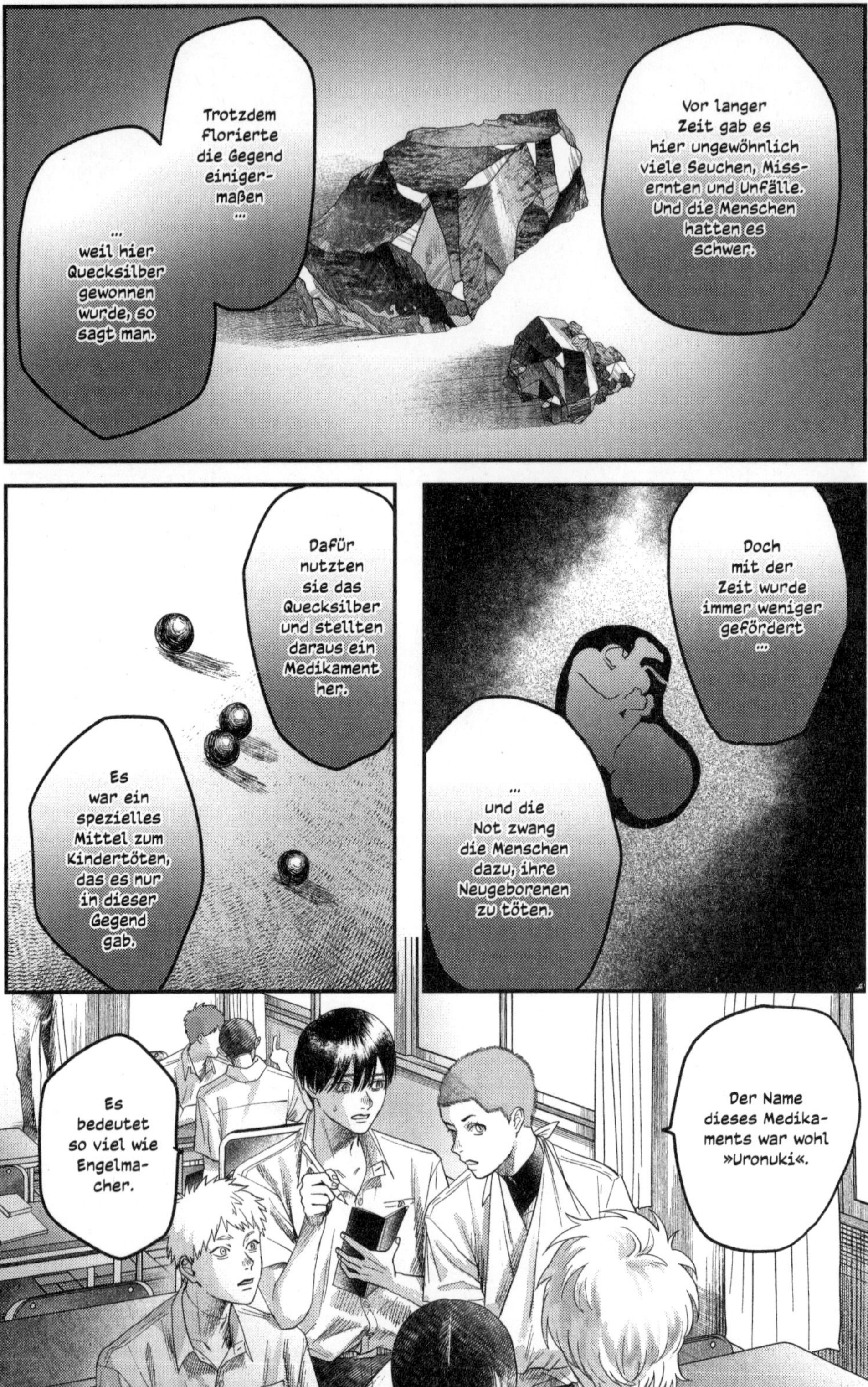
Vor langer Zeit gab es hier ungewöhnlich viele Seuchen, Missernten und Unfälle. Und die Menschen hatten es schwer.
Trotzdem florierte die Gegend einigermaßen ...
... weil hier Quecksilber gewonnen wurde, so sagt man.
Doch mit der Zeit wurde immer weniger gefördert ...
... und die Not zwang die Menschen dazu, ihre Neugeborenen zu töten.
Dafür nutzten sie das Quecksilber und stellten daraus ein Medikament her.
Es war ein spezielles Mittel zum Kindertöten, das es nur in dieser Gegend gab.
Der Name dieses Medikaments war wohl »Uronuki«.
Es bedeutet so viel wie Engelmacher.

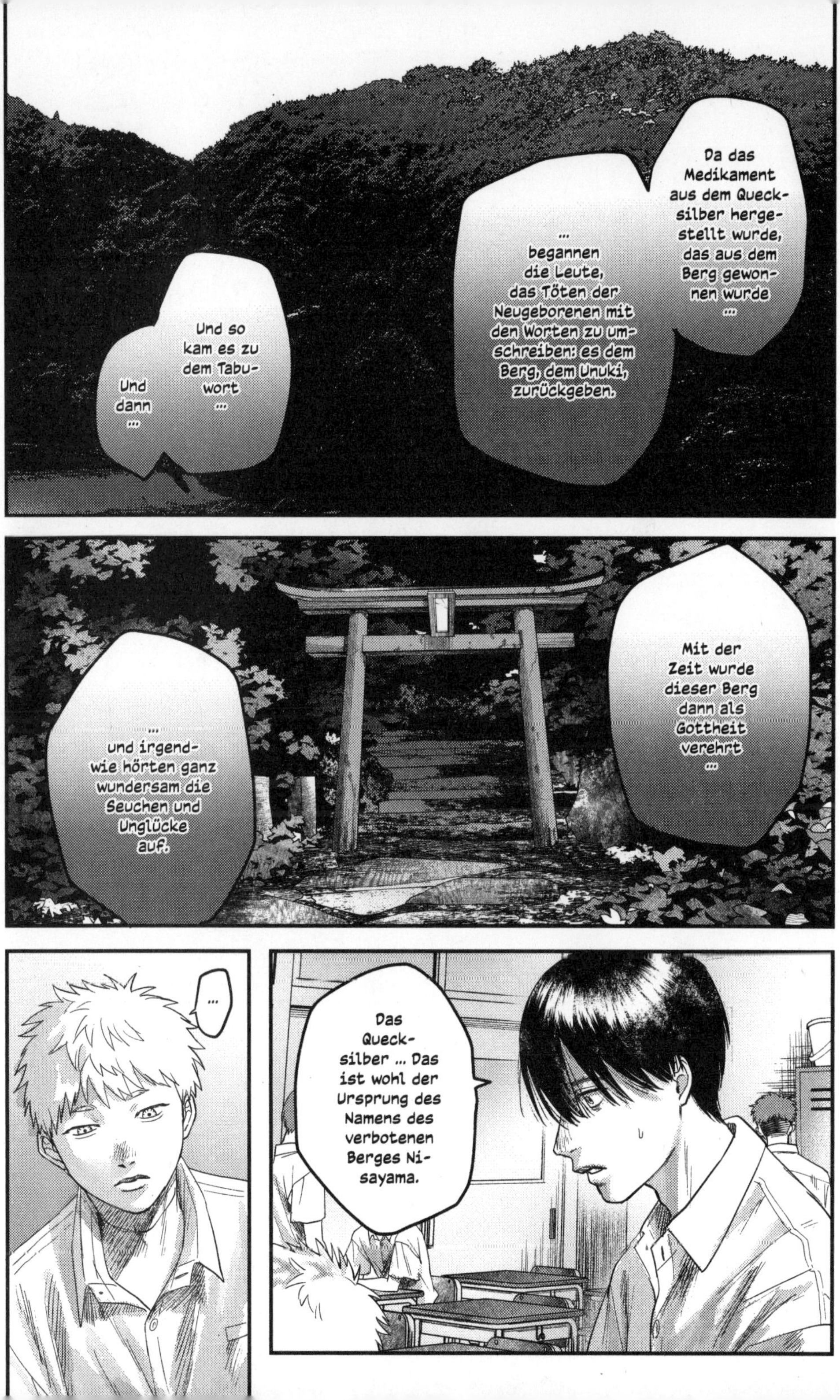
Da das Medikament aus dem Quecksilber hergestellt wurde, das aus dem Berg gewonnen wurde ...
... begannen die Leute, das Töten der Neugeborenen mit den Worten zu umschreiben: es dem Berg, dem Unuki, zurückgeben.
Und so kam es zu dem Tabuwort ...
Und dann ...
Mit der Zeit wurde dieser Berg dann als Gottheit verehrt ...
... und irgendwie hörten ganz wundersam die Seuchen und Unglücke auf.
Das Quecksilber ... Das ist wohl der Ursprung des Namens des verbotenen Berges Nisayama.
...

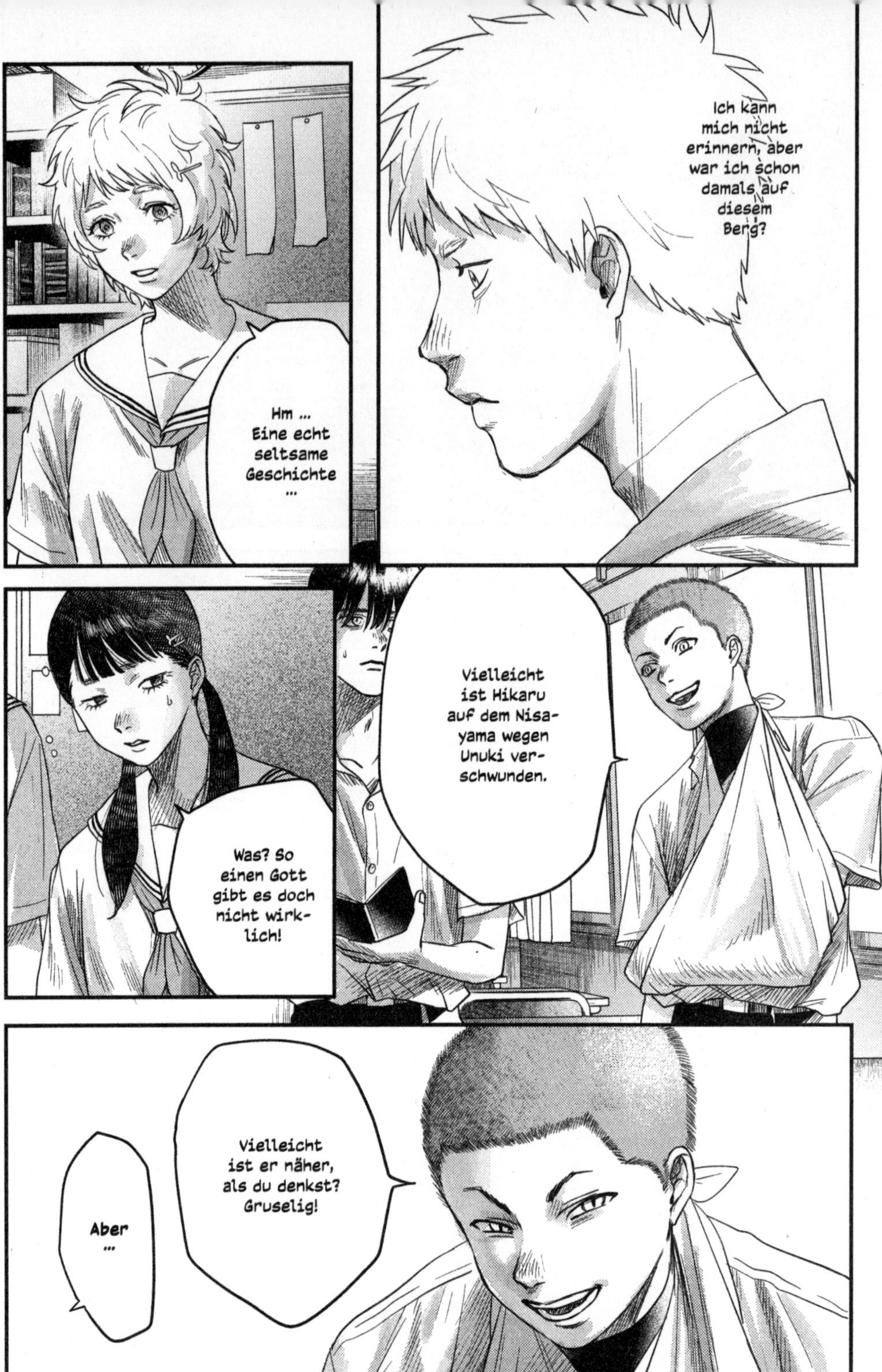
Ich kann mich nicht erinnern, aber war ich schon damals auf diesem Berg?
Hm ... Eine echt seltsame Geschichte ...
Vielleicht ist Hikaru auf dem Nisa-yama wegen Unuki ver-schwunden.
Was? So einen Gott gibt es doch nicht wirk-lich!
Vielleicht ist er näher, als du denkst? Gruselig!
Aber ...

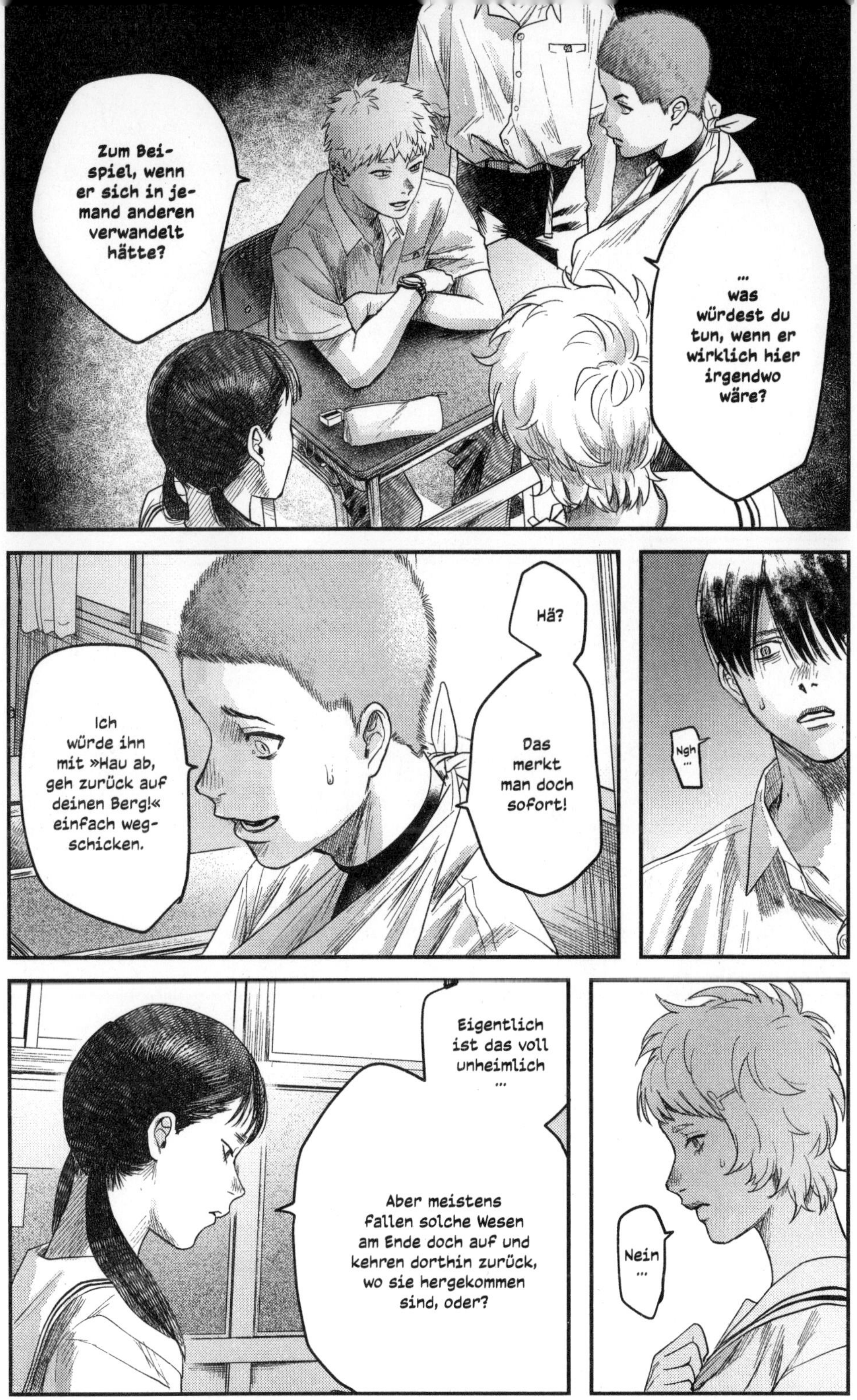
... was würdest du tun, wenn er wirklich hier irgendwo wäre?
Zum Beispiel, wenn er sich in jemand anderen verwandelt hätte?
Ngh ...
Hä?
Das merkt man doch sofort!
Ich würde ihn mit »Hau ab, geh zurück auf deinen Berg!« einfach wegschicken.
Nein ...
Eigentlich ist das voll unheimlich ...
Aber meistens fallen solche Wesen am Ende doch auf und kehren dorthin zurück, wo sie hergekommen sind, oder?

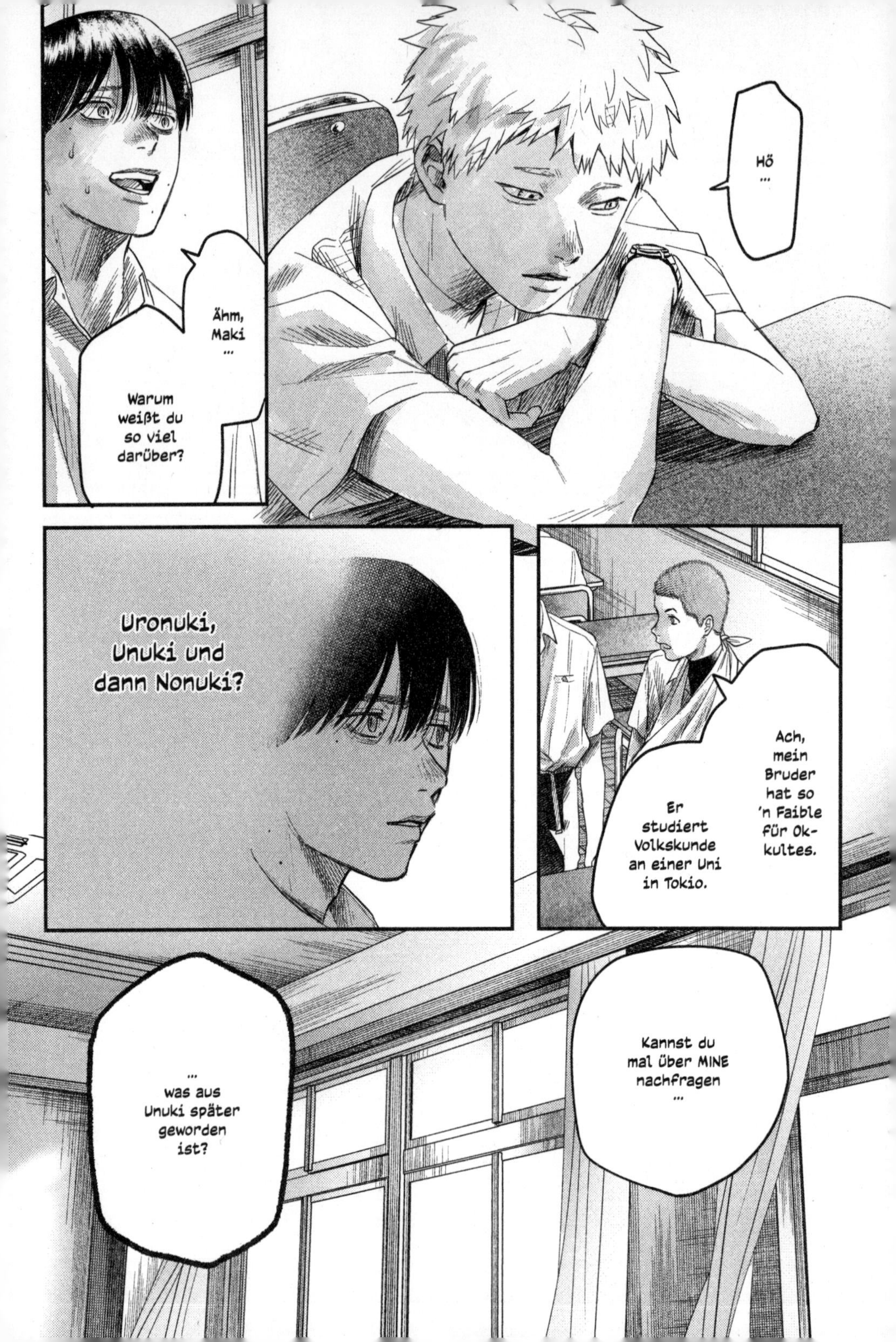
Hö ...
Ähm, Maki ...
Warum weißt du so viel darüber?
Ach, mein Bruder hat so 'n Faible für Okkultes.
Er studiert Volkskunde an einer Uni in Tokio.
Uronuki, Unuki und dann Nonuki?
Kannst du mal über MINE nachfragen ...
... was aus Unuki später geworden ist?

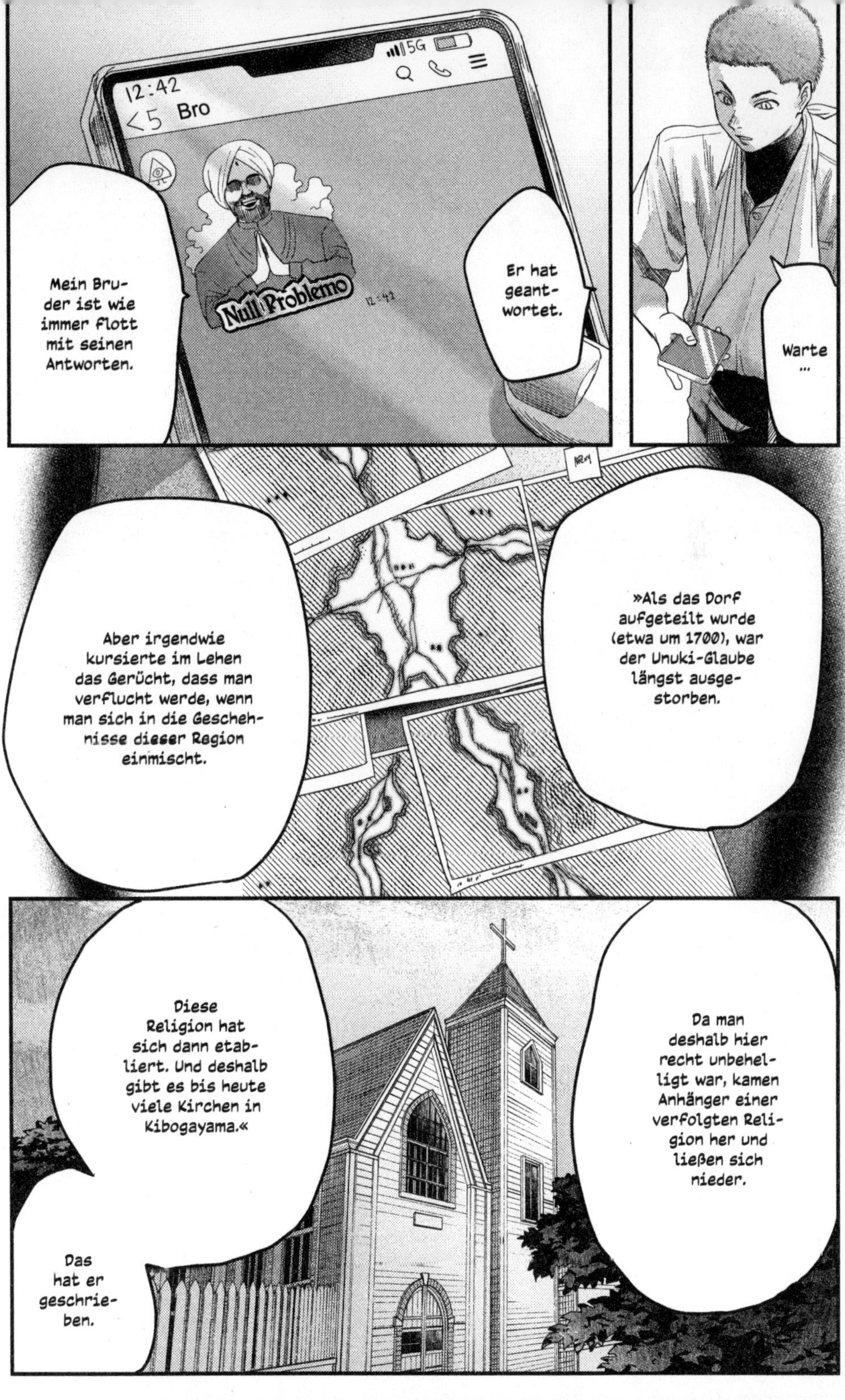
Warte ...
12:42
Bro
Null Problemo
Er hat geantwortet.
Mein Bruder ist wie immer flott mit seinen Antworten.
»Als das Dorf aufgeteilt wurde (etwa um 1700), war der Unuki-Glaube längst ausgestorben.
Aber irgendwie kursierte im Lehen das Gerücht, dass man verflucht werde, wenn man sich in die Geschehnisse dieser Region einmischt.
Da man deshalb hier recht unbehelligt war, kamen Anhänger einer verfolgten Religion her und ließen sich nieder.
Diese Religion hat sich dann etabliert. Und deshalb gibt es bis heute viele Kirchen in Kibogayama.«
Das hat er geschrieben.

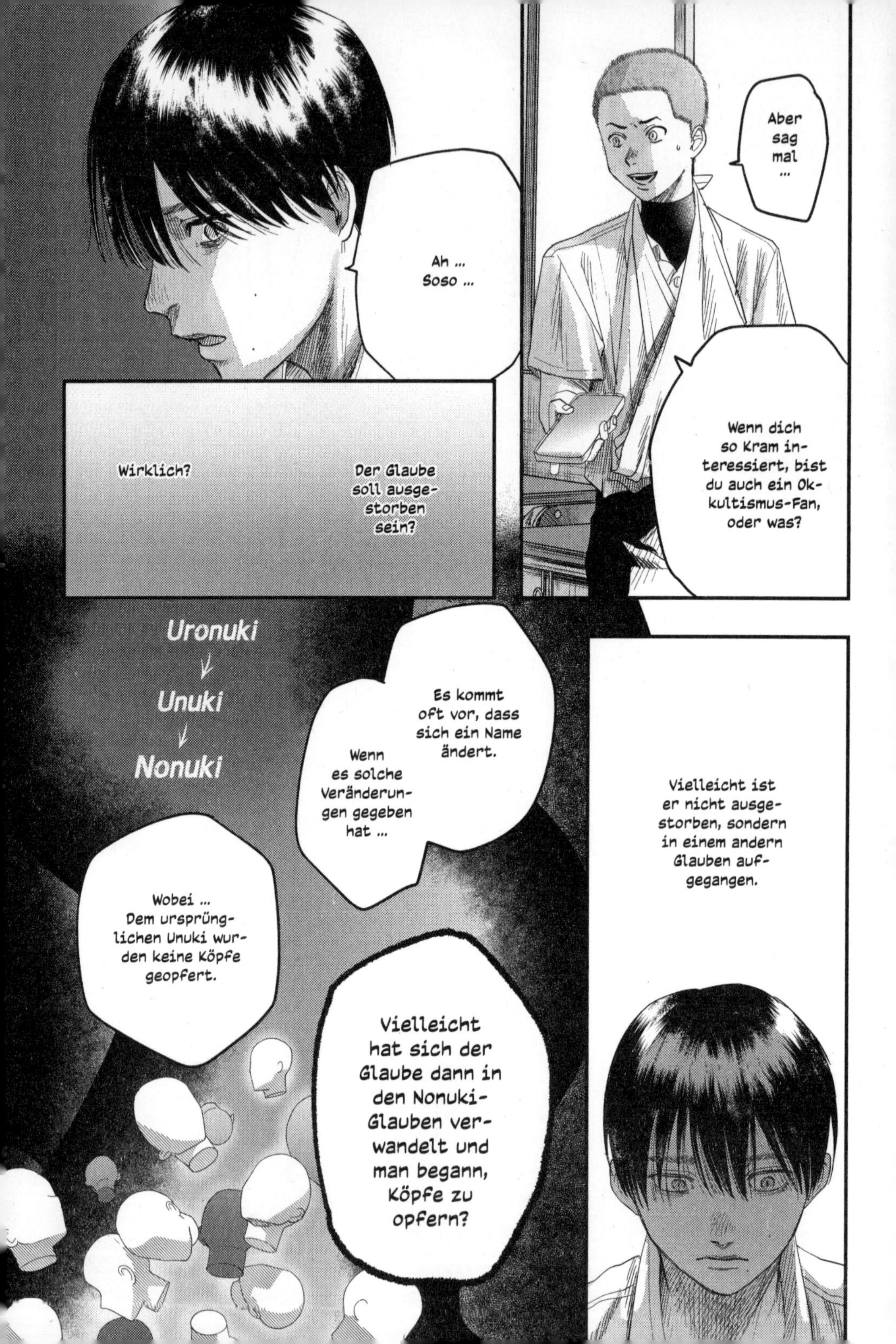

Aber sag mal ...
Wenn dich so Kram interessiert, bist du auch ein Okkultismus-Fan, oder was?
Ah ... Soso ...
Der Glaube soll ausgestorben sein?
Wirklich?
Vielleicht ist er nicht ausgestorben, sondern in einem andern Glauben aufgegangen.
Es kommt oft vor, dass sich ein Name ändert.
Wenn es solche Veränderungen gegeben hat ...
Uronuki
Unuki
Nonuki
Vielleicht hat sich der Glaube dann in den Nonuki-Glauben verwandelt und man begann, Köpfe zu opfern?
Wobei ... Dem ursprünglichen Unuki wurden keine Köpfe geopfert.

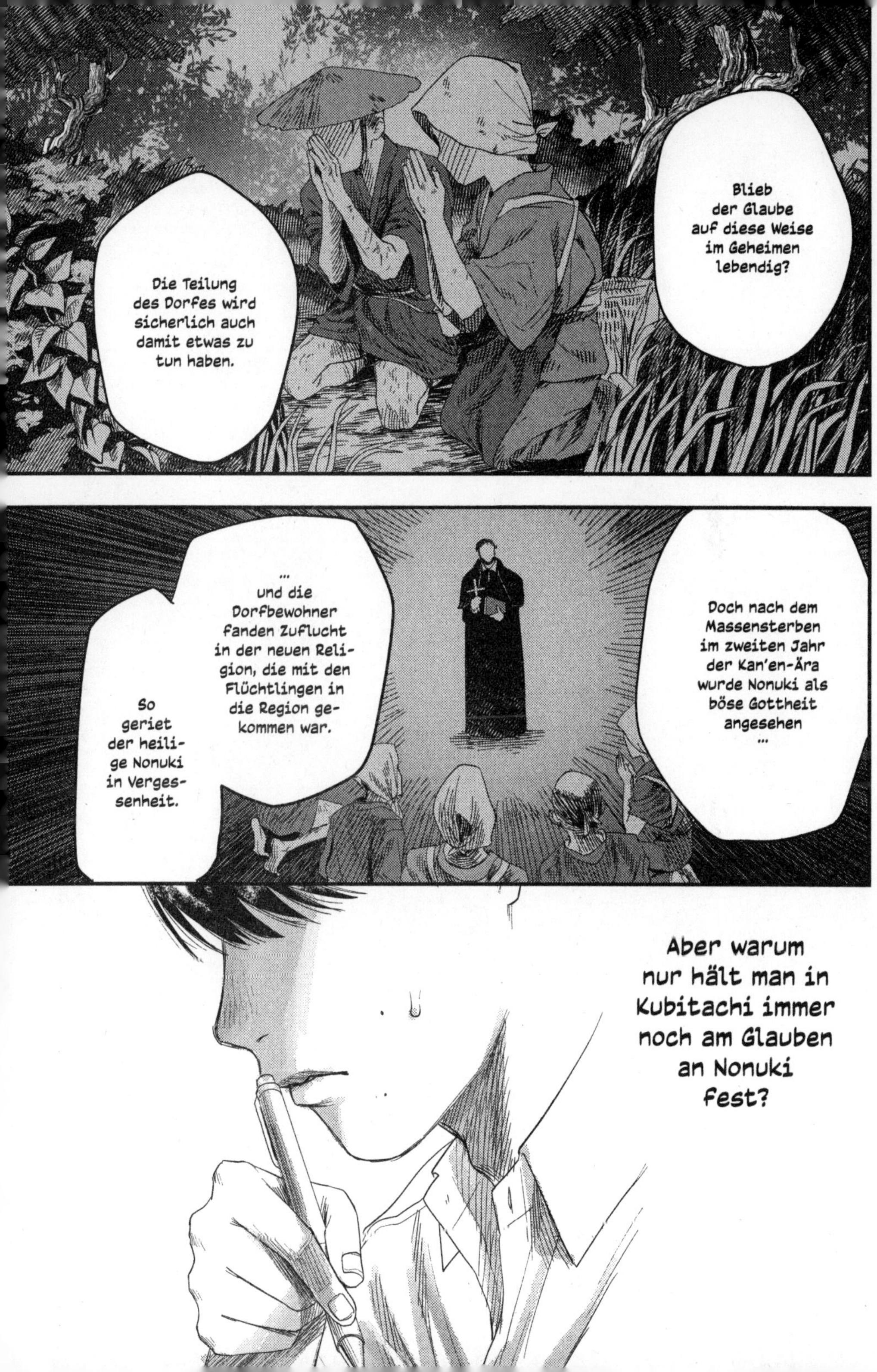

Blieb der Glaube auf diese Weise im Geheimen lebendig?
Die Teilung des Dorfes wird sicherlich auch damit etwas zu tun haben.
Doch nach dem Massensterben im zweiten Jahr der Kan'en-Ära wurde Nonuki als böse Gottheit angesehen ...
... und die Dorfbewohner fanden Zuflucht in der neuen Religion, die mit den Flüchtlingen in die Region gekommen war.
So geriet der heilige Nonuki in Vergessenheit.
Aber warum nur hält man in Kubitachi immer noch am Glauben an Nonuki fest?

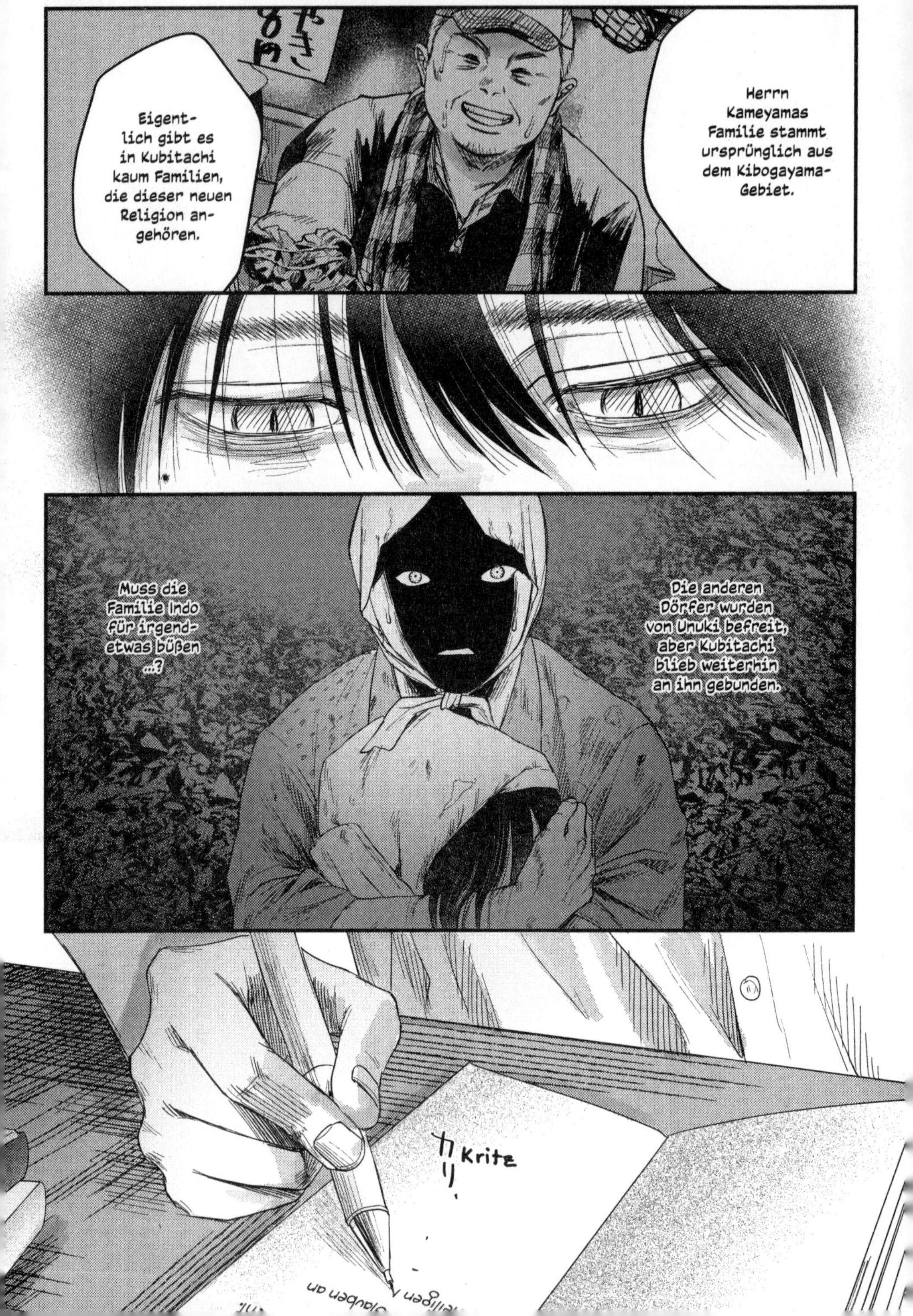
Herrn Kameyamas Familie stammt ursprünglich aus dem Kibogayama-Gebiet.
Eigent-lich gibt es in Kubitachi kaum Familien, die dieser neuen Religion an-gehören.
Die anderen Dörfer wurden von Unuki befreit, aber Kubitachi blieb weiterhin an ihn gebunden.
Muss die Familie Indo für irgend-etwas büßen ...?
Kritz

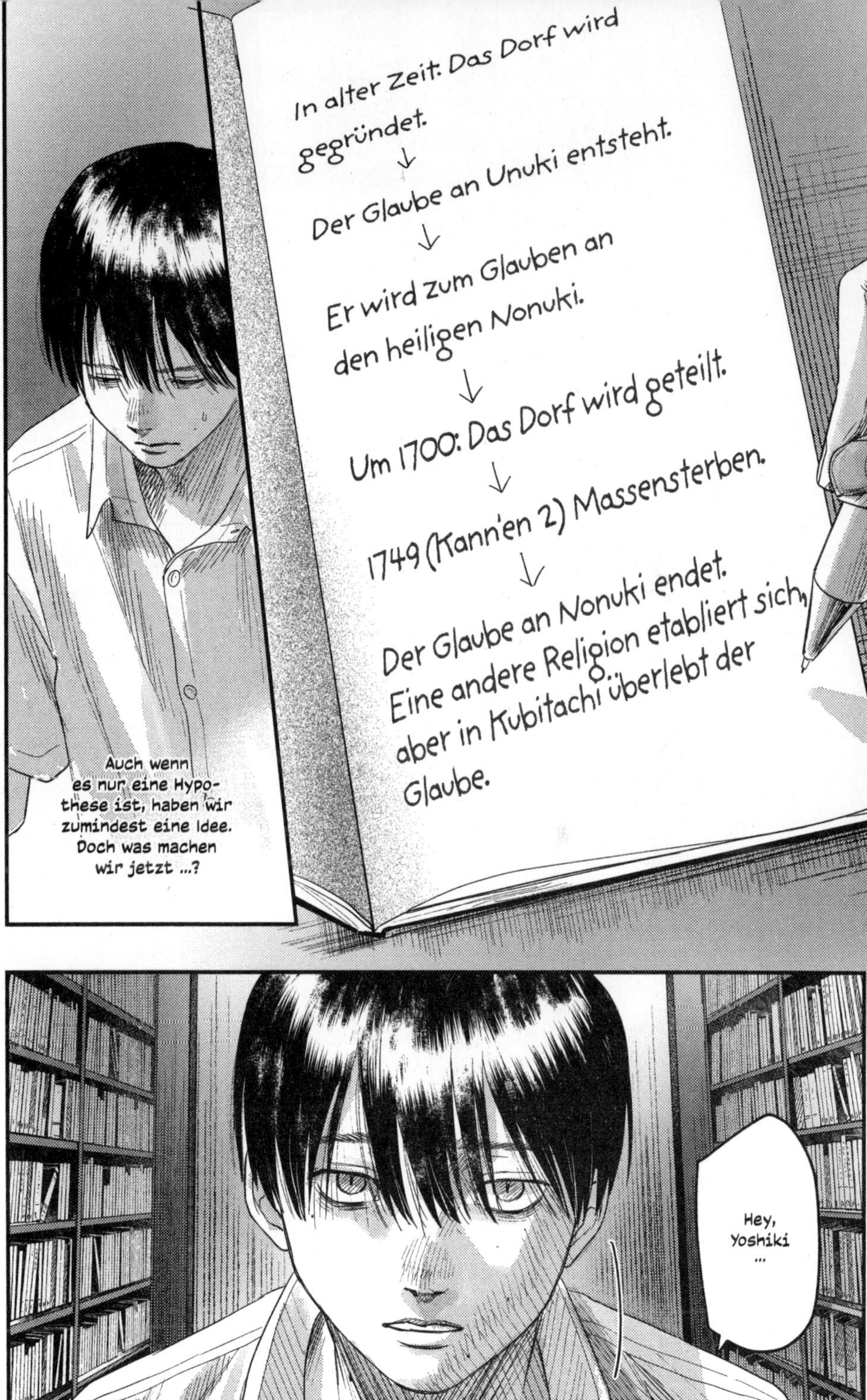
In alter Zeit: Das Dorf wird gegründet.
↓
Der Glaube an Unuki entsteht.
↓
Er wird zum Glauben an den heiligen Nonuki.
↓
Um 1700: Das Dorf wird geteilt.
↓
1749 (Kann'en 2) Massensterben.
↓
Der Glaube an Nonuki endet. Eine andere Religion etabliert sich, aber in Kubitachi überlebt der Glaube.
Auch wenn es nur eine Hypothese ist, haben wir zumindest eine Idee. Doch was machen wir jetzt ...?
Hey, Yoshiki ...

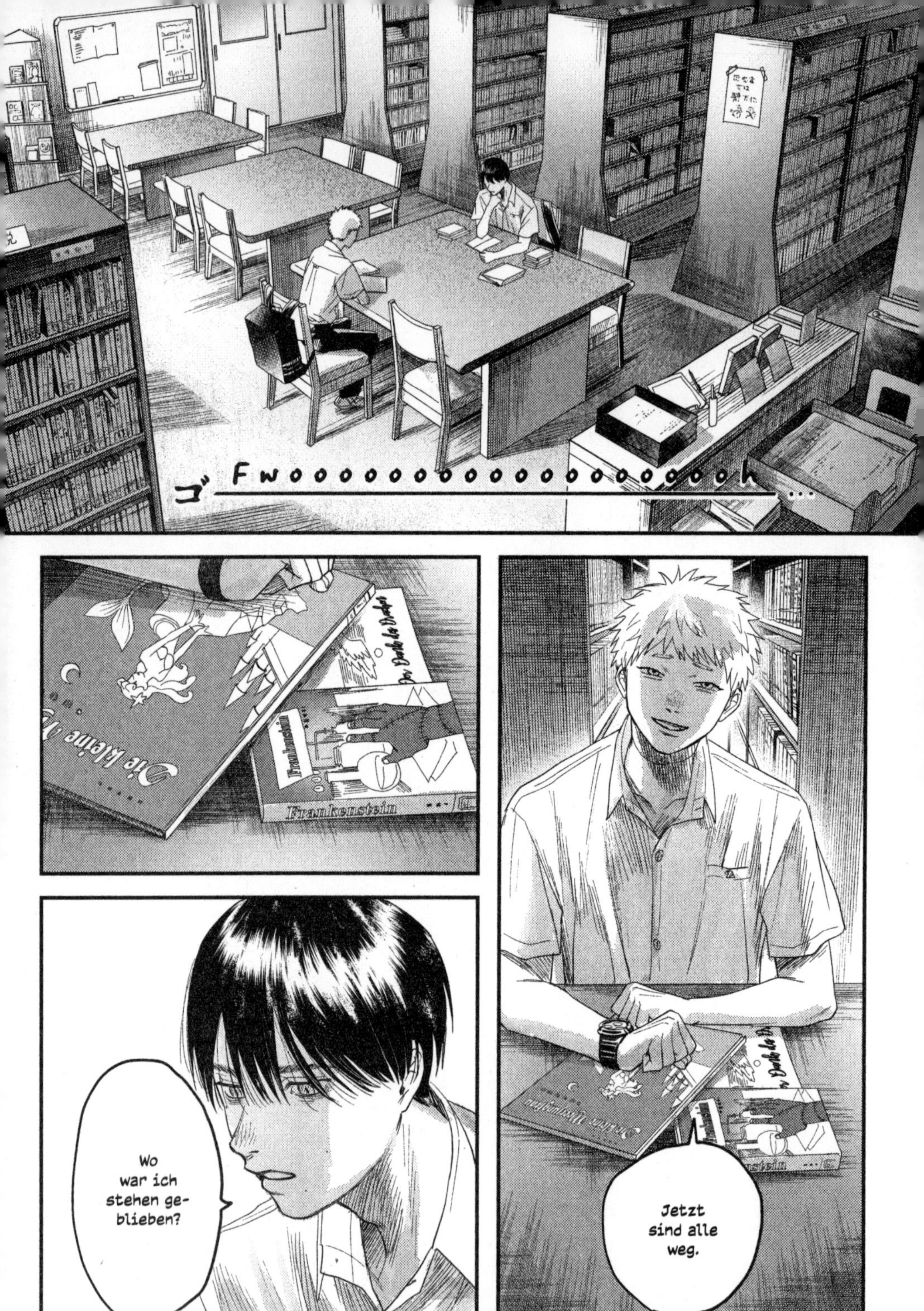
ゴ Fwoooooooooooooooooh...
Frankenstein
Jetzt sind alle weg.
Wo war ich stehen geblieben?

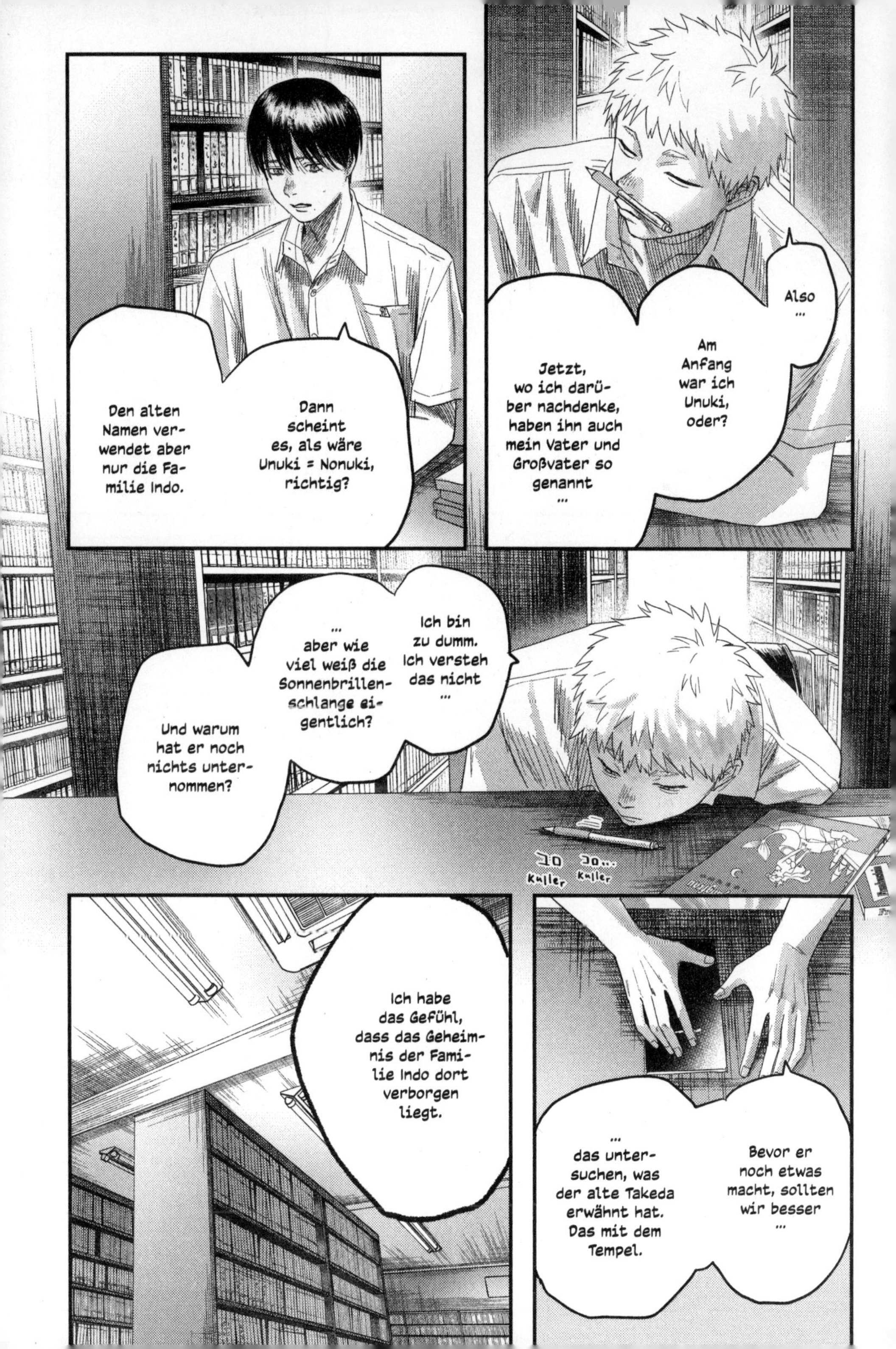
Also ...
Am Anfang war ich Unuki, oder?
Jetzt, wo ich darüber nachdenke, haben ihn auch mein Vater und Großvater so genannt ...
Dann scheint es, als wäre Unuki = Nonuki, richtig?
Den alten Namen verwendet aber nur die Familie Indo.
Ich bin zu dumm. Ich versteh das nicht ...
... aber wie viel weiß die Sonnenbrillenschlange eigentlich?
Und warum hat er noch nichts unternommen?
Kuller Kuller
Bevor er noch etwas macht, sollten wir besser ...
... das untersuchen, was der alte Takeda erwähnt hat. Das mit dem Tempel.
Ich habe das Gefühl, dass das Geheimnis der Familie Indo dort verborgen liegt.

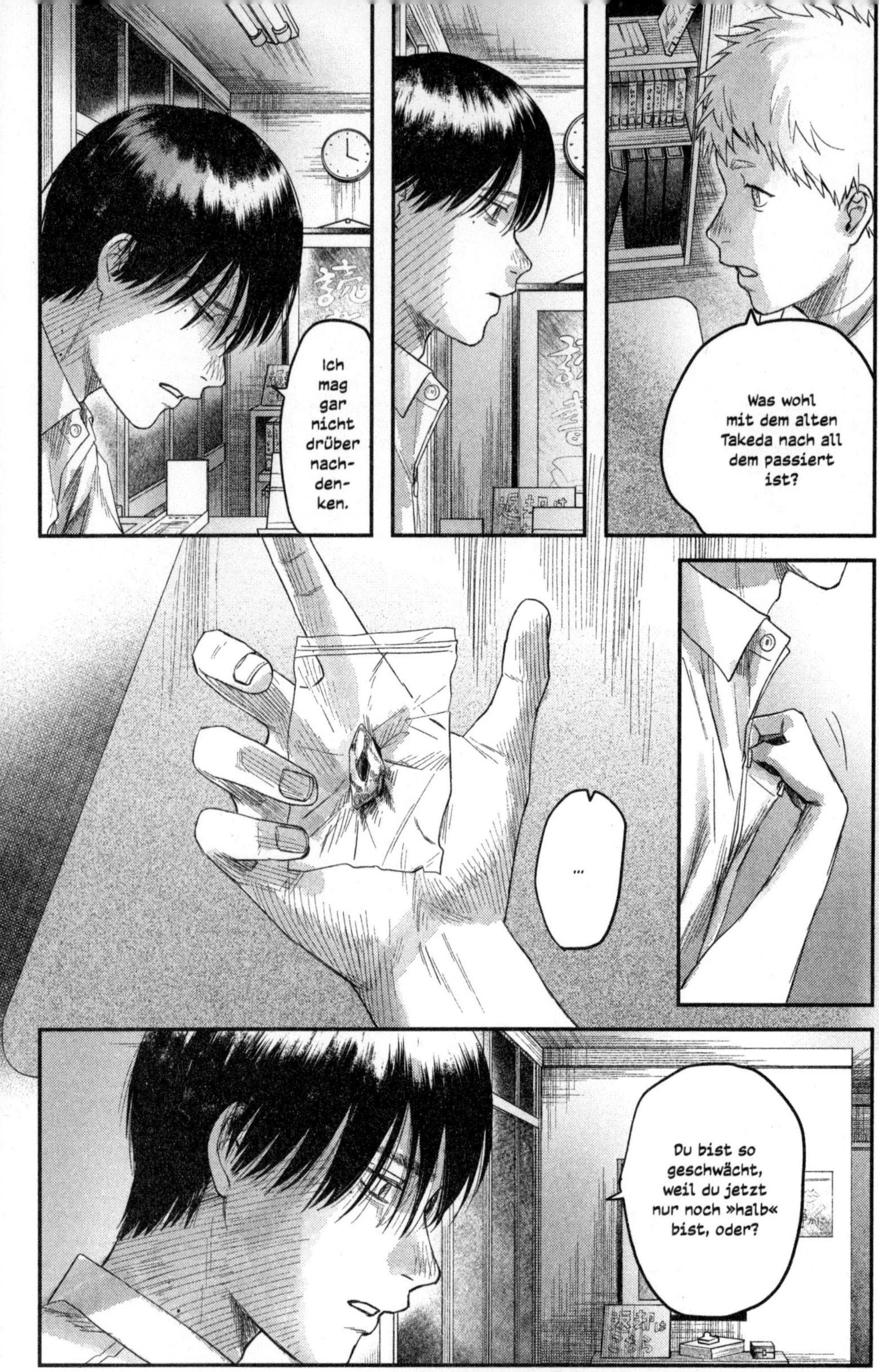
Was wohl mit dem alten Takeda nach all dem passiert ist?
Ich mag gar nicht drüber nach-den-ken.
...
Du bist so geschwächt, weil du jetzt nur noch »halb« bist, oder?

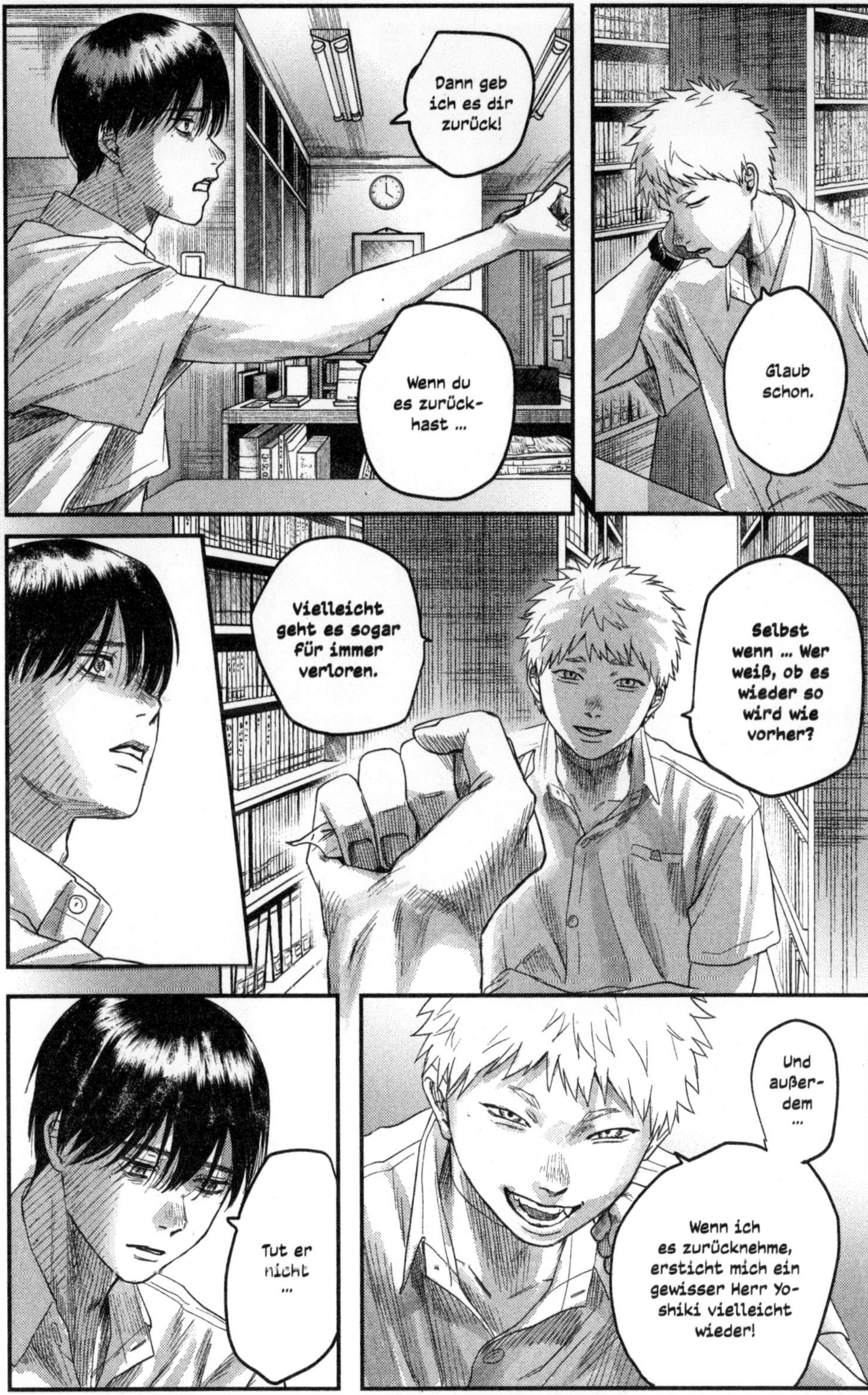
Glaub schon.
Dann geb ich es dir zurück!
Wenn du es zurückhast ...
Selbst wenn ... Wer weiß, ob es wieder so wird wie vorher?
Vielleicht geht es sogar für immer verloren.
Und außerdem ...
Wenn ich es zurücknehme, ersticht mich ein gewisser Herr Yoshiki vielleicht wieder!
Tut er nicht ...

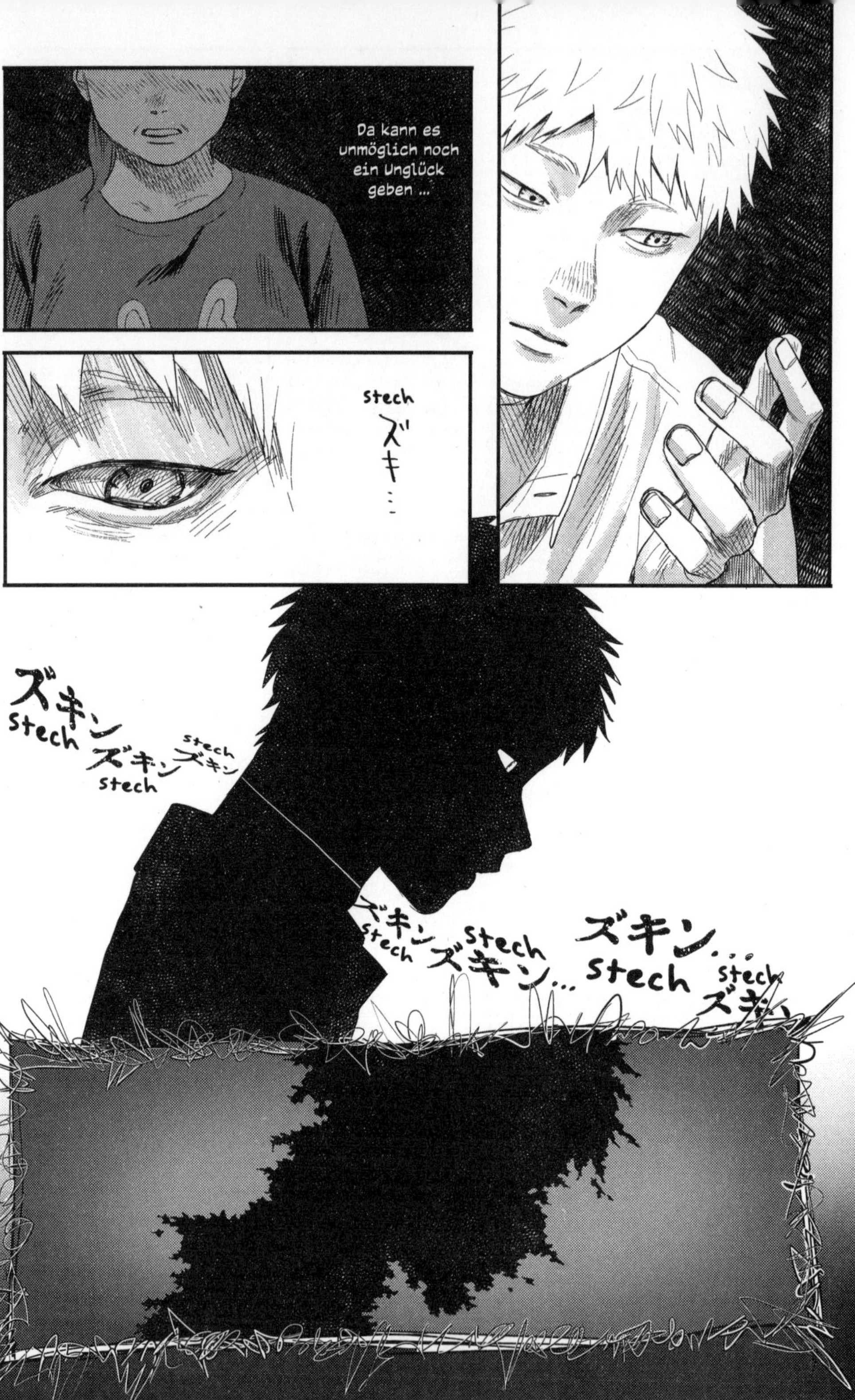
Da kann es unmöglich noch ein Unglück geben ...
stech
ズキ…
ズキン
stech
ズキン
stech
stech
ズキン
ズキン
stech
stech
ズキン…
ズキン…
stech
stech
ズキン

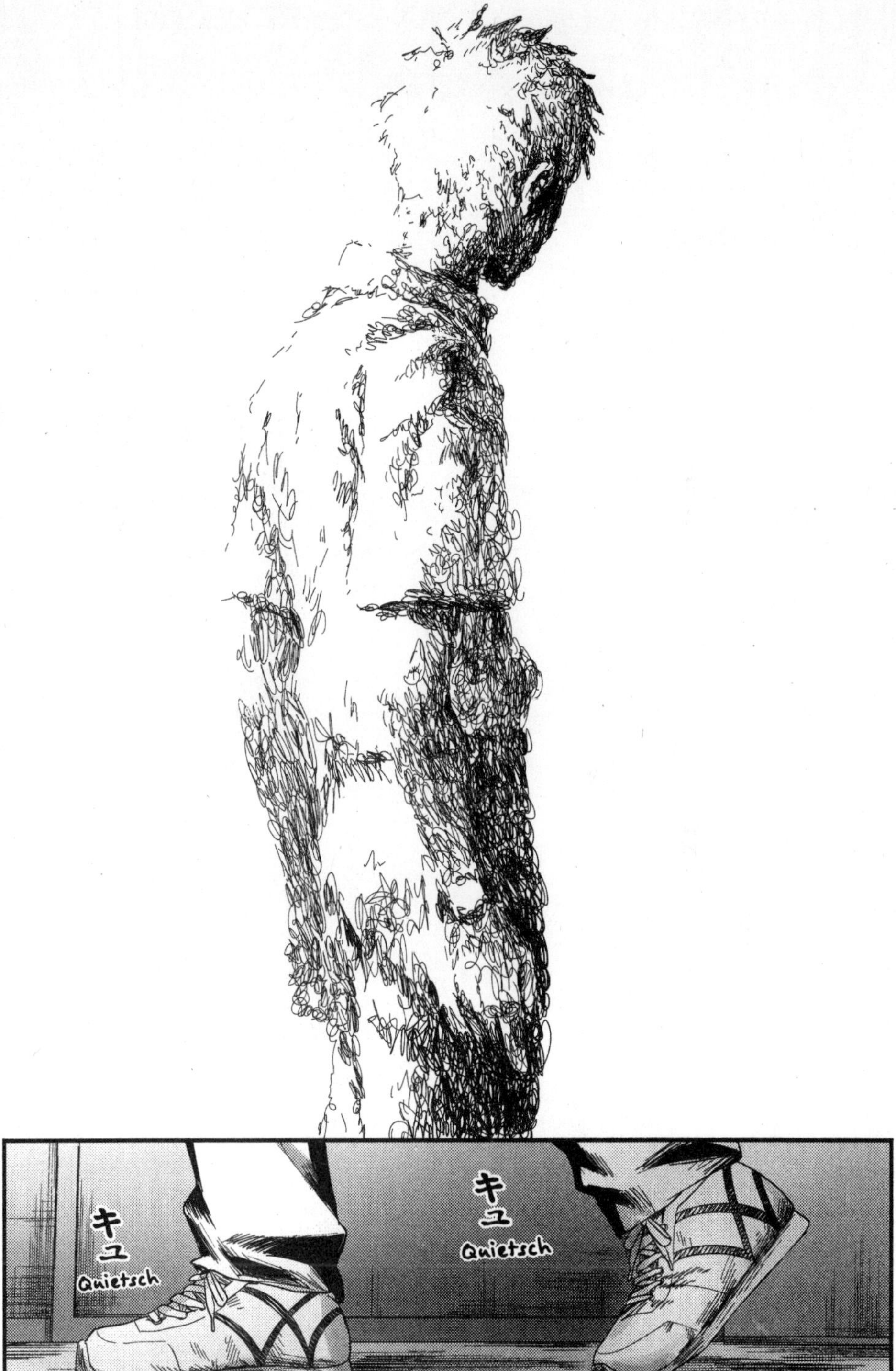
キュ
Quietsch
キュ
Quietsch

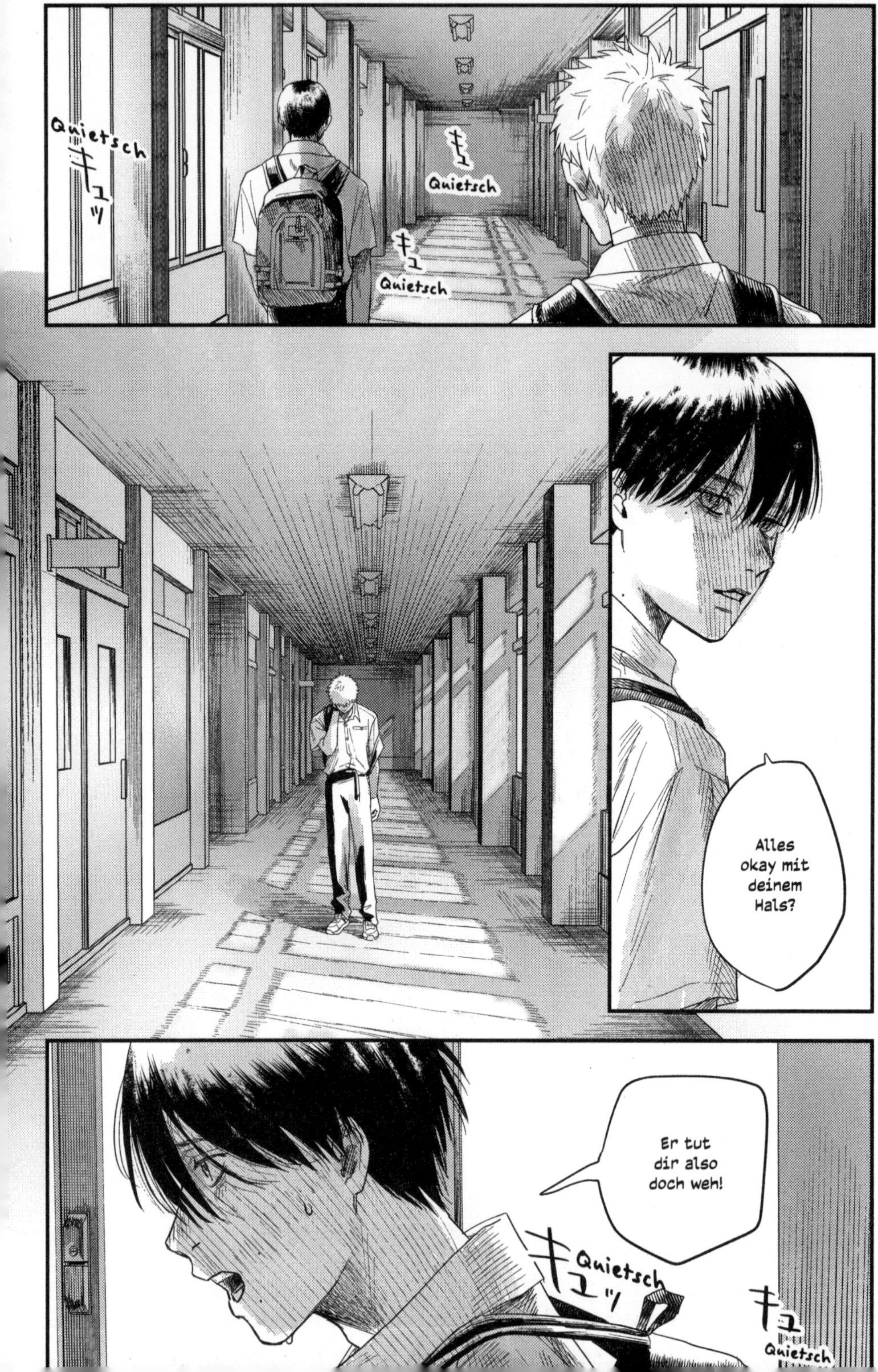
キュ
Quietsch
キュ
Quietsch
Quietsch
キュッ
Alles okay mit deinem Hals?
Er tut dir also doch weh!
キュ
Quietsch
Quietsch
キュッ

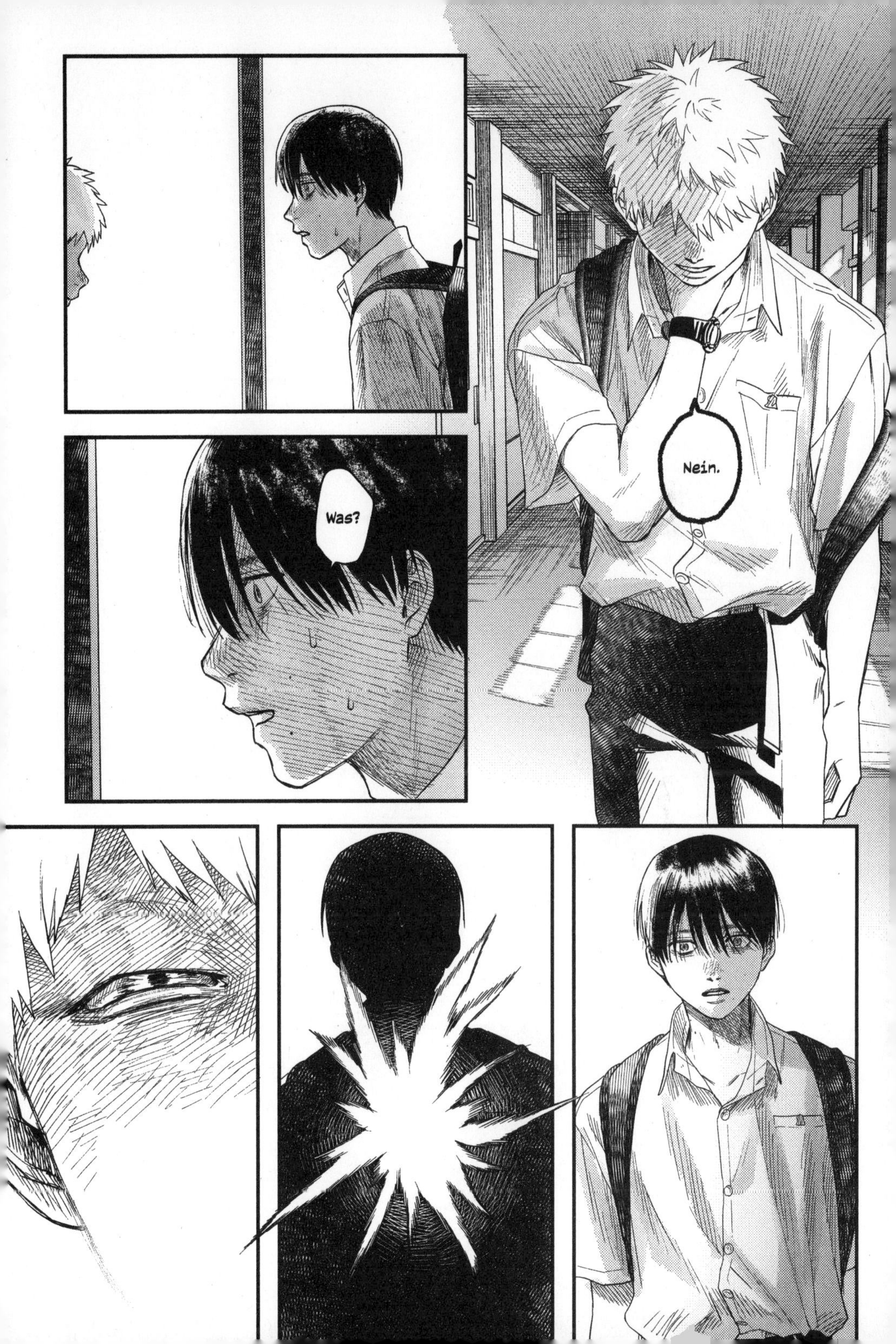
Nein.
Was?

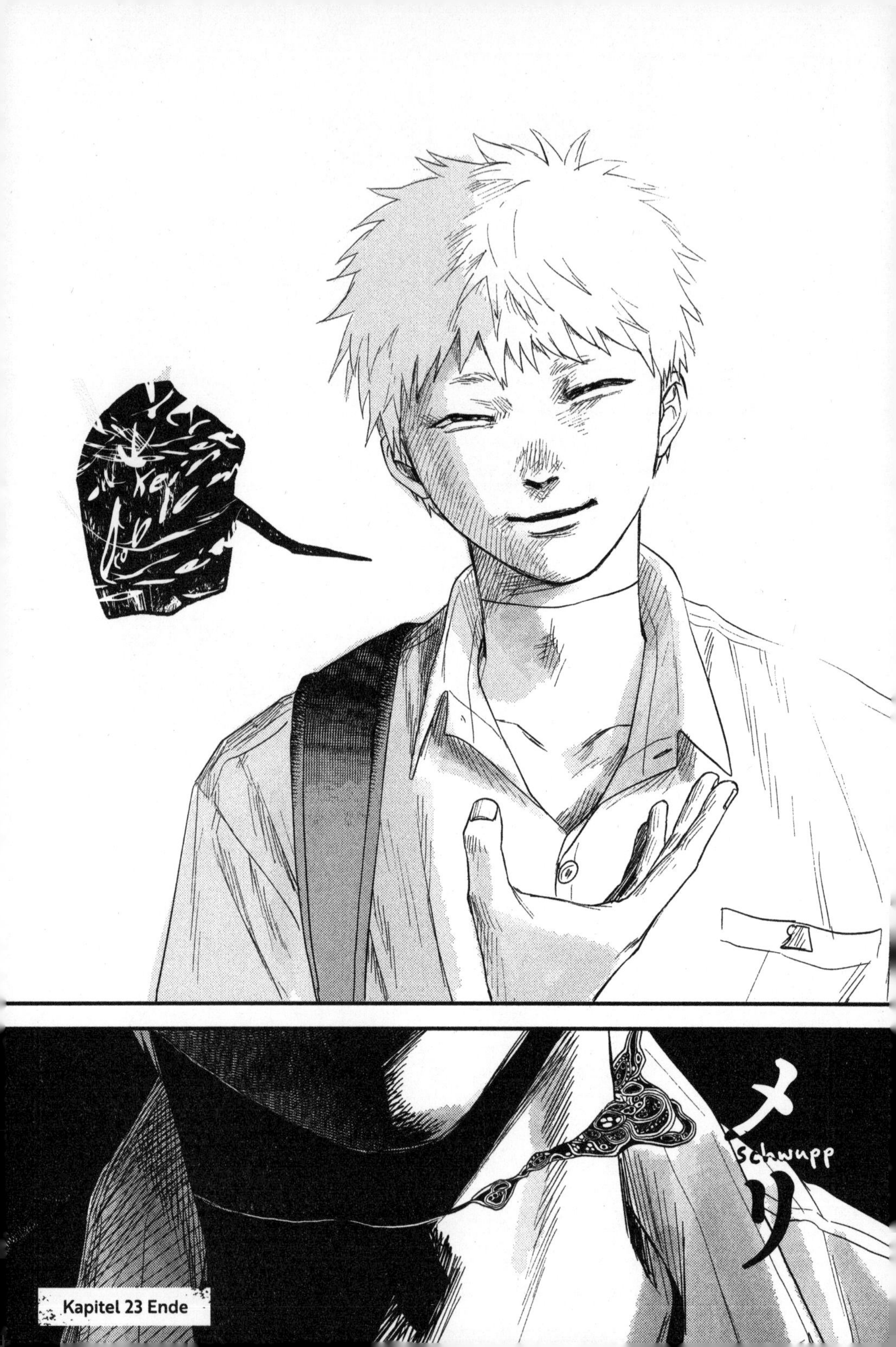
メリ
Schwupp
Kapitel 23 Ende

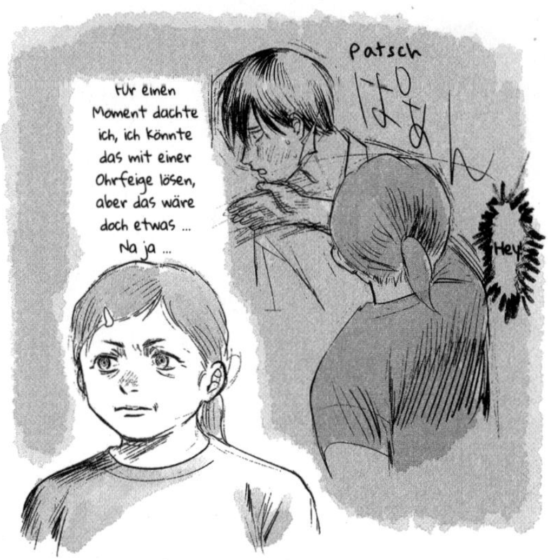
Für einen Moment dachte ich, ich könnte das mit einer Ohrfeige lösen, aber das wäre doch etwas ... Na ja ...
Patsch
ぱぁん
Hey

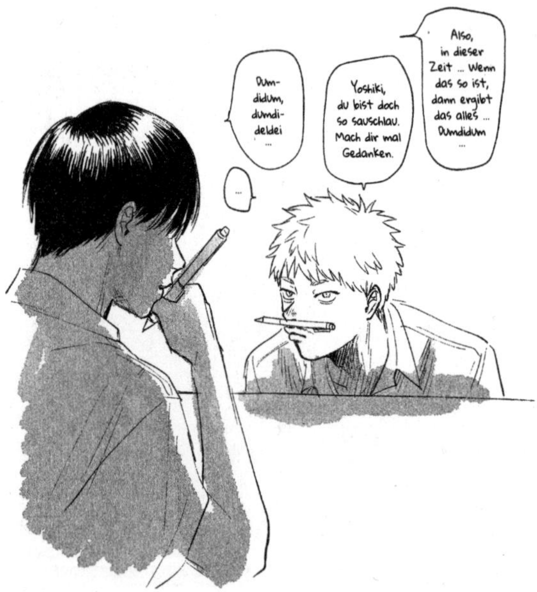
Also, in dieser Zeit ... Wenn das so ist, dann ergibt das alles ... Dumdidum ...
Yoshiki, du bist doch so sauschlau. Mach dir mal Gedanken.
Dum-didum, dumdi-deldei ...
...

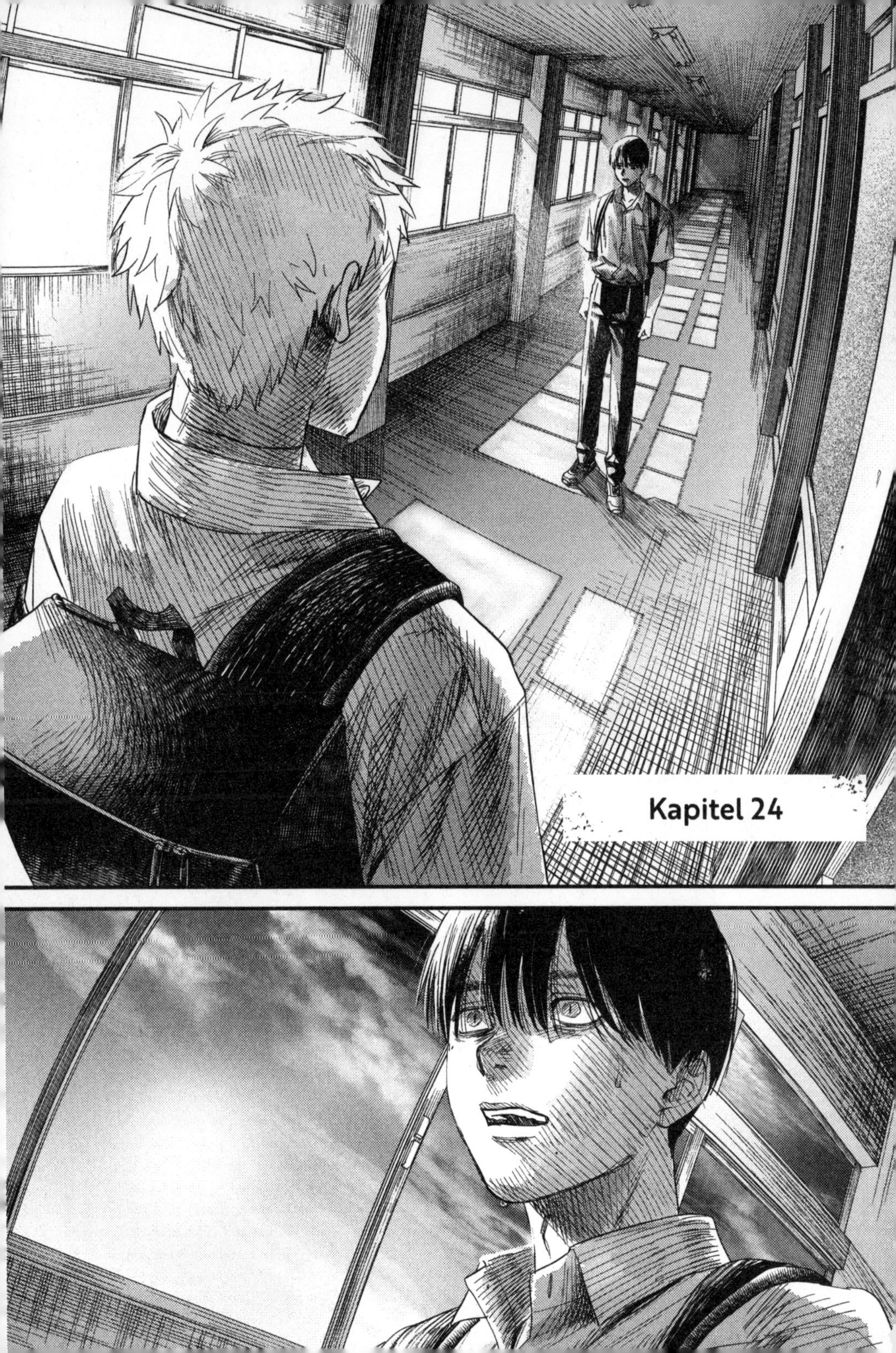
Kapitel 24

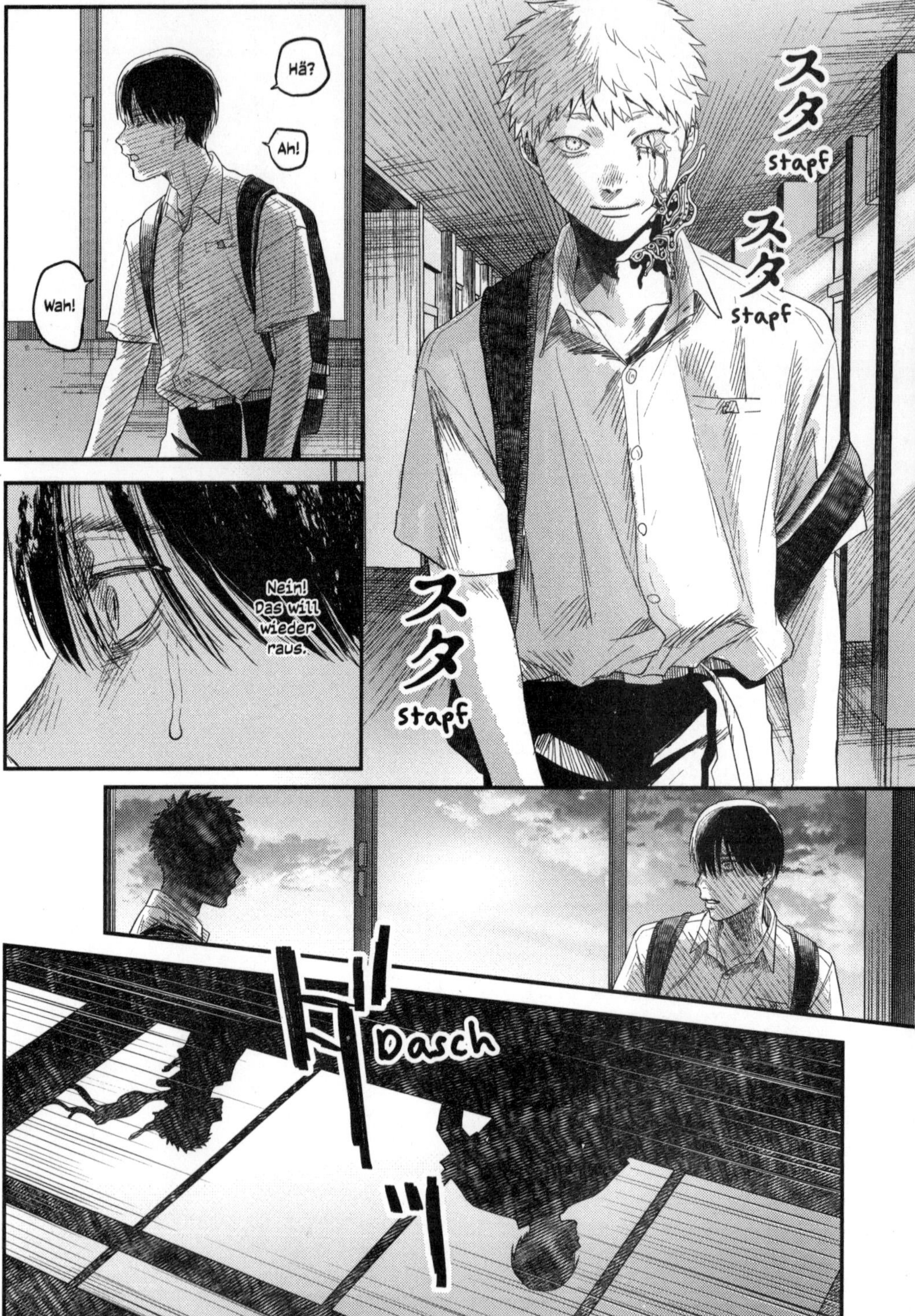
スタ
stapf
スタ
stapf
スタ
stapf
Hä?
Ah!
Wah!
Nein! Das will wieder raus.
Dasch

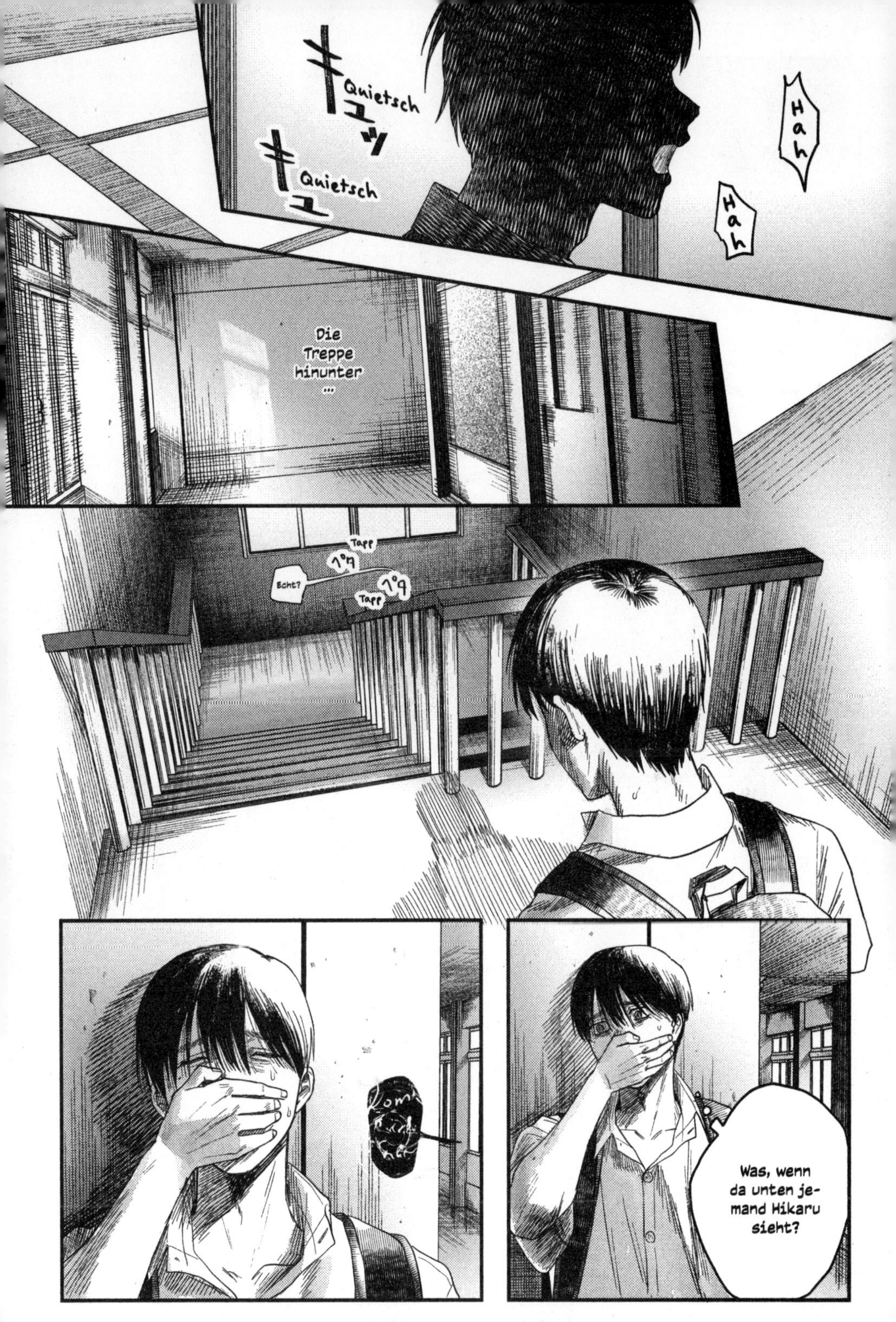
Hah
Hah
Quietsch
Quietsch
Die Treppe hinunter ...
Tapp
Echt?
Tapp
Was, wenn da unten jemand Hikaru sieht?

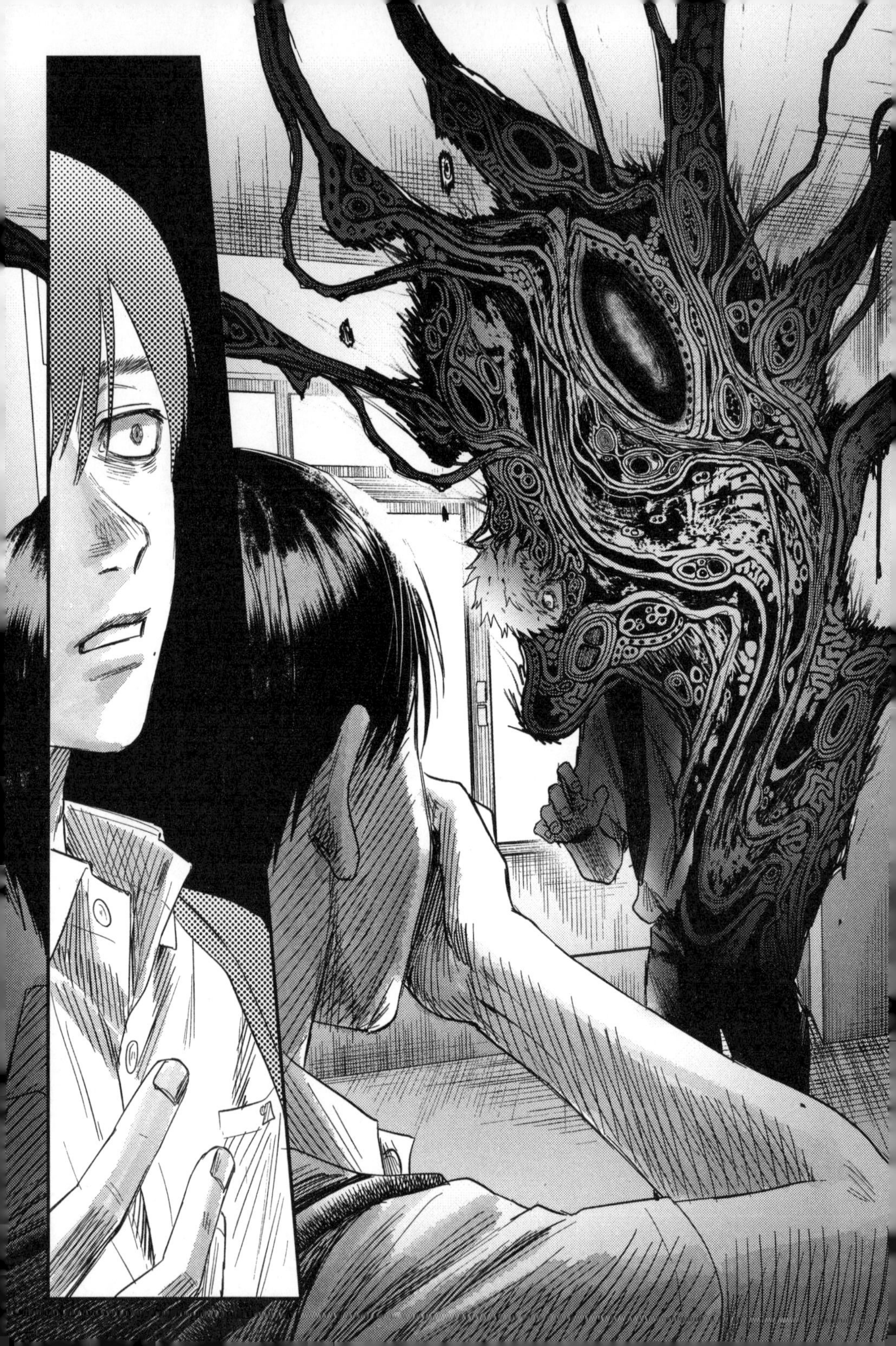

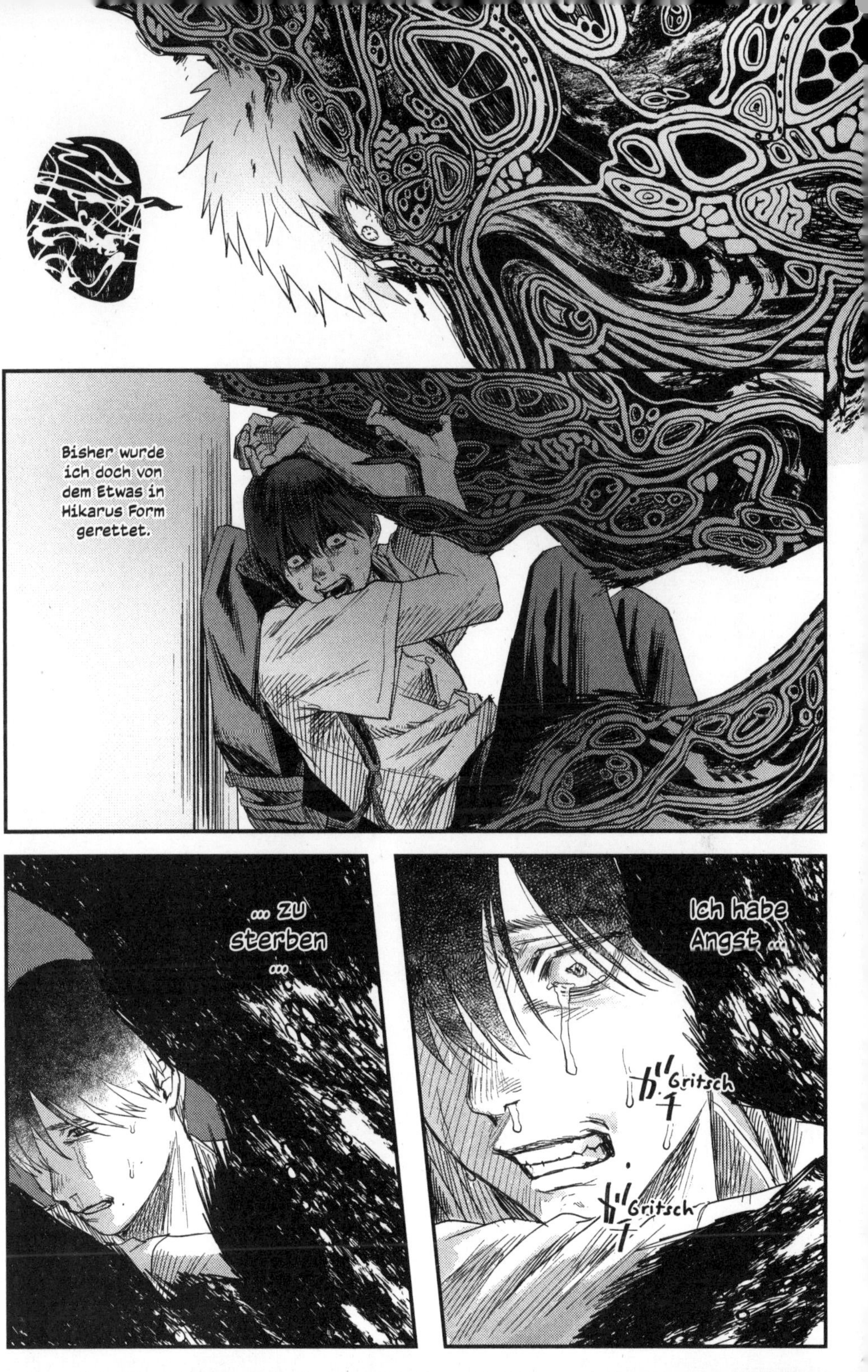
Bisher wurde ich doch von dem Etwas in Hikarus Form gerettet.
Ich habe Angst ...
... zu sterben ...
Gritsch
Gritsch

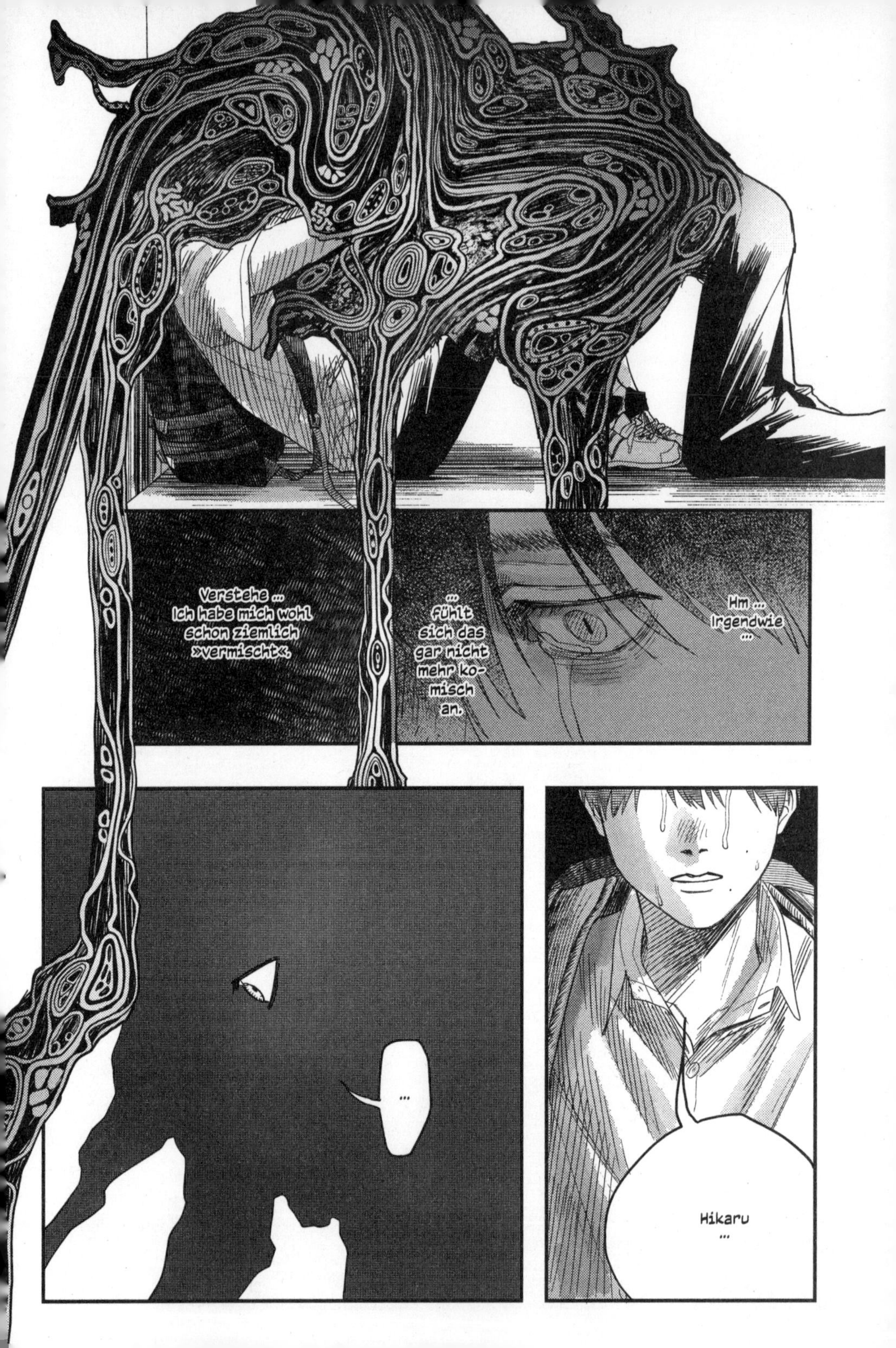
Hm ... Irgendwie ...
... fühlt sich das gar nicht mehr ko-misch an.
Verstehe ... Ich habe mich wohl schon ziemlich »vermischt«.
Hikaru ...
...

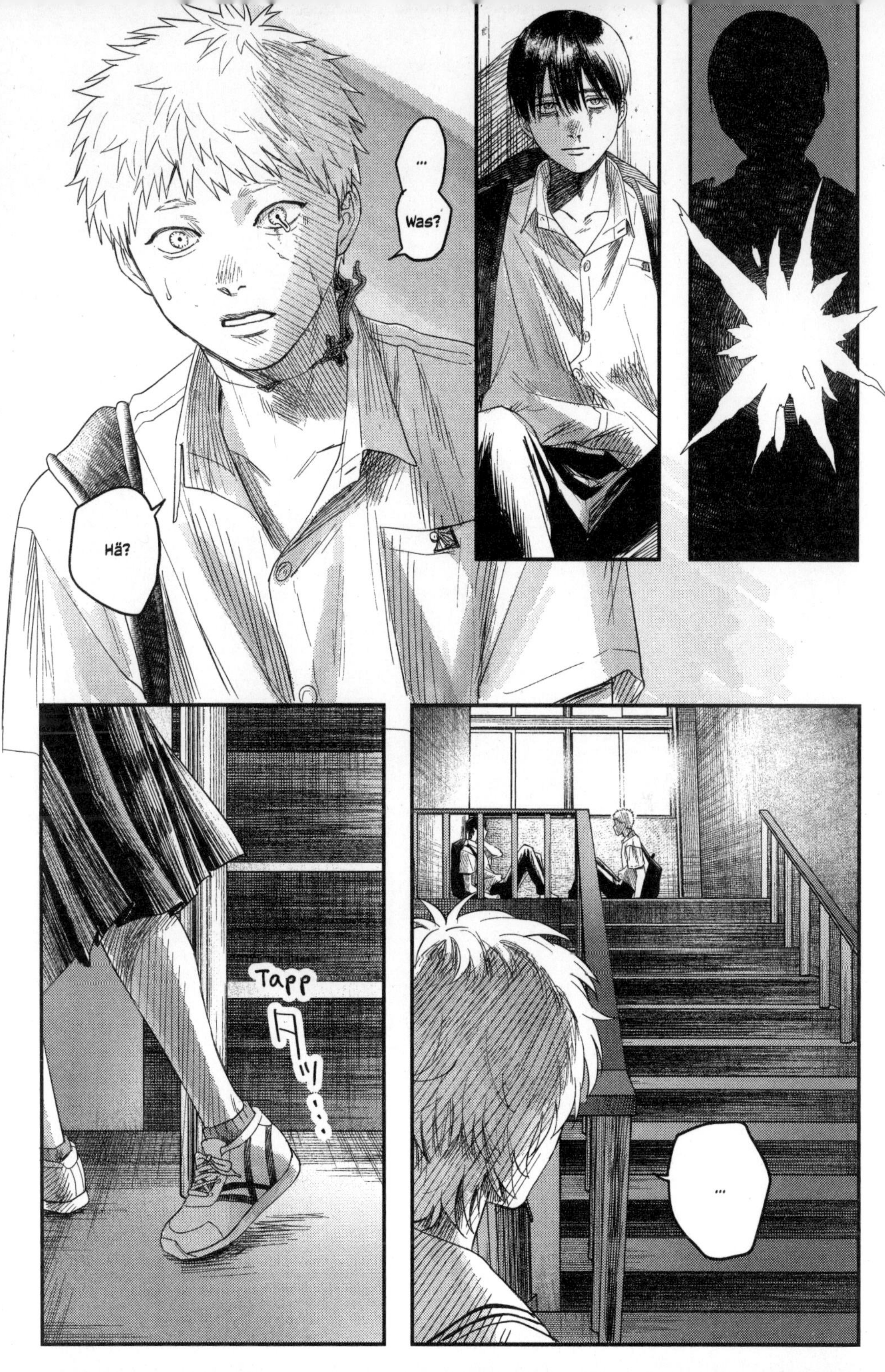
… Was?
Hä?
…
Tapp

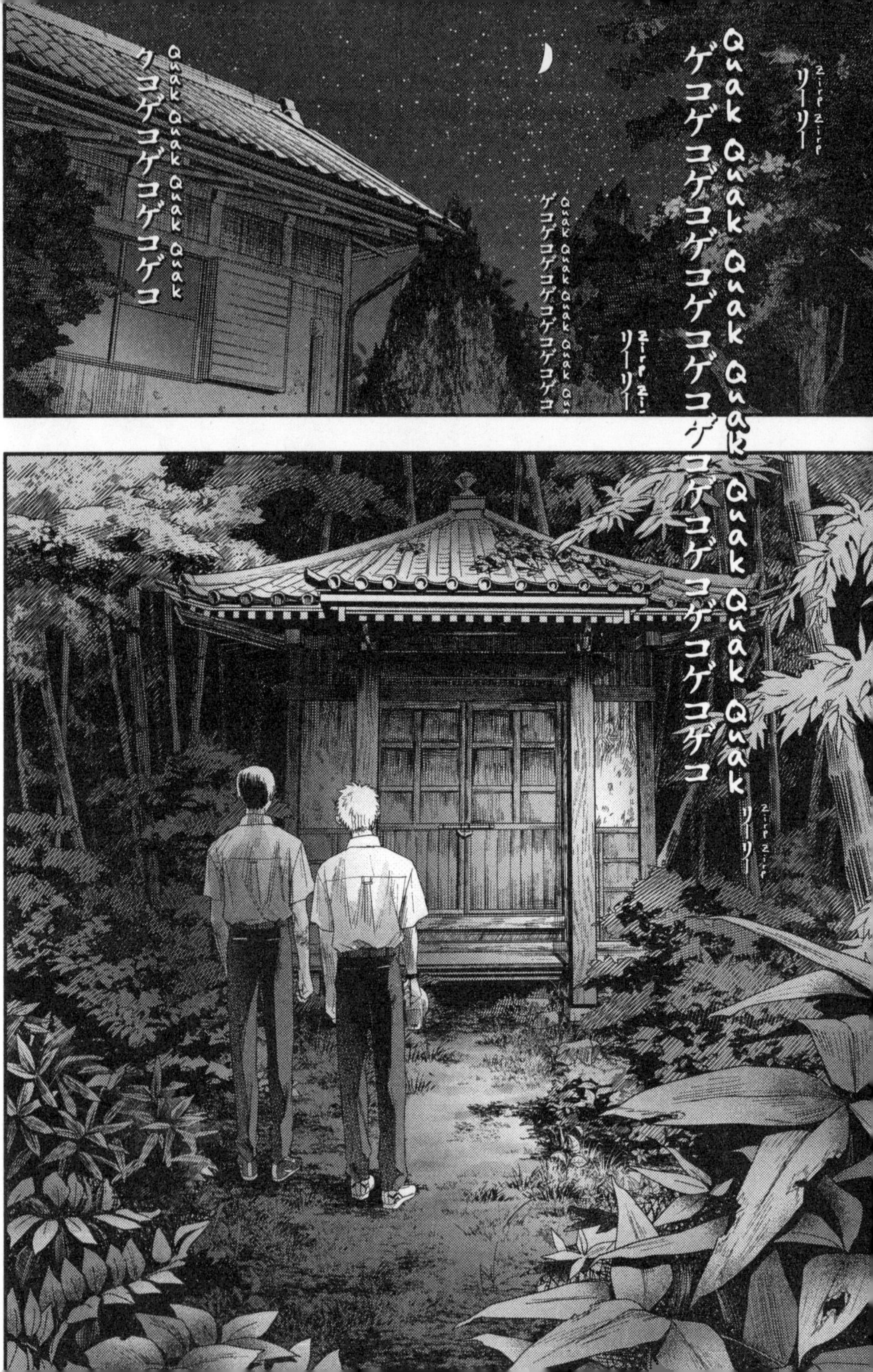
Zirp Zirp
リーリー
Quak Quak Quak Quak Quak Quak Quak Quak
ゲコゲコゲコゲコゲコゲコゲコゲコゲコ
Zirp Zirp
リーリー
Zirp Zi
リーリー
Quak Quak Quak Quak Qu
ゲコゲコゲコゲコゲコ
Quak Quak Quak Quak
ゲコゲコゲコゲコ

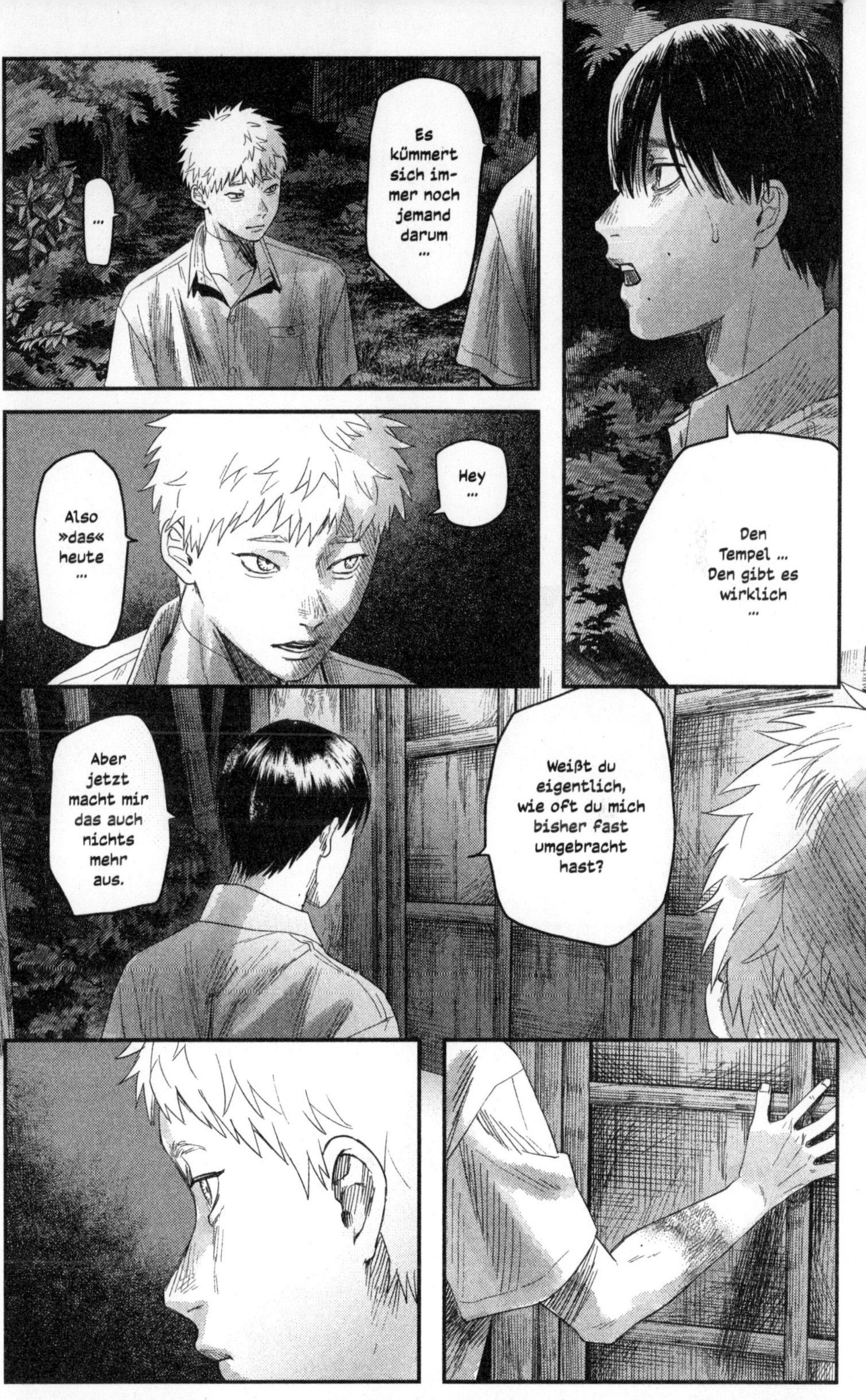
Den Tempel ... Den gibt es wirklich ...
Es kümmert sich immer noch jemand darum ...
...
Hey ...
Also »das« heute ...
Weißt du eigentlich, wie oft du mich bisher fast umgebracht hast?
Aber jetzt macht mir das auch nichts mehr aus.

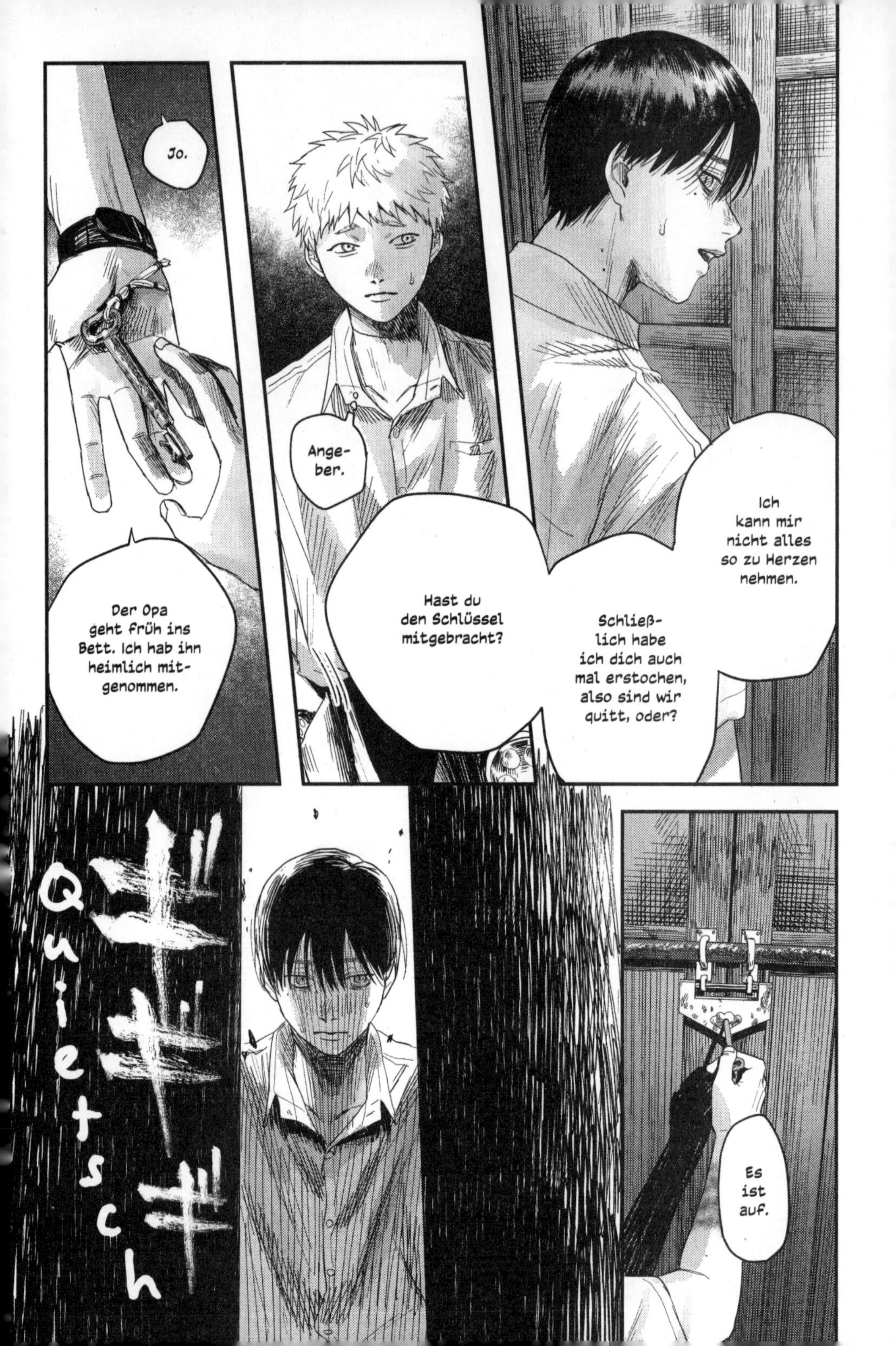
Ich kann mir nicht alles so zu Herzen nehmen.
Schließlich habe ich dich auch mal erstochen, also sind wir quitt, oder?
Hast du den Schlüssel mitgebracht?
Jo.
Der Opa geht früh ins Bett. Ich hab ihn heimlich mitgenommen.
Angeber.
Es ist auf.
Quietsch

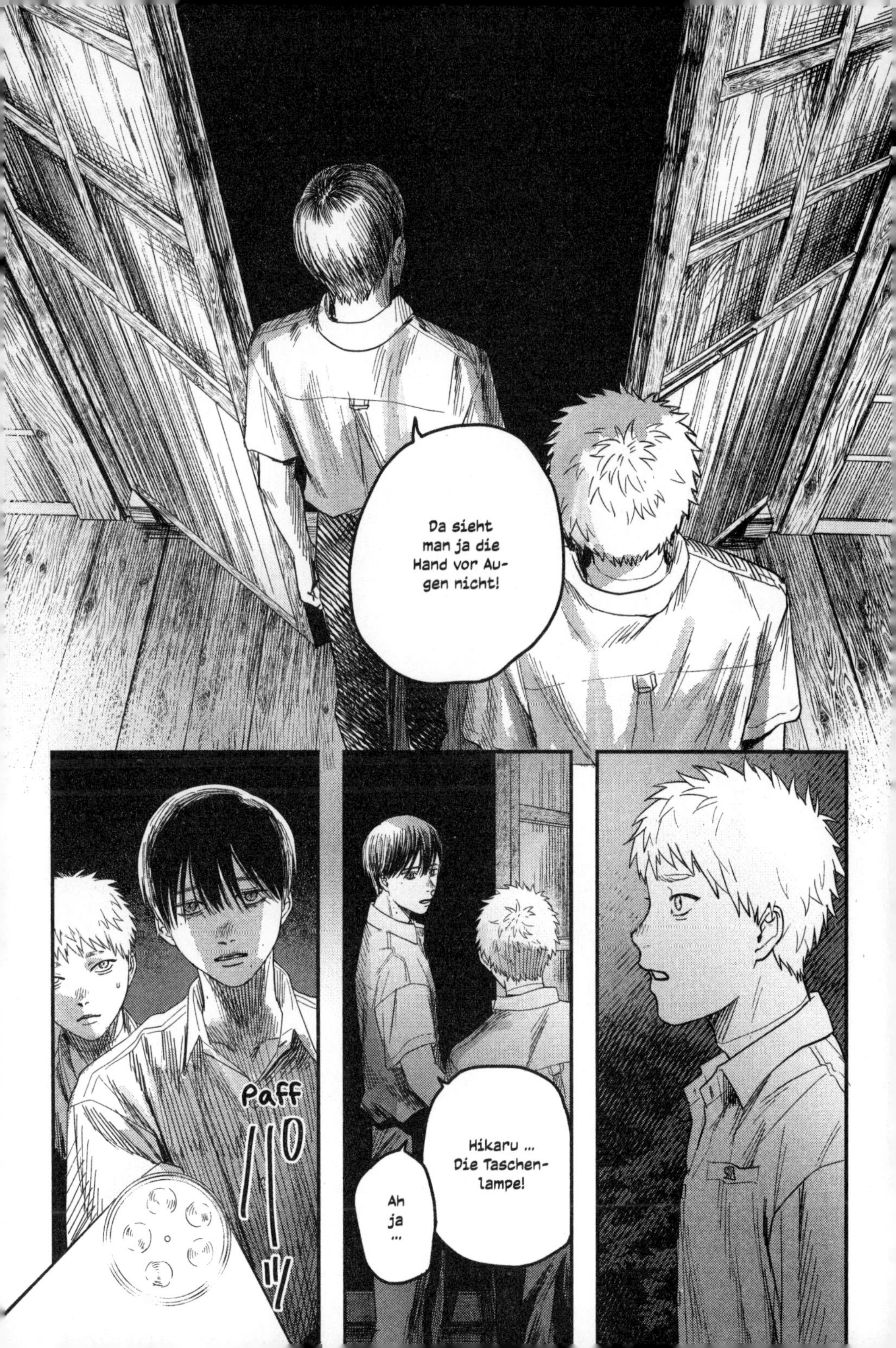
Da sieht man ja die Hand vor Augen nicht!
Hikaru ... Die Taschenlampe!
Ah ja ...
Paff

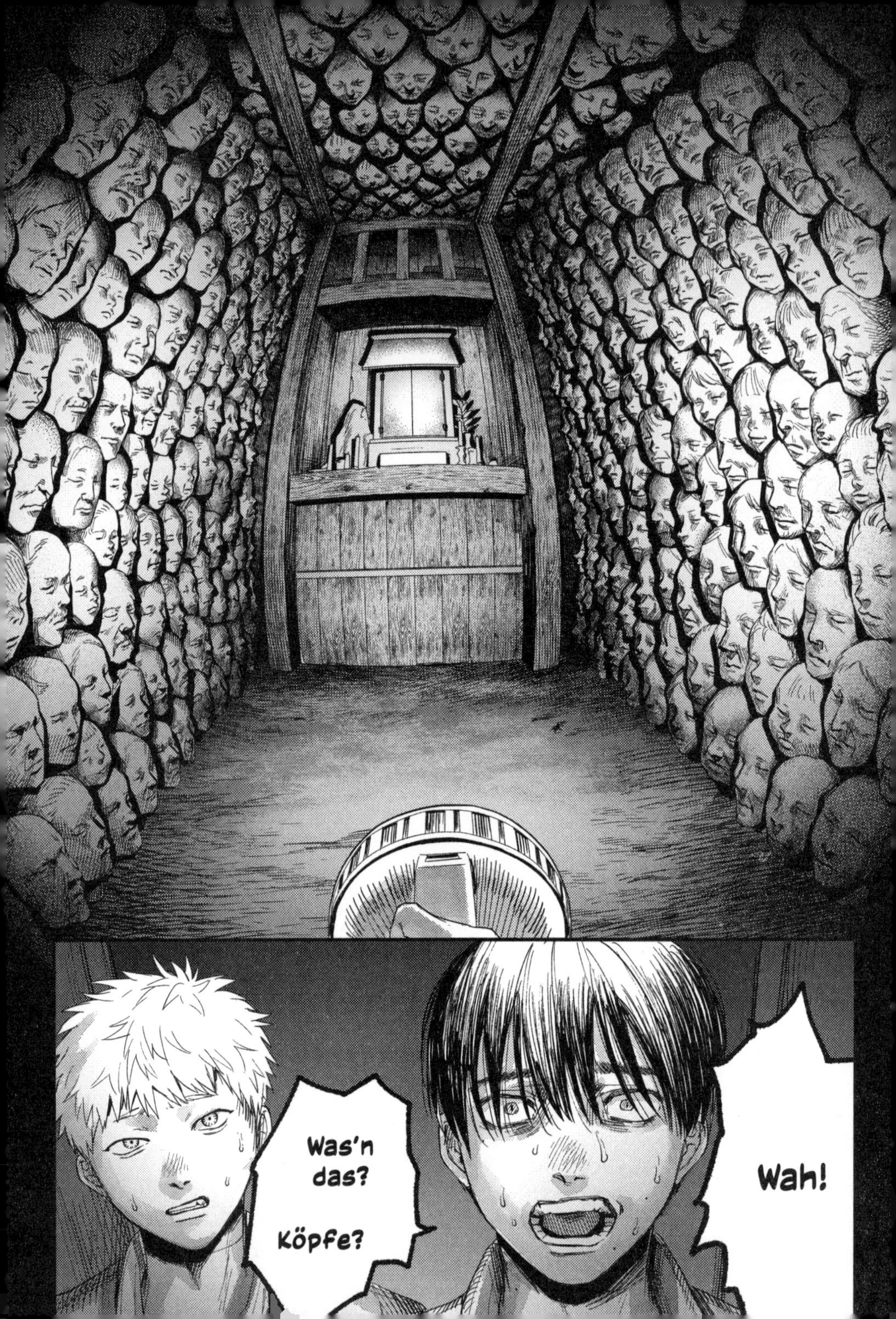
Wah!
Was'n das?
Köpfe?

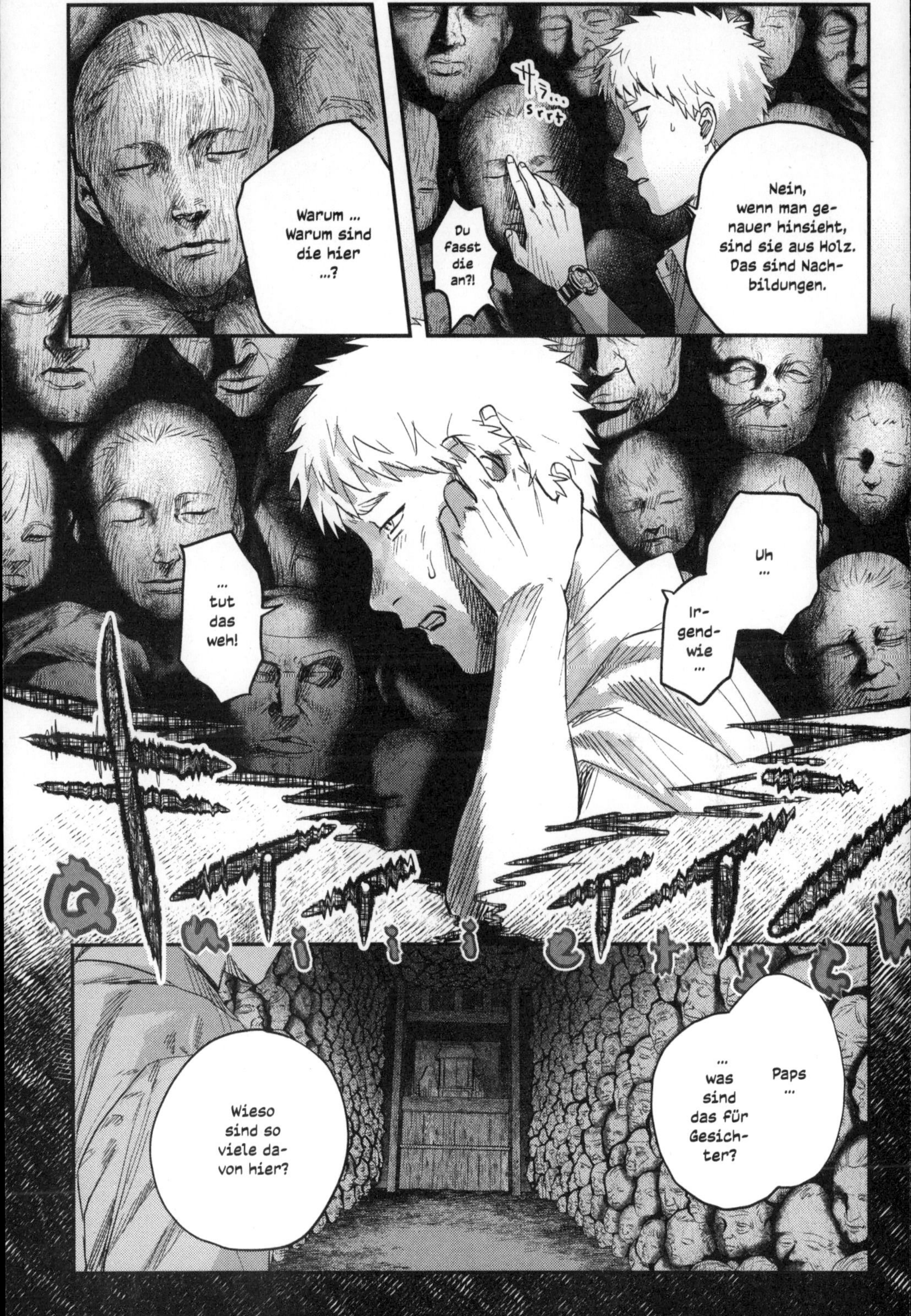
Srrt
Nein, wenn man genauer hinsieht, sind sie aus Holz. Das sind Nachbildungen.
Du fasst die an?!
Warum ... Warum sind die hier ...?
Uh ...
Irgendwie ...
... tut das weh!
Quiiietsch
Paps ...
... was sind das für Gesichter?
Wieso sind so viele davon hier?

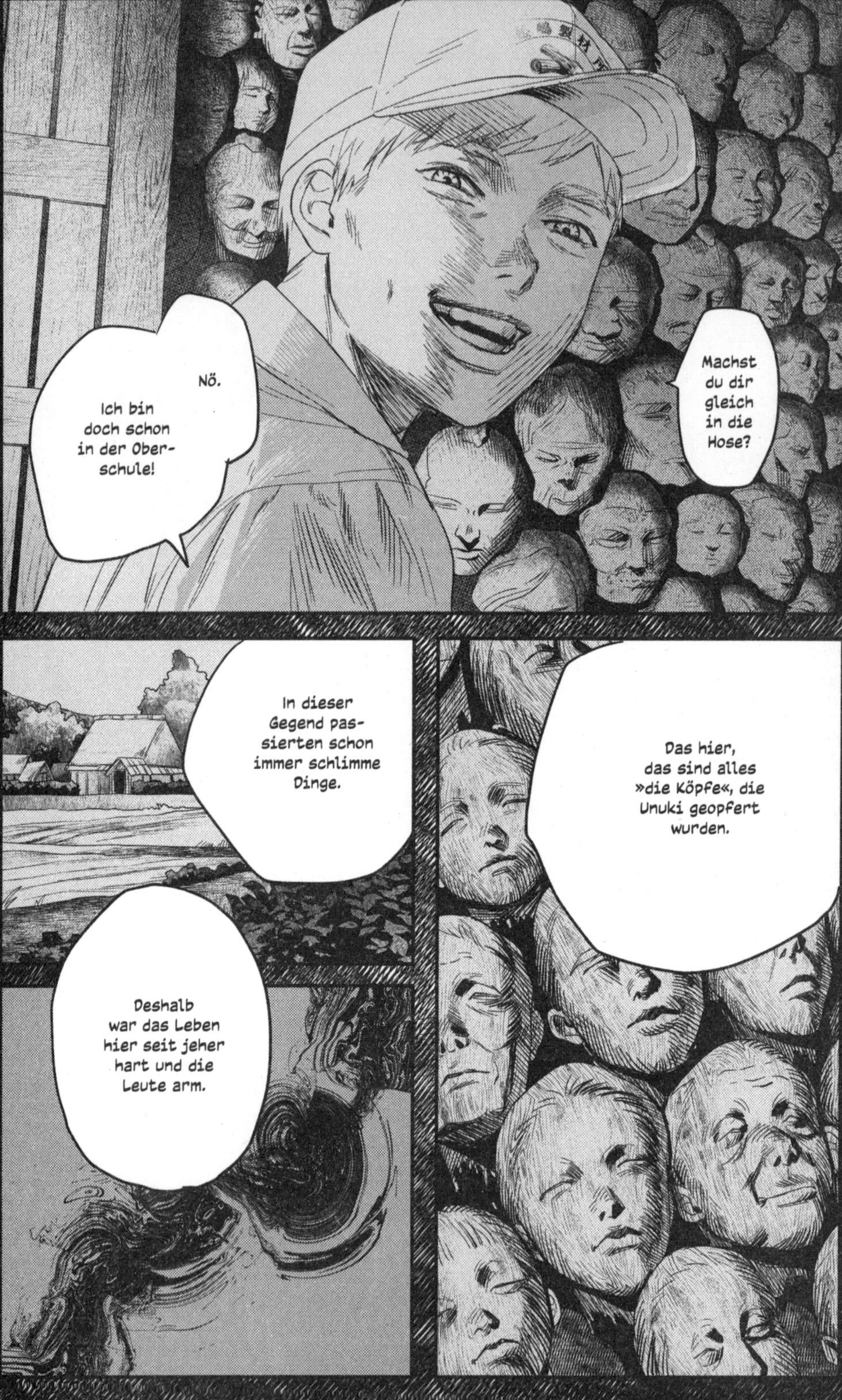
Machst du dir gleich in die Hose?
Nö.
Ich bin doch schon in der Ober-schule!
Das hier, das sind alles »die Köpfe«, die Unuki geopfert wurden.
In dieser Gegend pas-sierten schon immer schlimme Dinge.
Deshalb war das Leben hier seit jeher hart und die Leute arm.

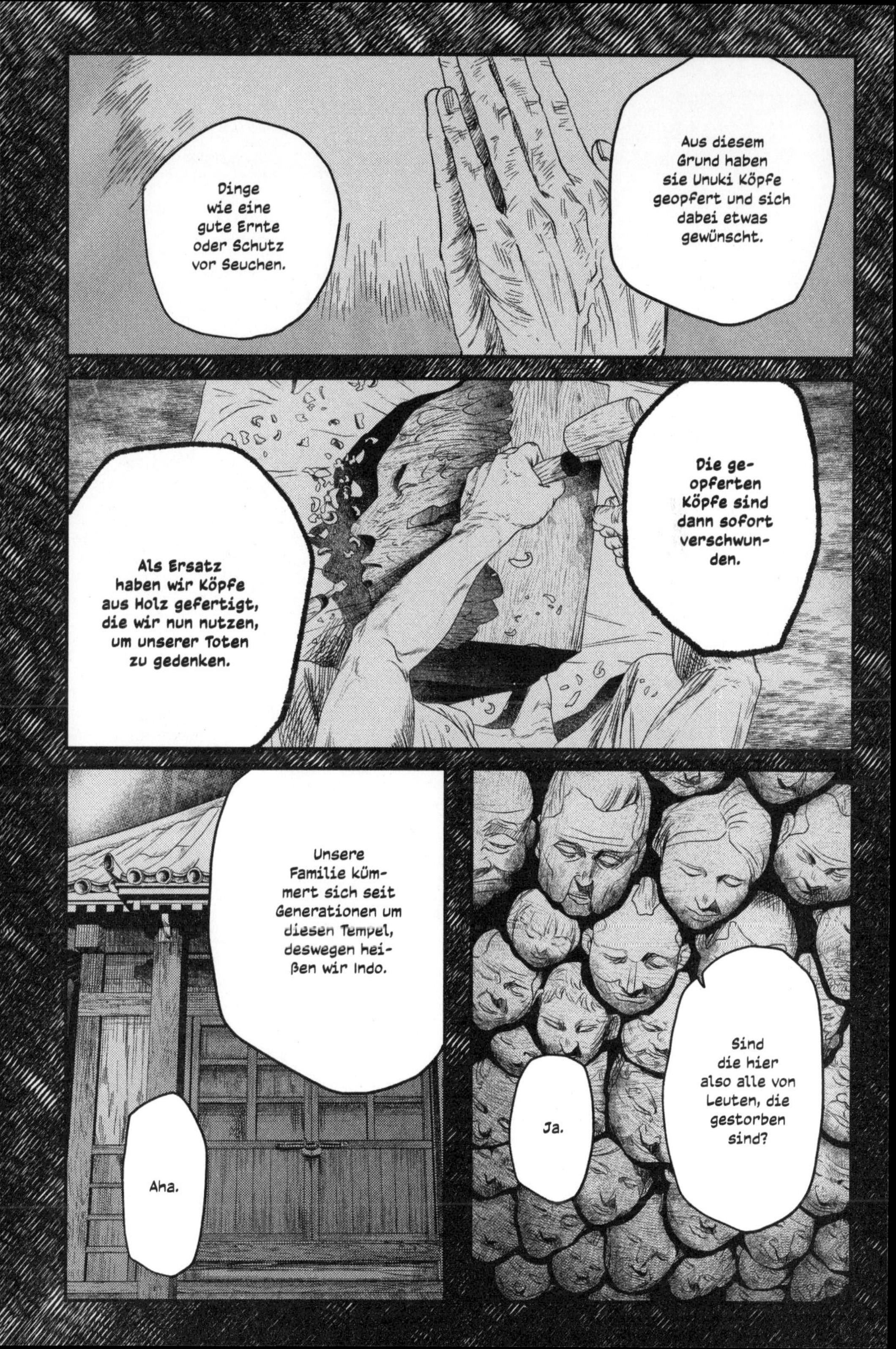
Aus diesem Grund haben sie Unuki Köpfe geopfert und sich dabei etwas gewünscht.
Dinge wie eine gute Ernte oder Schutz vor Seuchen.
Die ge-opferten Köpfe sind dann sofort verschwun-den.
Als Ersatz haben wir Köpfe aus Holz gefertigt, die wir nun nutzen, um unserer Toten zu gedenken.
Sind die hier also alle von Leuten, die gestorben sind?
Ja.
Unsere Familie küm-mert sich seit Generationen um diesen Tempel, deswegen hei-ßen wir Indo.
Aha.

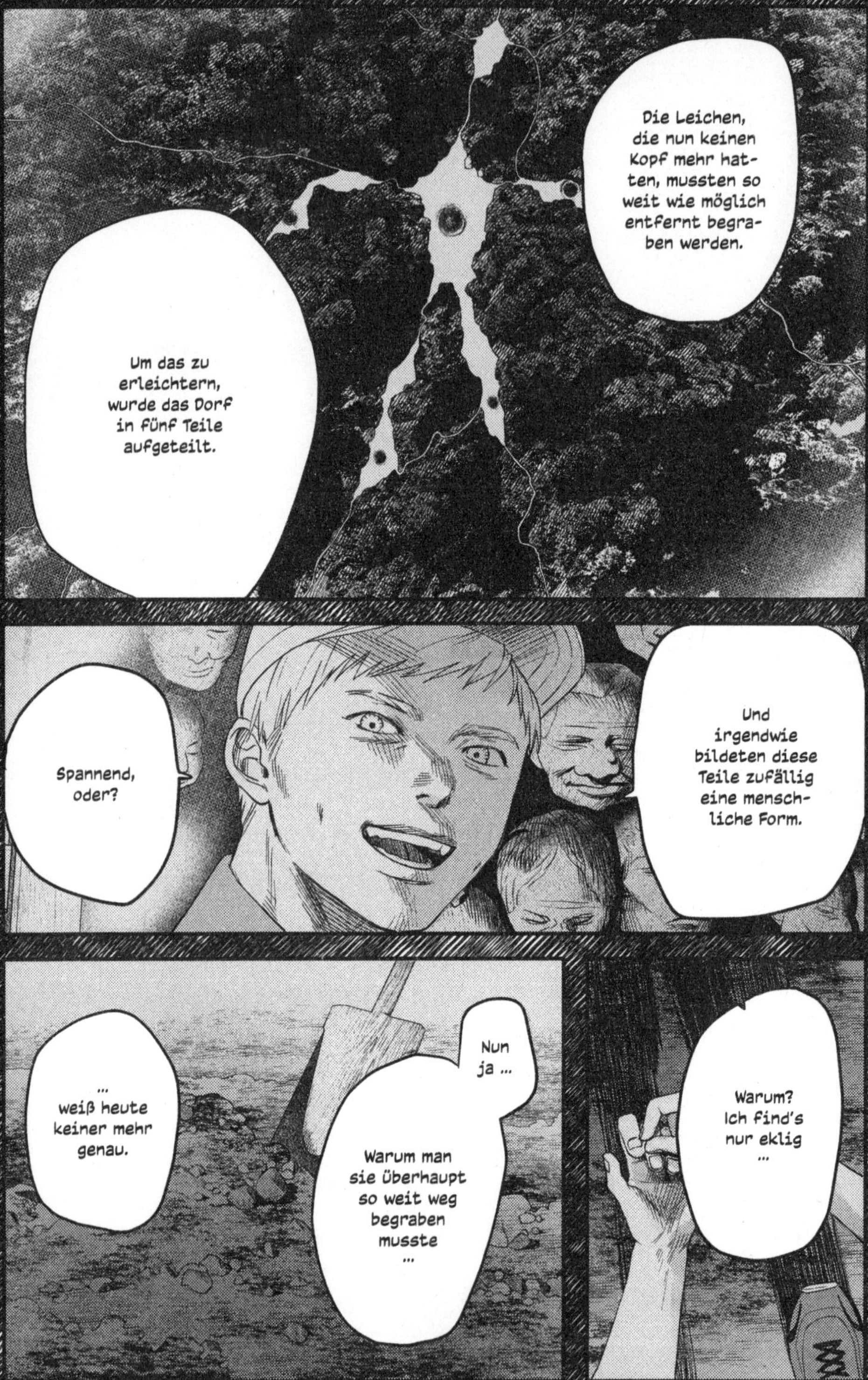

Die Leichen, die nun keinen Kopf mehr hatten, mussten so weit wie möglich entfernt begraben werden.
Um das zu erleichtern, wurde das Dorf in fünf Teile aufgeteilt.
Und irgendwie bildeten diese Teile zufällig eine menschliche Form.
Spannend, oder?
Warum? Ich find's nur eklig ...
Nun ja ...
Warum man sie überhaupt so weit weg begraben musste ...
... weiß heute keiner mehr genau.

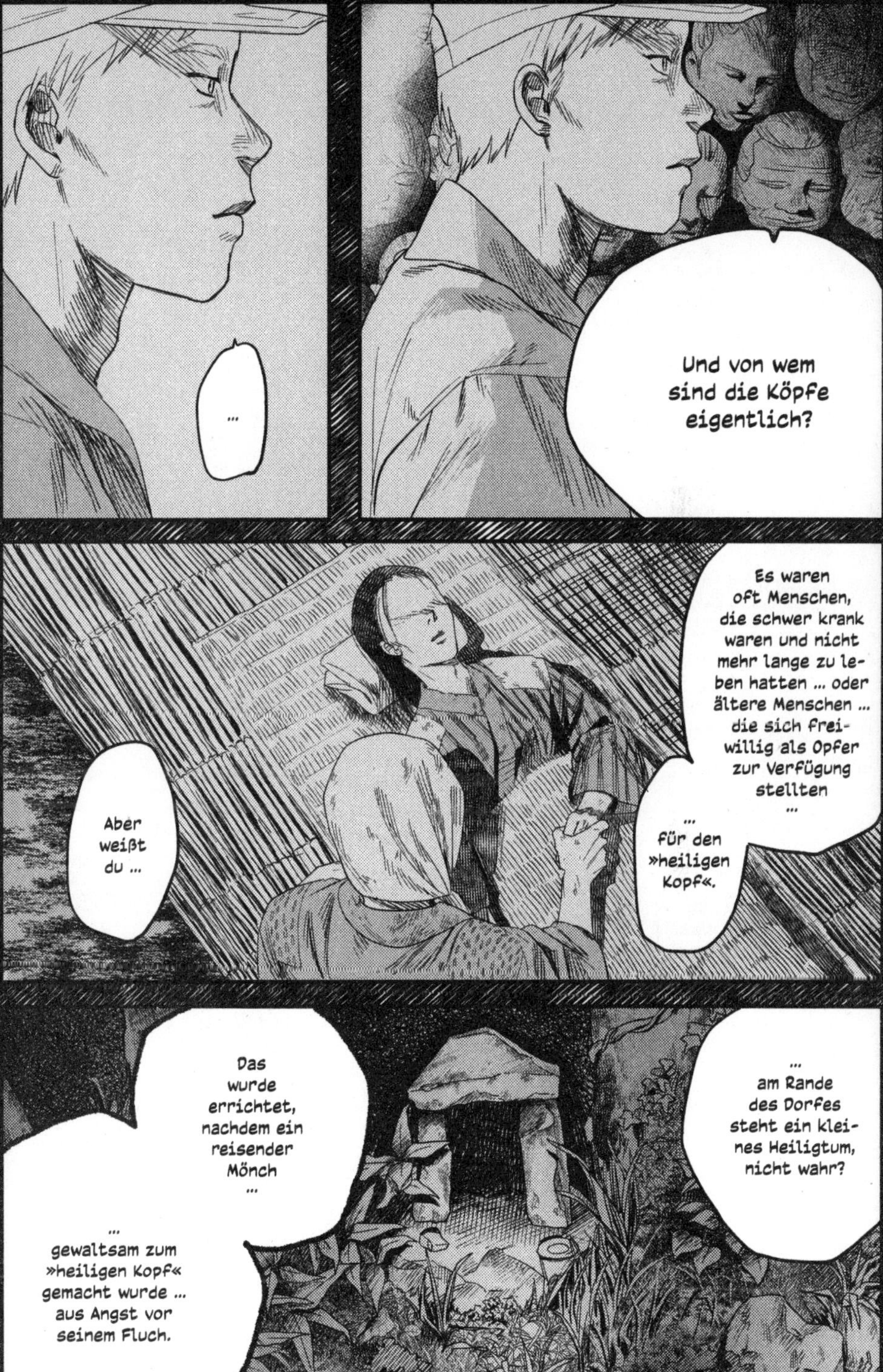
Und von wem sind die Köpfe eigentlich?
...
Es waren oft Menschen, die schwer krank waren und nicht mehr lange zu leben hatten ... oder ältere Menschen ... die sich freiwillig als Opfer zur Verfügung stellten ...
... für den »heiligen Kopf«.
Aber weißt du ...
... am Rande des Dorfes steht ein kleines Heiligtum, nicht wahr?
Das wurde errichtet, nachdem ein reisender Mönch ...
... gewaltsam zum »heiligen Kopf« gemacht wurde ... aus Angst vor seinem Fluch.

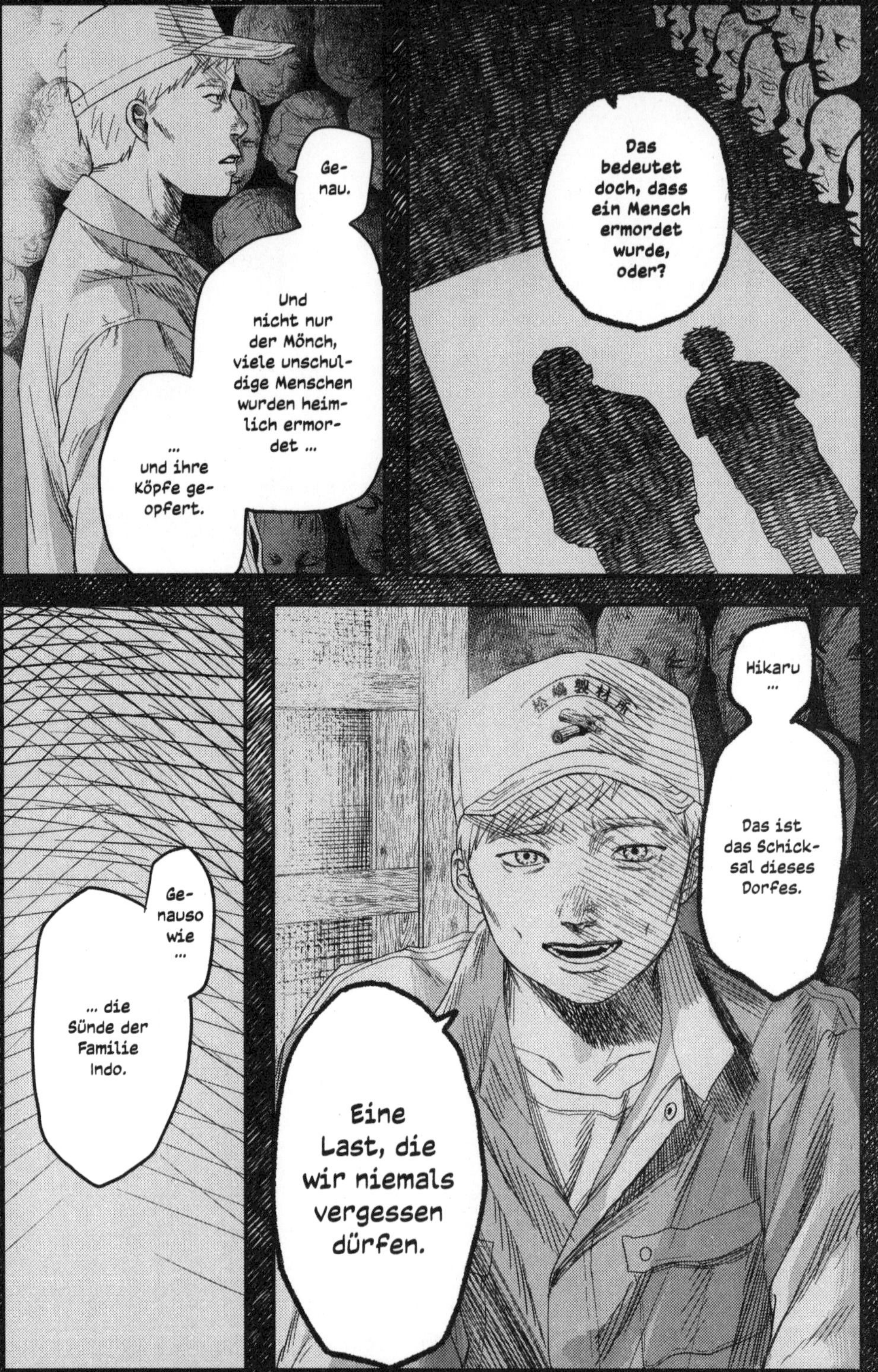
Das bedeutet doch, dass ein Mensch ermordet wurde, oder?
Ge-nau.
Und nicht nur der Mönch, viele unschul-dige Menschen wurden heim-lich ermor-det ...
... und ihre Köpfe ge-opfert.
Hikaru ...
Das ist das Schick-sal dieses Dorfes.
Ge-nauso wie ...
... die Sünde der Familie Indo.
Eine Last, die wir niemals vergessen dürfen.

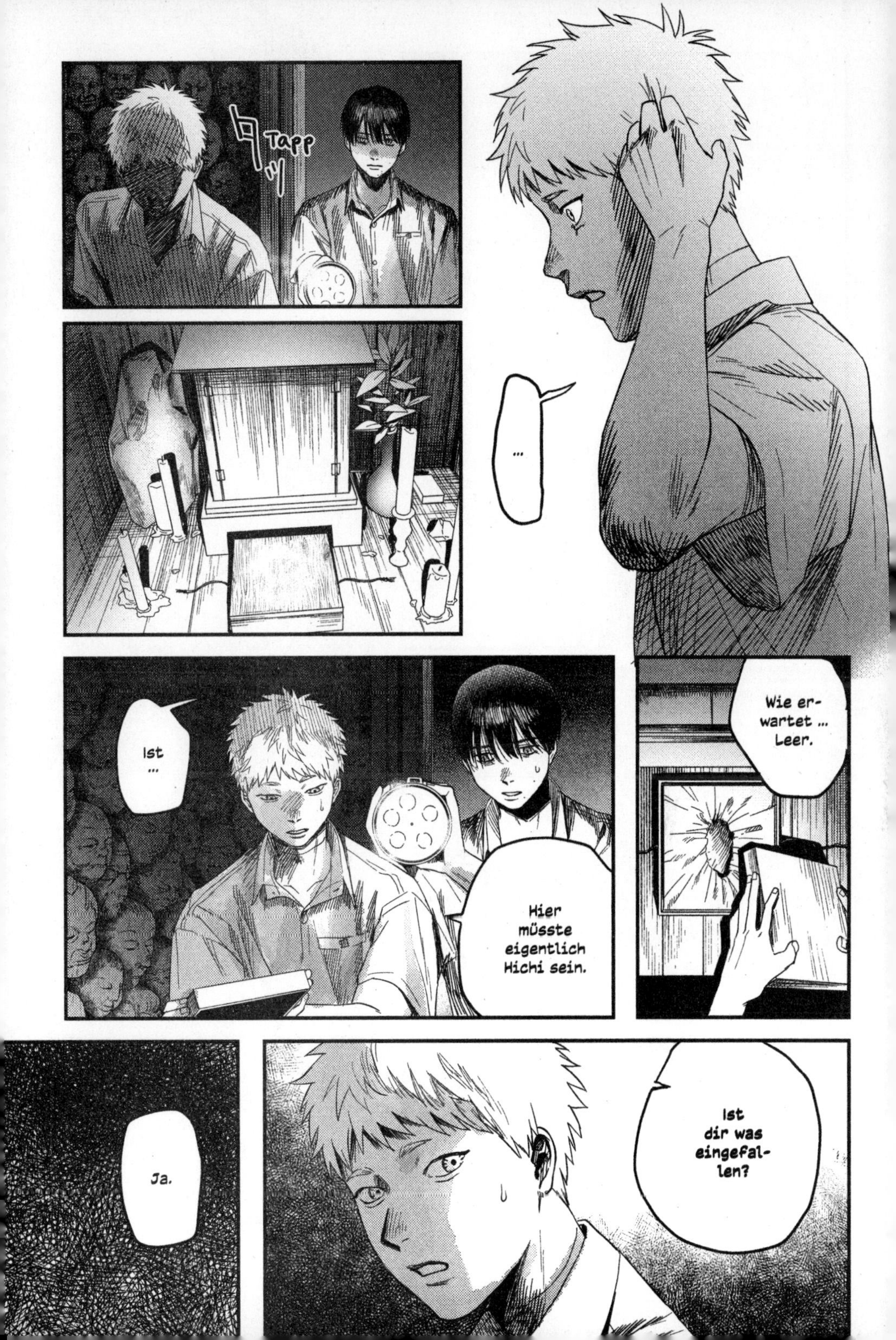

…
Tapp
Wie erwartet … Leer.
Ist …
Hier müsste eigentlich Hichi sein.
Ist dir was eingefallen?
Ja.

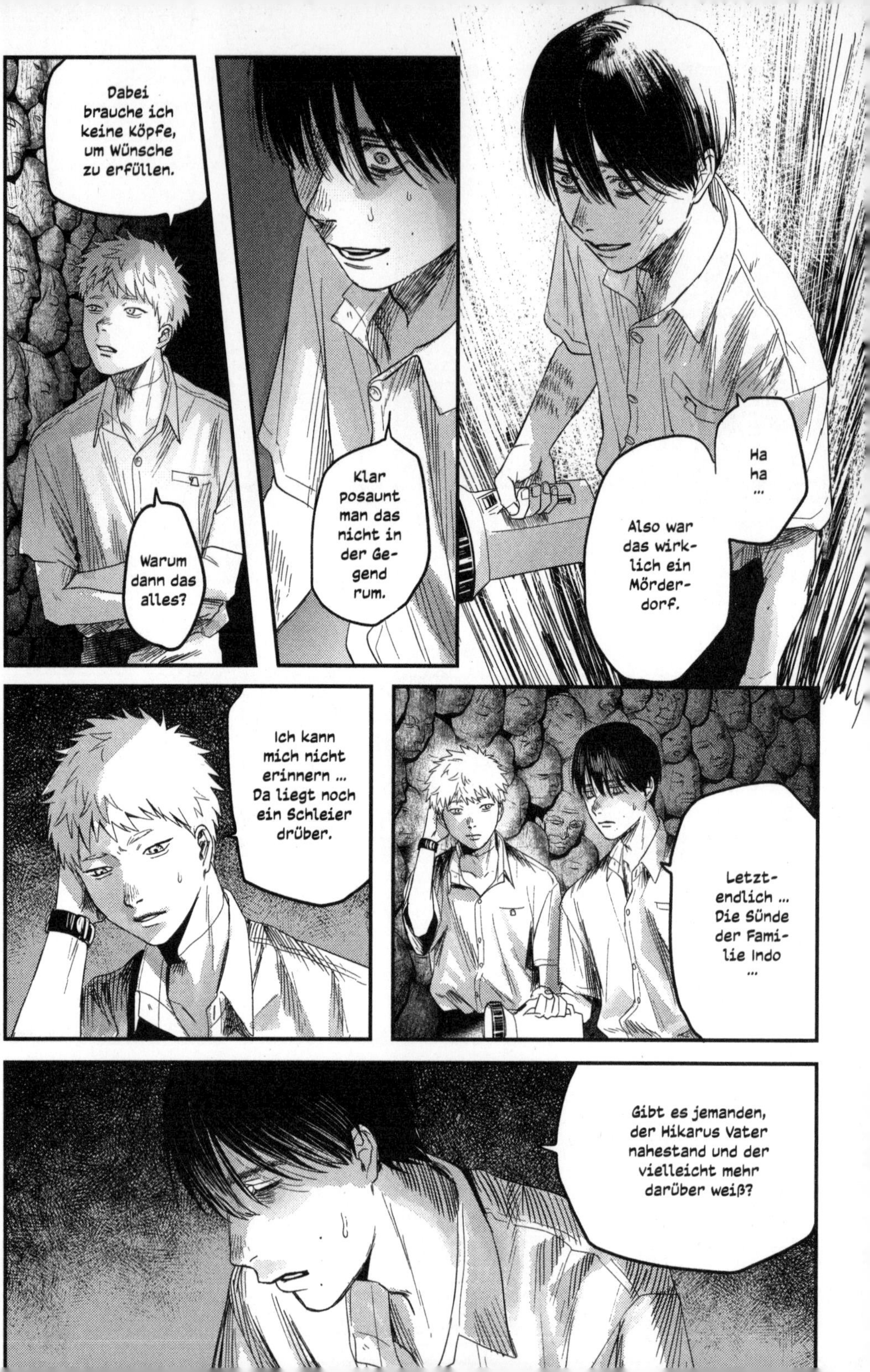
Ha ha ...
Also war das wirklich ein Mörderdorf.
Klar posaunt man das nicht in der Gegend rum.
Dabei brauche ich keine Köpfe, um Wünsche zu erfüllen.
Warum dann das alles?
Letztendlich ... Die Sünde der Familie Indo ...
Ich kann mich nicht erinnern ... Da liegt noch ein Schleier drüber.
Gibt es jemanden, der Hikarus Vater nahestand und der vielleicht mehr darüber weiß?

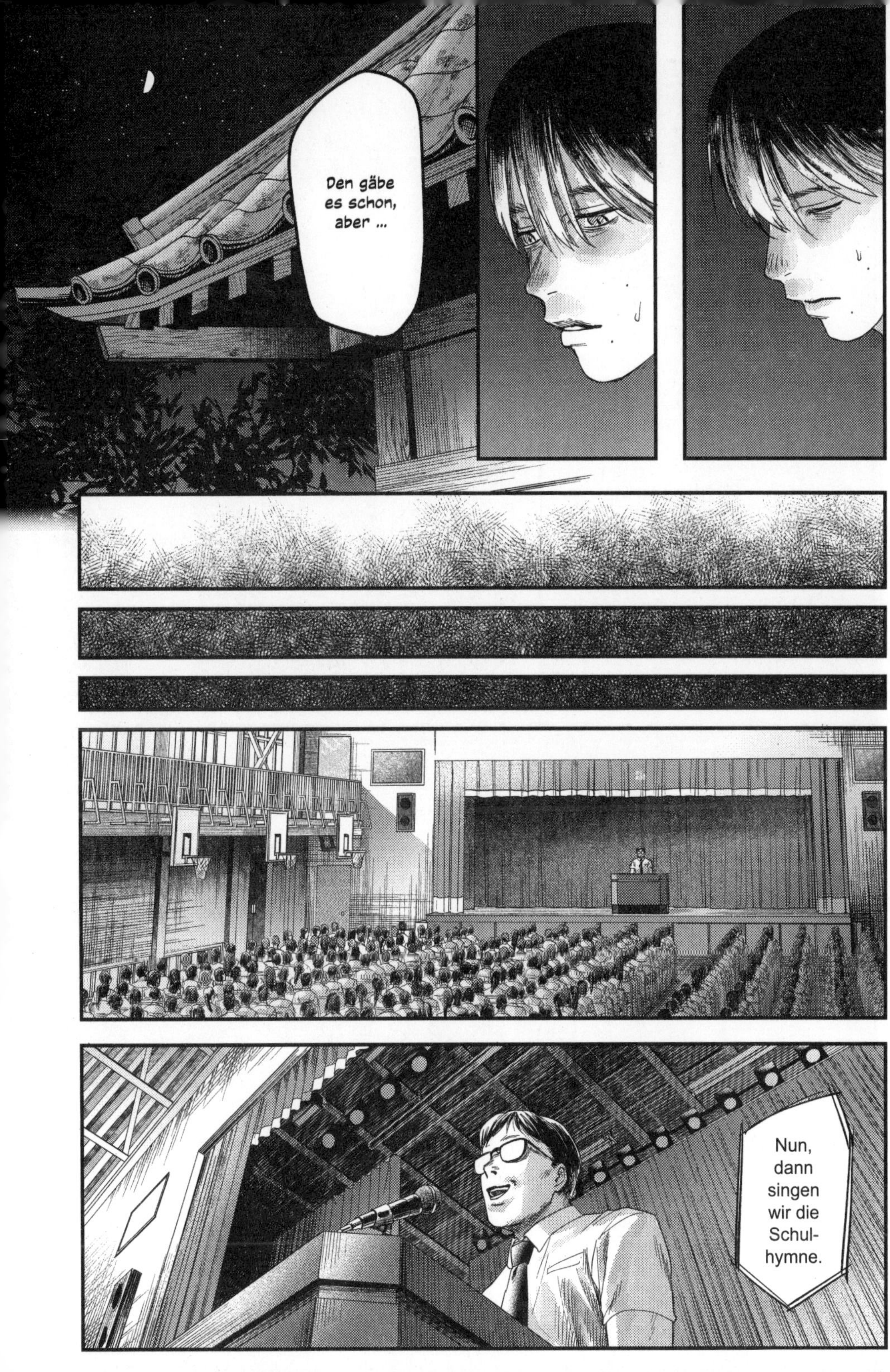
Den gäbe es schon, aber ...
Nun, dann singen wir die Schulhymne.

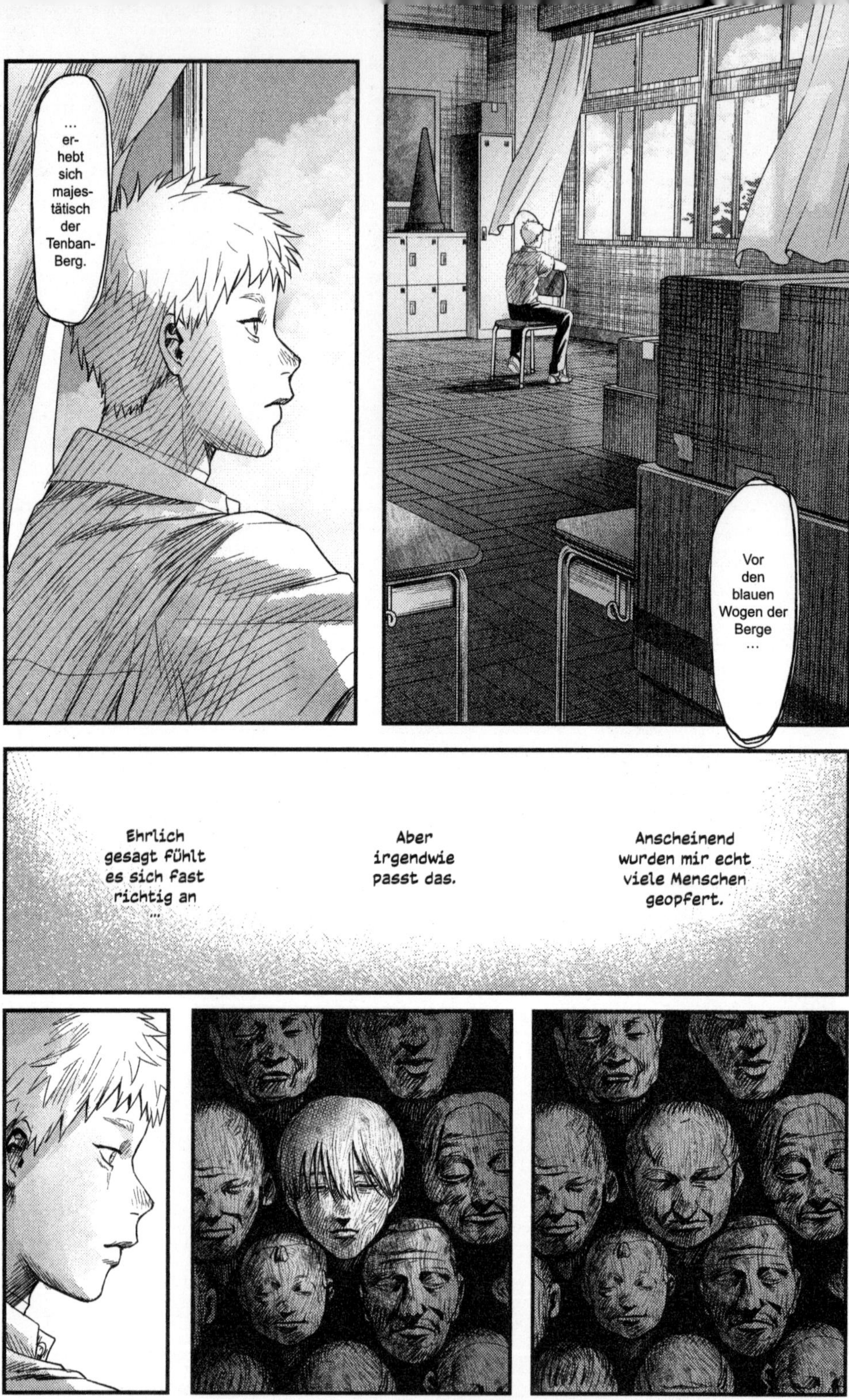
Vor den blauen Wogen der Berge …
… erhebt sich majestätisch der Tenban-Berg.
Anscheinend wurden mir echt viele Menschen geopfert.
Aber irgendwie passt das.
Ehrlich gesagt fühlt es sich fast richtig an …

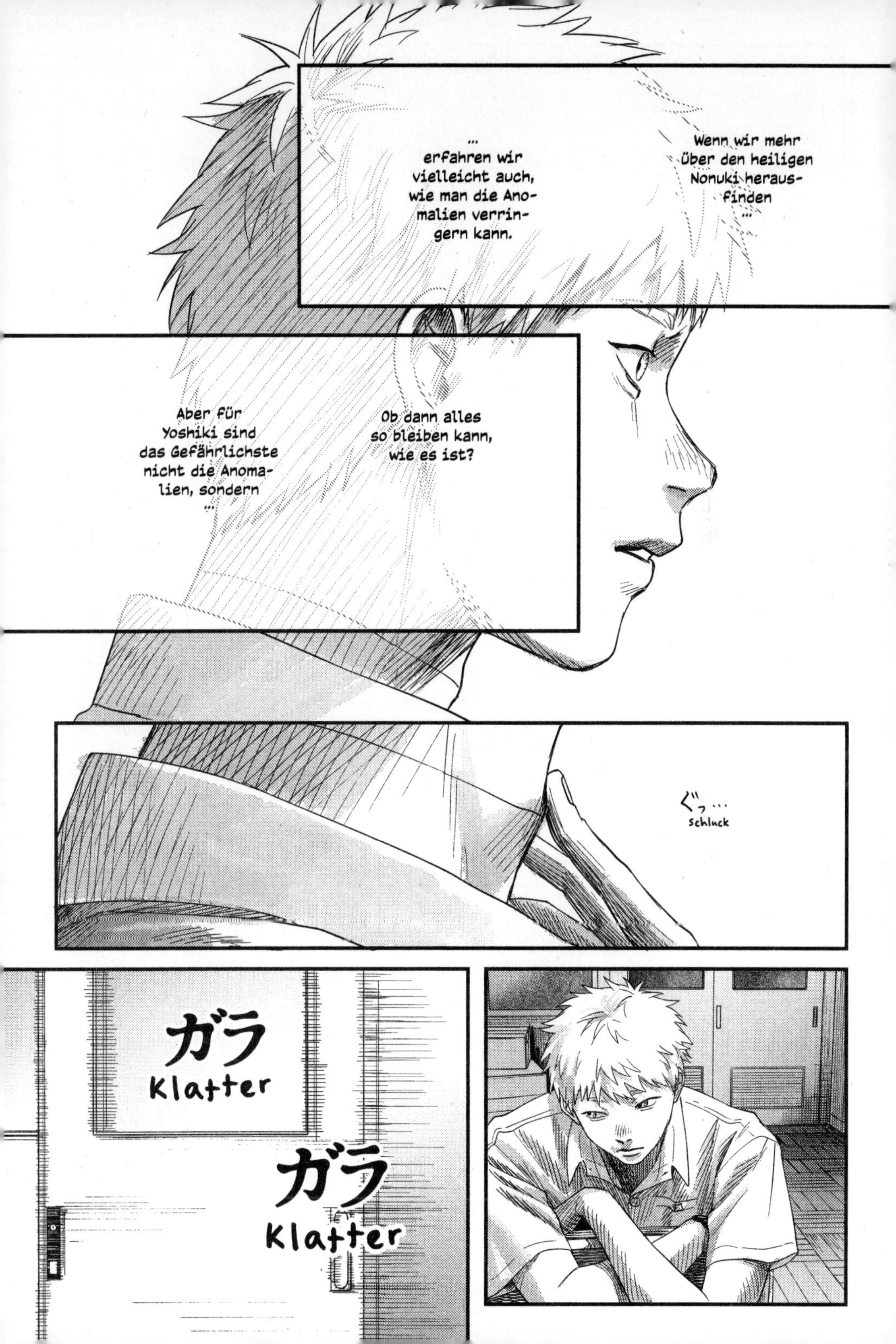
Wenn wir mehr über den heiligen Nonuki herausfinden …
… erfahren wir vielleicht auch, wie man die Anomalien verringern kann.
Ob dann alles so bleiben kann, wie es ist?
Aber für Yoshiki sind das Gefährlichste nicht die Anomalien, sondern …
ぐっ…
Schluck
ガラ
Klatter
ガラ
Klatter

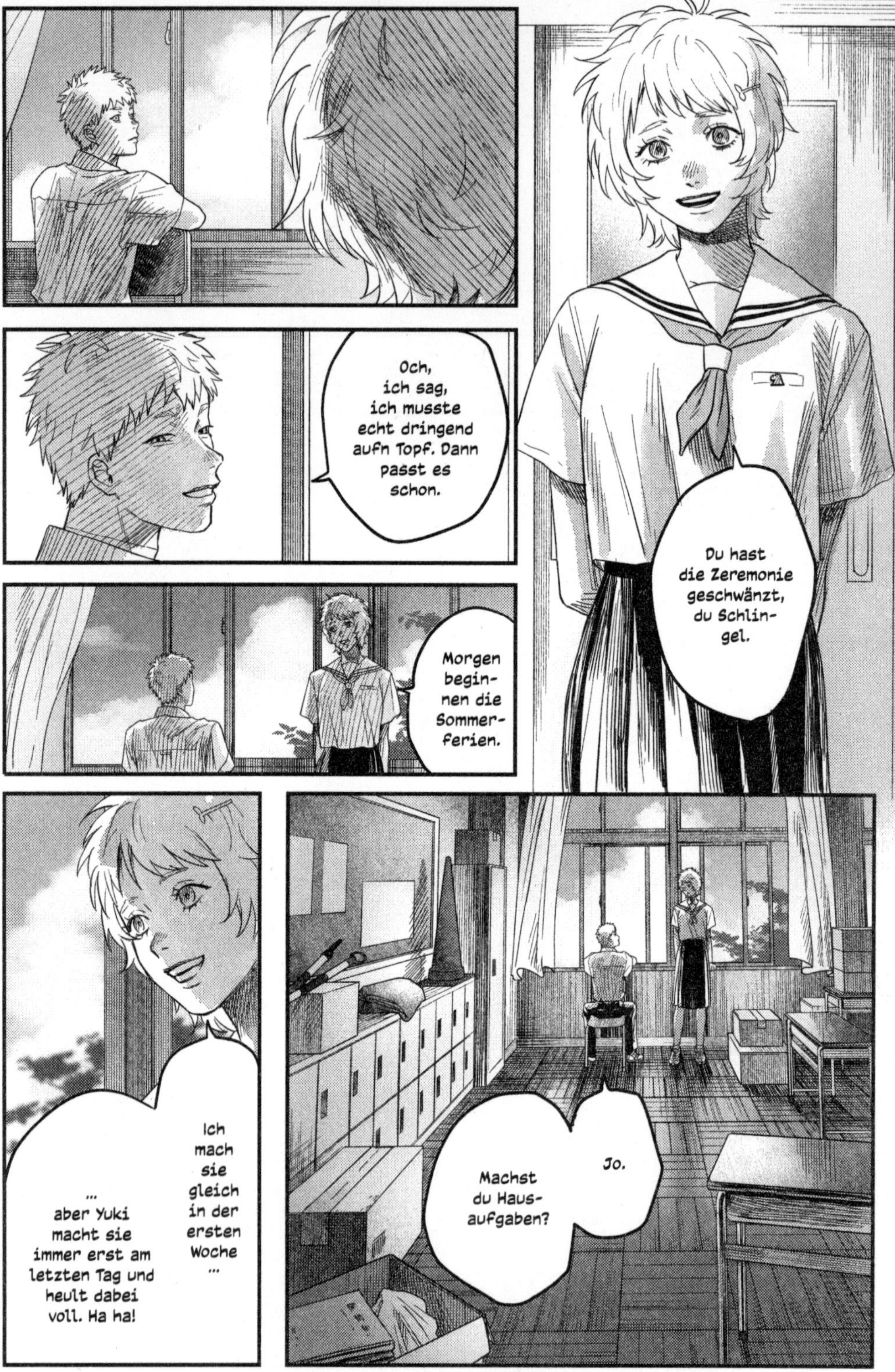

Du hast die Zeremonie geschwänzt, du Schlingel.
Och, ich sag, ich musste echt dringend aufn Topf. Dann passt es schon.
Morgen beginnen die Sommerferien.
Machst du Hausaufgaben?
Jo.
Ich mach sie gleich in der ersten Woche ...
... aber Yuki macht sie immer erst am letzten Tag und heult dabei voll. Ha ha!

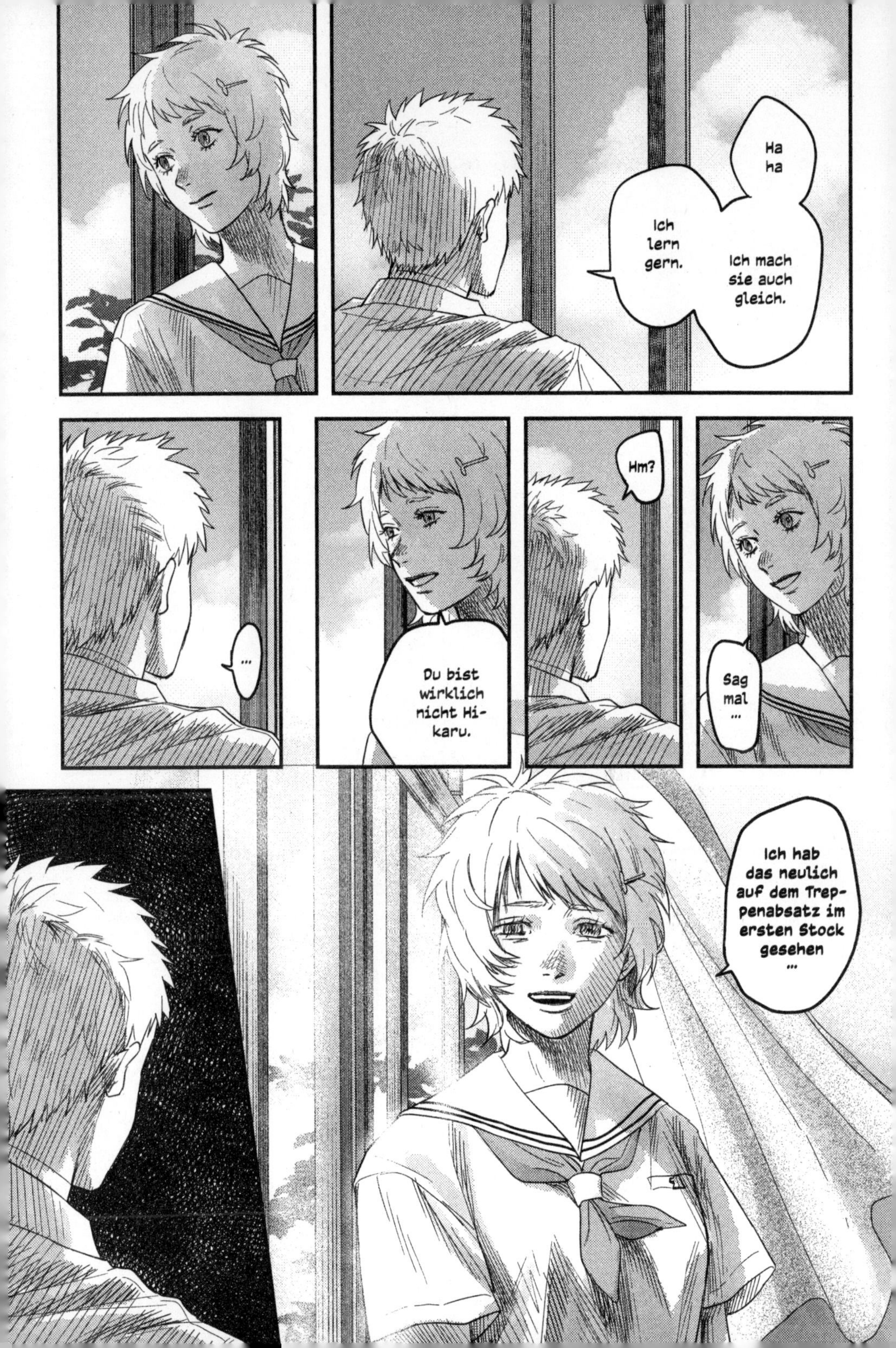
Ha ha
Ich mach sie auch gleich.
Ich lern gern.
Sag mal ...
Hm?
Du bist wirklich nicht Hi-karu.
...
Ich hab das neulich auf dem Treppenabsatz im ersten Stock gesehen ...

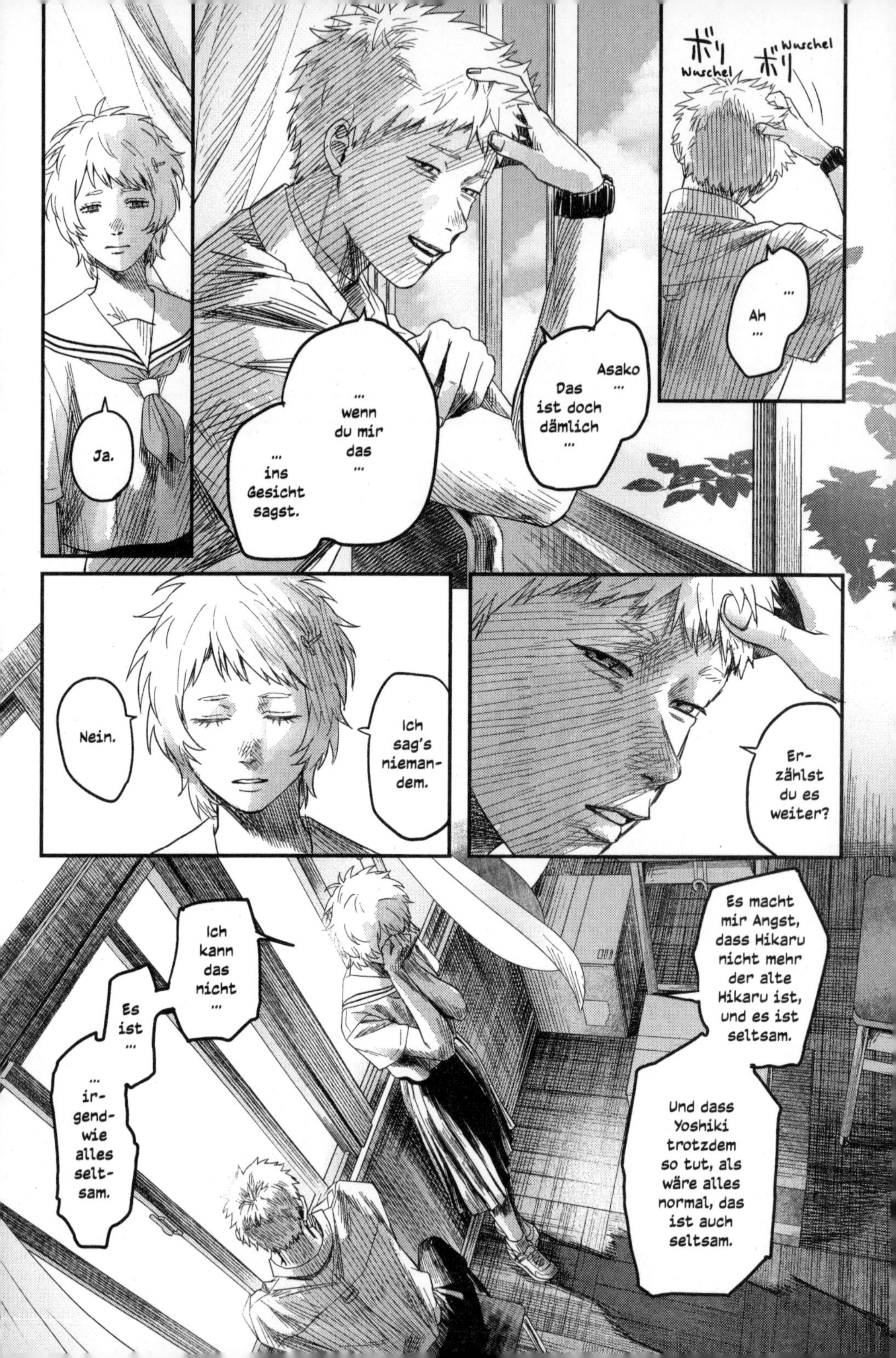
ボリ
Wuschel
ボリ
Wuschel
... Ah ...
Asako ... Das ist doch dämlich ...
... wenn du mir das ... ... ins Gesicht sagst.
Ja.
Er-zählst du es weiter?
Ich sag's niemandem.
Nein.
Es macht mir Angst, dass Hikaru nicht mehr der alte Hikaru ist, und es ist seltsam.
Und dass Yoshiki trotzdem so tut, als wäre alles normal, das ist auch seltsam.
Ich kann das nicht ...
Es ist ...
... irgend-wie alles selt-sam.

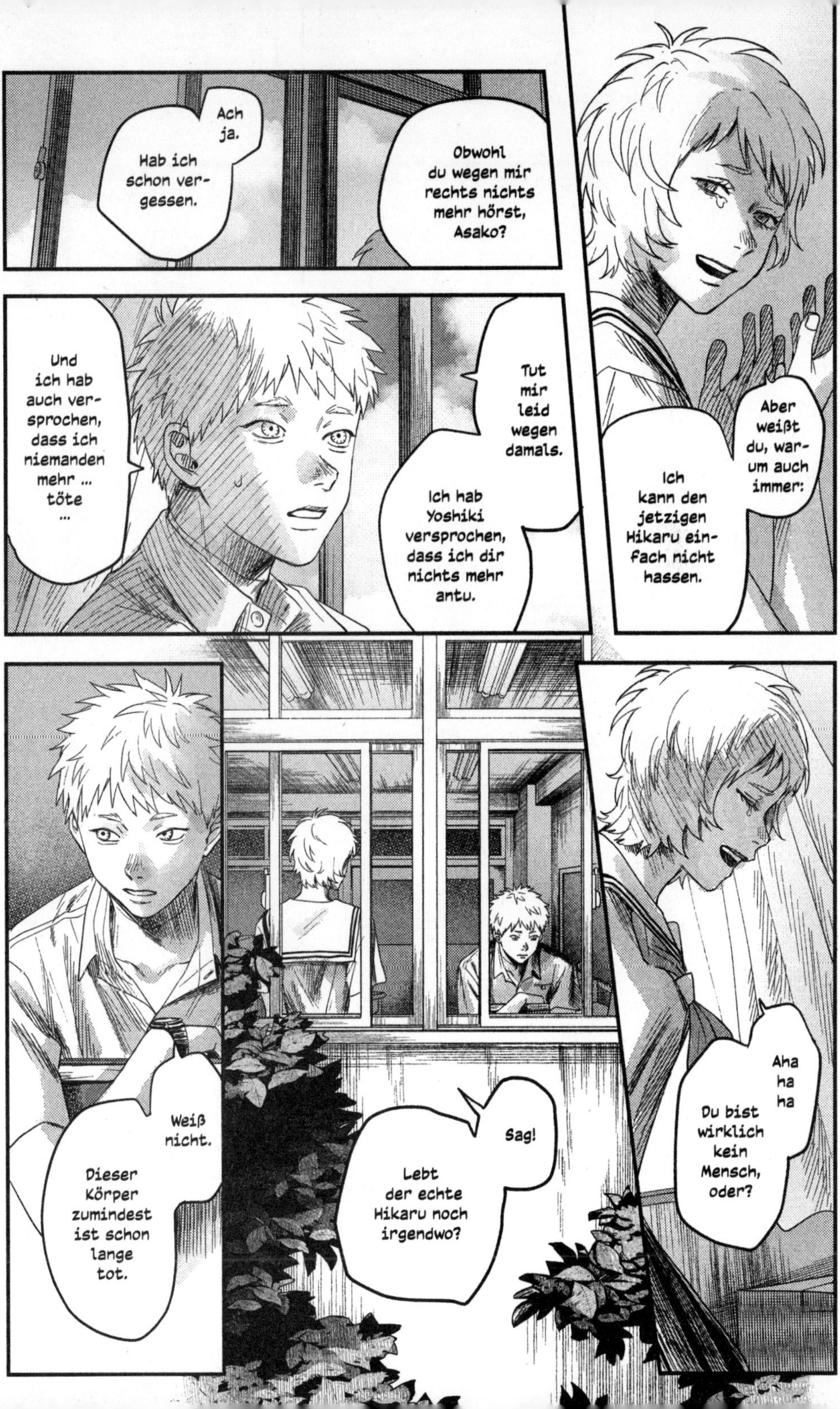

Aber weißt du, warum auch immer:
Ich kann den jetzigen Hikaru einfach nicht hassen.
Obwohl du wegen mir rechts nichts mehr hörst, Asako?
Ach ja.
Hab ich schon vergessen.
Tut mir leid wegen damals.
Ich hab Yoshiki versprochen, dass ich dir nichts mehr antu.
Und ich hab auch versprochen, dass ich niemanden mehr ... töte ...
Aha ha ha
Du bist wirklich kein Mensch, oder?
Sag!
Lebt der echte Hikaru noch irgendwo?
Weiß nicht.
Dieser Körper zumindest ist schon lange tot.

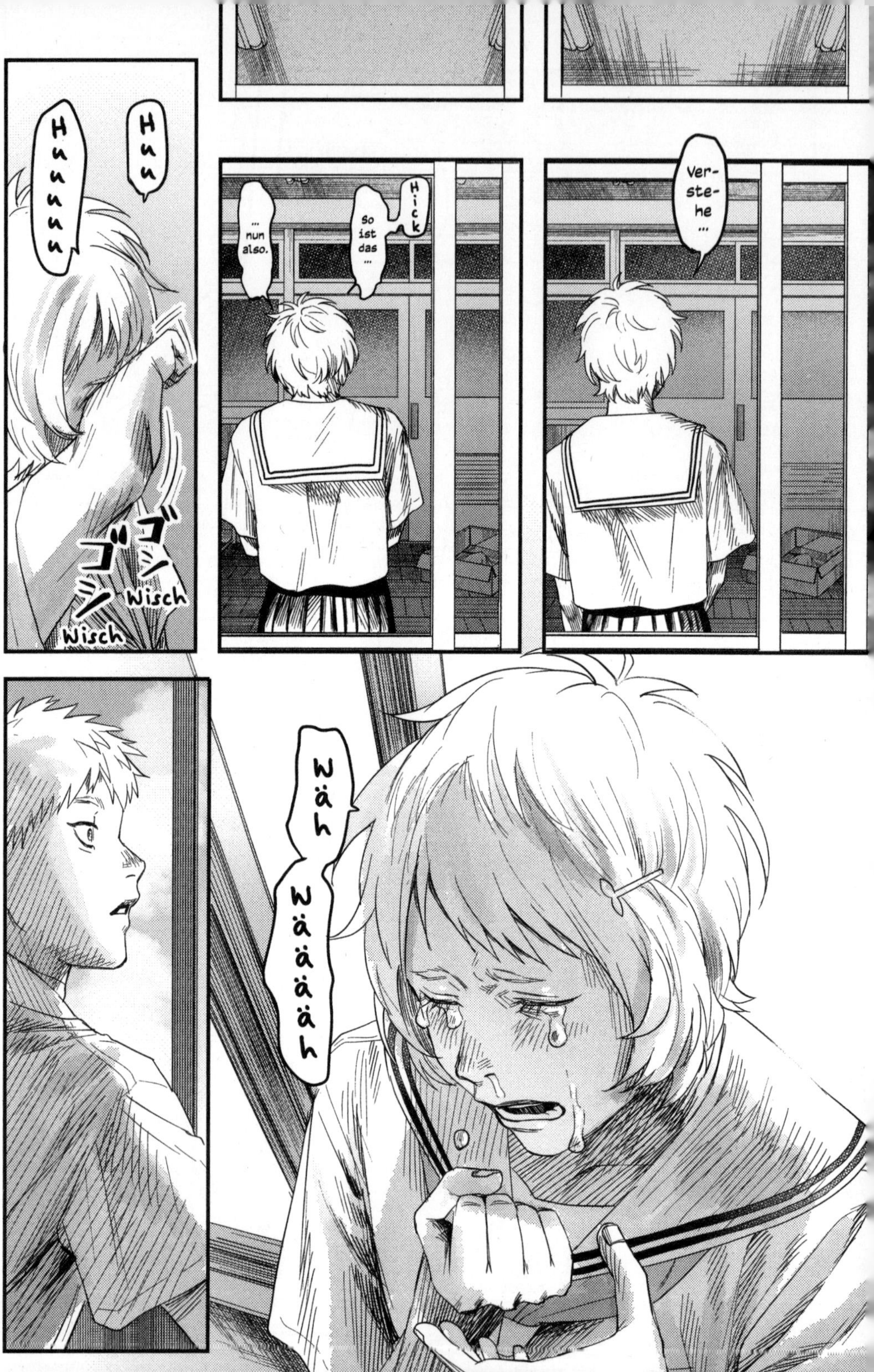

Ver-ste-he …
Hick
So ist das …
… nun also.
Huu
Huuuuuu
ゴシ
Wisch
ゴシ
Wisch
Wäh
Wäääh

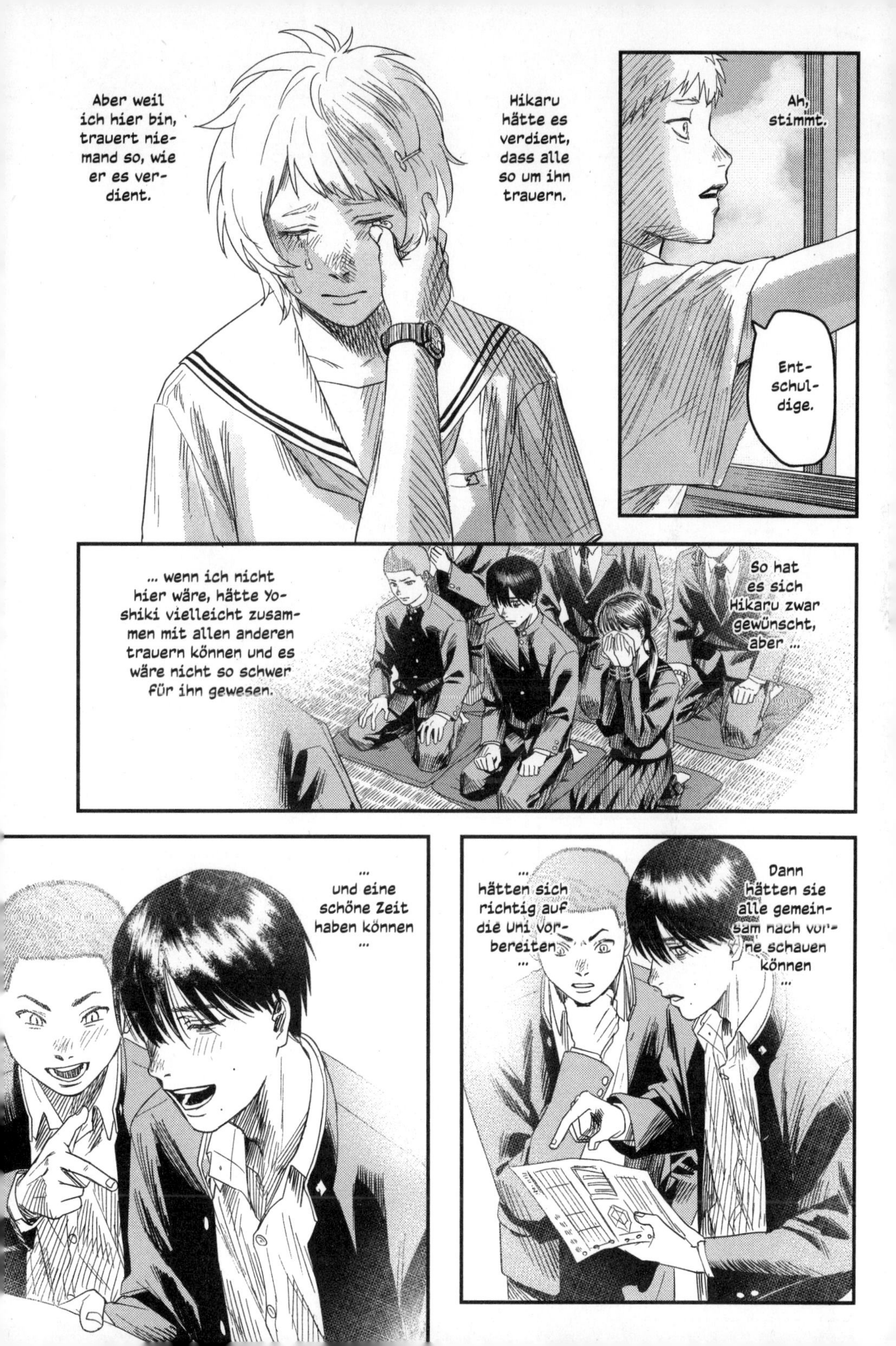
Ah, stimmt.
Entschuldige.
Hikaru hätte es verdient, dass alle so um ihn trauern.
Aber weil ich hier bin, trauert niemand so, wie er es verdient.
So hat es sich Hikaru zwar gewünscht, aber ...
... wenn ich nicht hier wäre, hätte Yoshiki vielleicht zusammen mit allen anderen trauern können und es wäre nicht so schwer für ihn gewesen.
Dann hätten sie alle gemeinsam nach vorne schauen können ...
... hätten sich richtig auf die Uni vorbereiten ...
... und eine schöne Zeit haben können ...

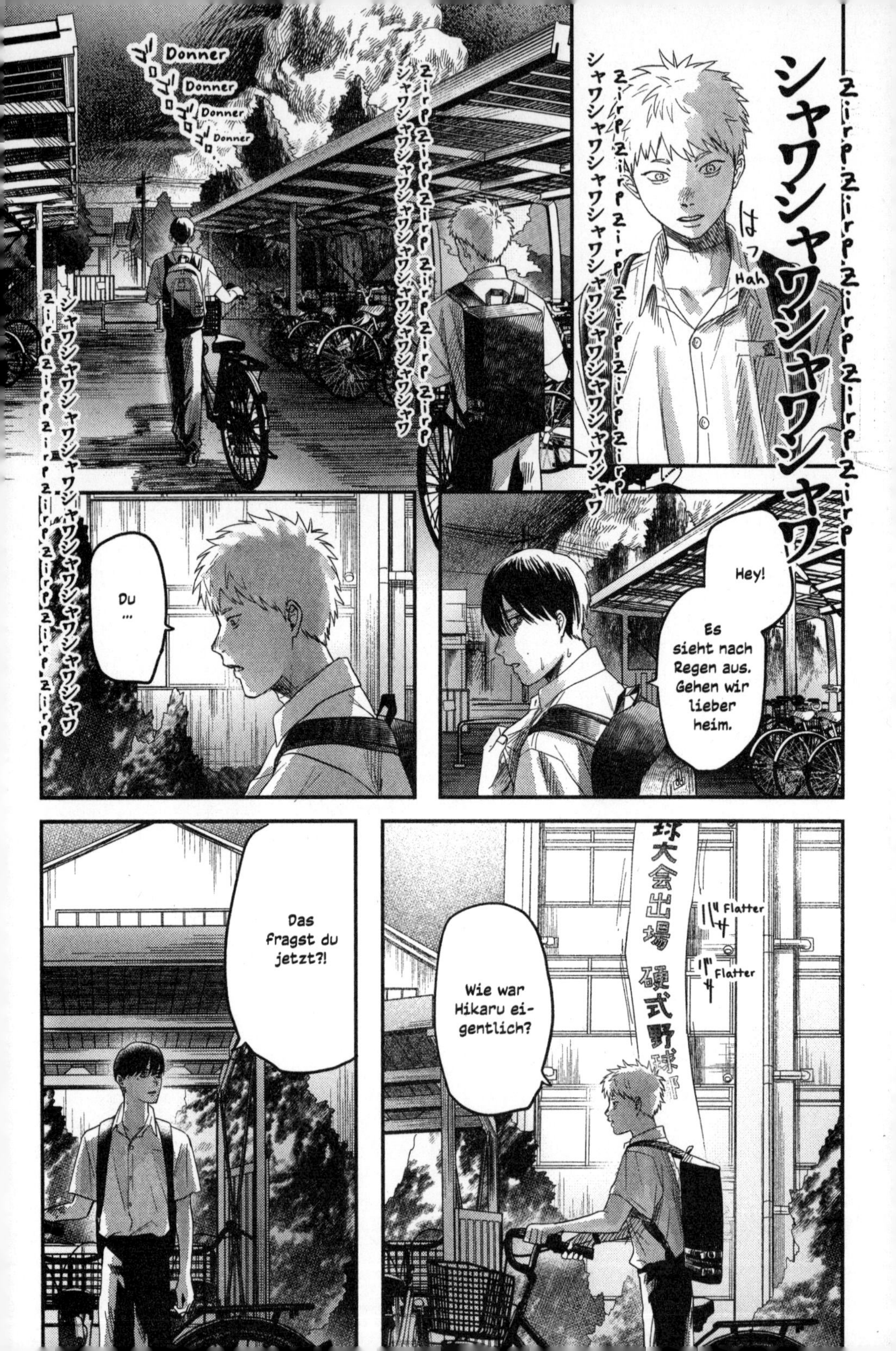

シャワシャワシャワ
Zirp Zirp Zirp Zirp
はっ
Hah
ゴロゴロゴロゴロ
Donner
Donner
Donner
Donner
Hey!
Es sieht nach Regen aus. Gehen wir lieber heim.
Du ...
バサ
Flatter
バサ
Flatter
Wie war Hikaru ei-gentlich?
Das fragst du jetzt?!

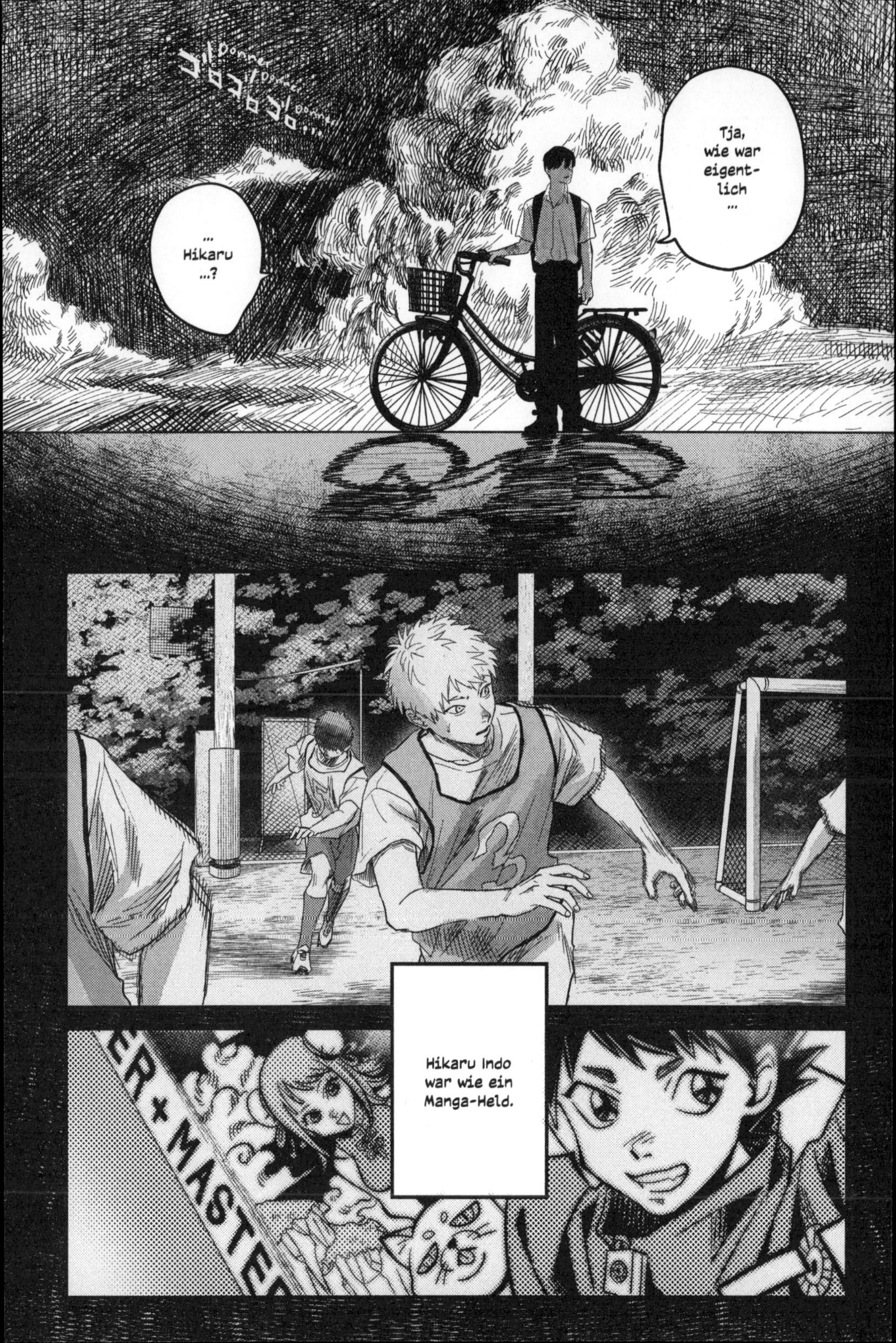
Donner Donner Donner
Tja, wie war eigent-lich …
… Hikaru …?
Hikaru Indo war wie ein Manga-Held.

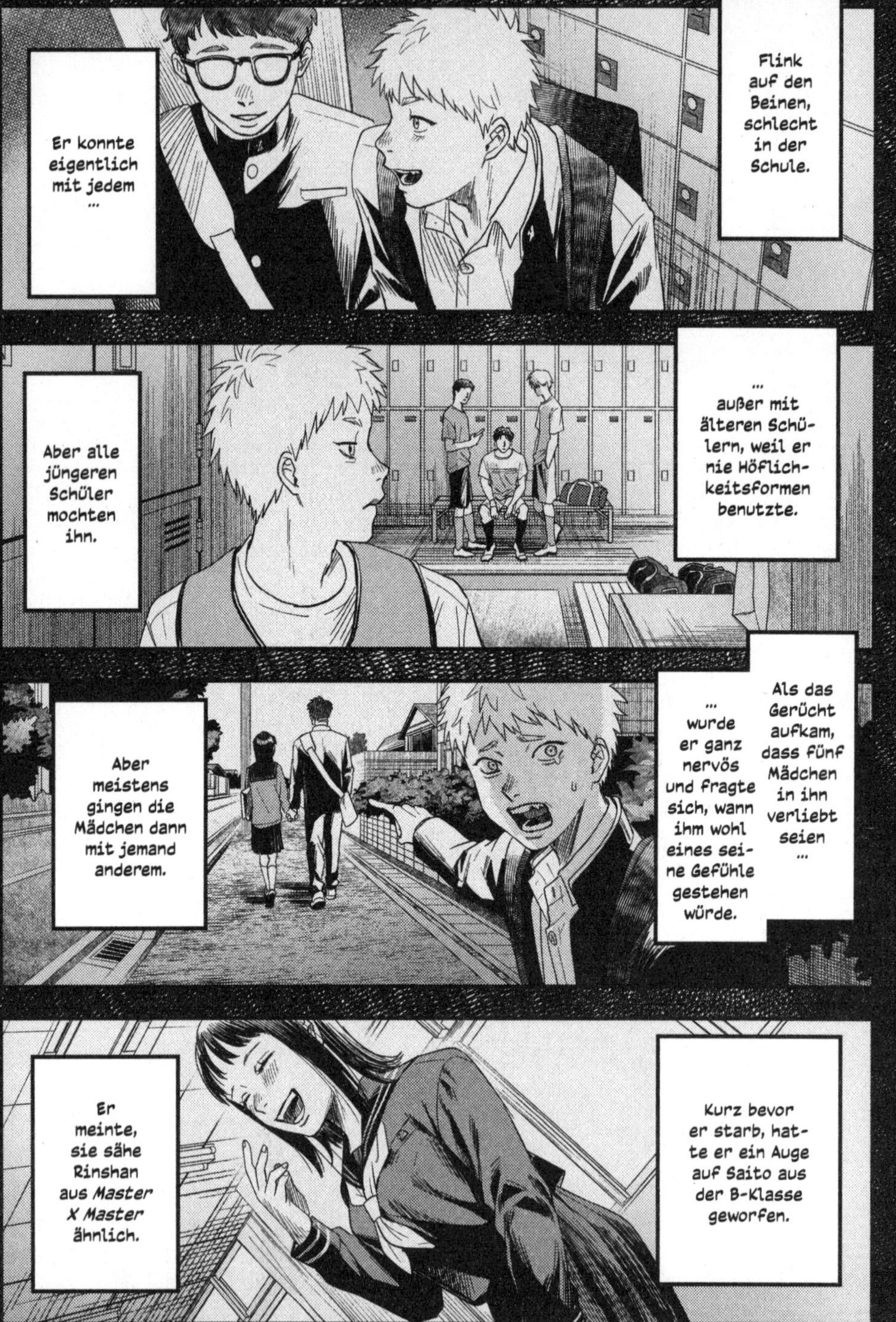

Flink auf den Beinen, schlecht in der Schule.
Er konnte eigentlich mit jedem ...
... außer mit älteren Schülern, weil er nie Höflichkeitsformen benutzte.
Aber alle jüngeren Schüler mochten ihn.
Als das Gerücht aufkam, dass fünf Mädchen in ihn verliebt seien ...
... wurde er ganz nervös und fragte sich, wann ihm wohl eines seine Gefühle gestehen würde.
Aber meistens gingen die Mädchen dann mit jemand anderem.
Kurz bevor er starb, hatte er ein Auge auf Saito aus der B-Klasse geworfen.
Er meinte, sie sähe Rinshan aus *Master X Master* ähnlich.

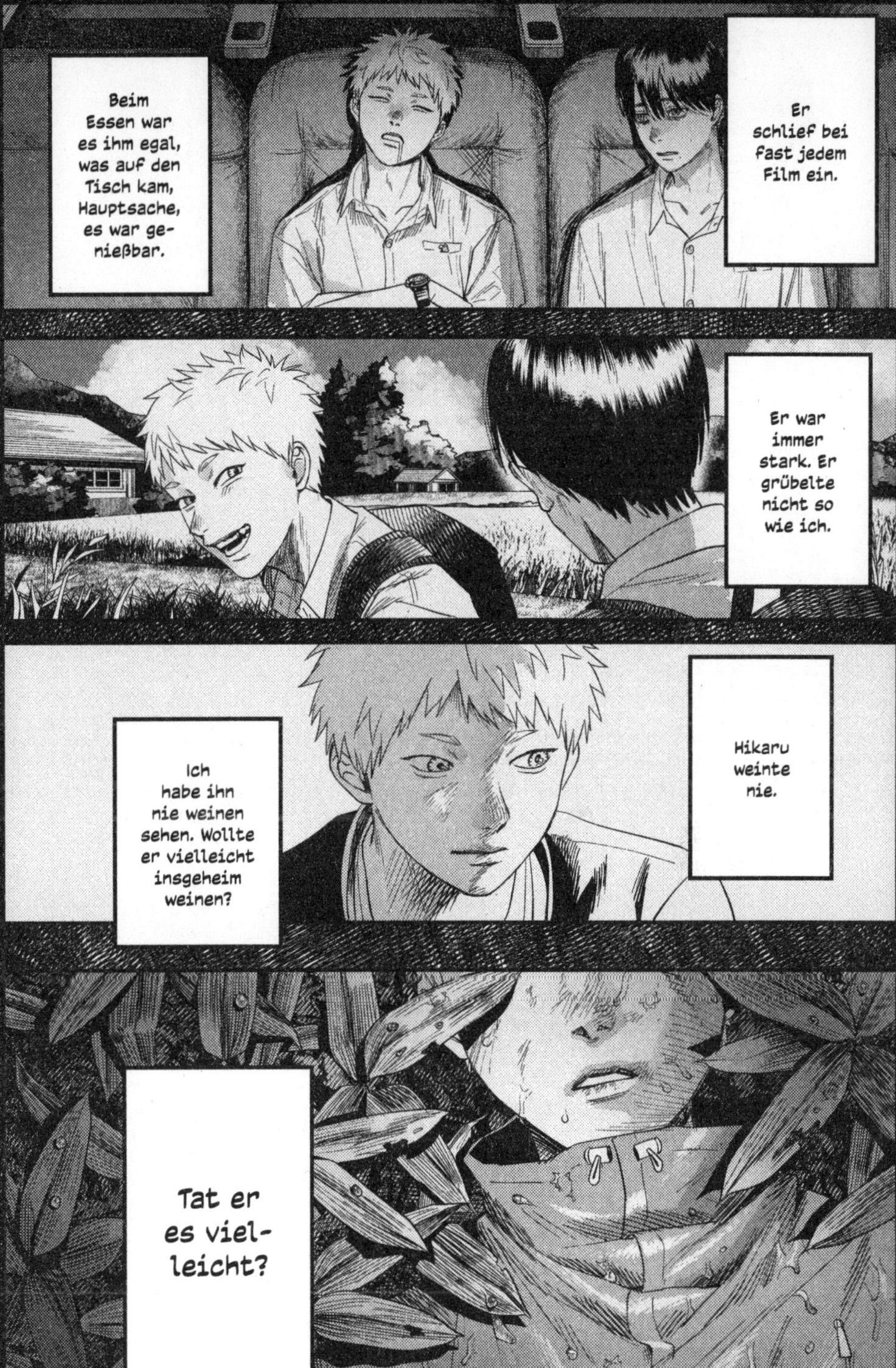
Er schlief bei fast jedem Film ein.
Beim Essen war es ihm egal, was auf den Tisch kam, Hauptsache, es war genießbar.
Er war immer stark. Er grübelte nicht so wie ich.
Hikaru weinte nie.
Ich habe ihn nie weinen sehen. Wollte er vielleicht insgeheim weinen?
Tat er es vielleicht?

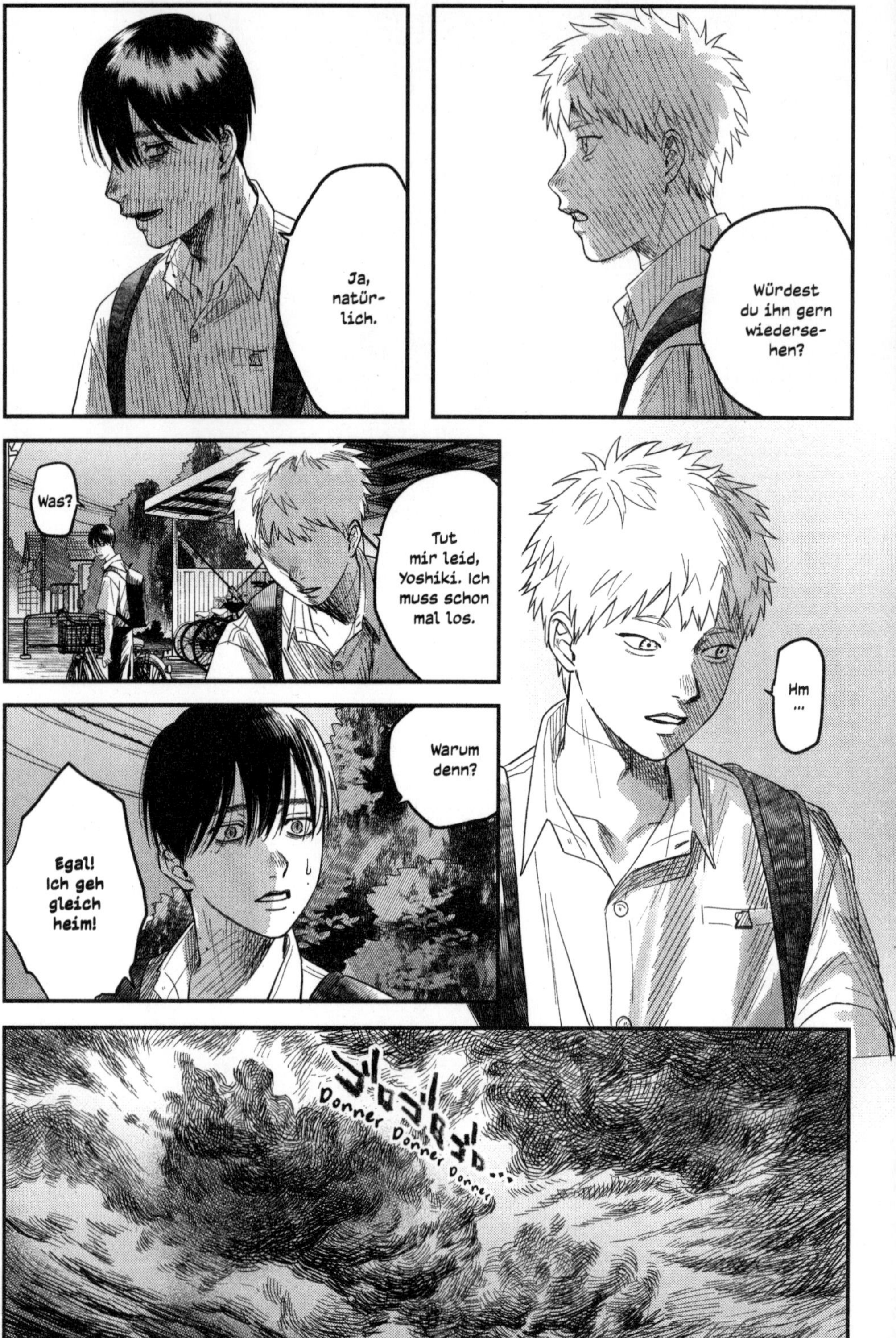
Würdest du ihn gern wiedersehen?
Ja, natürlich.
Hm ...
Tut mir leid, Yoshiki. Ich muss schon mal los.
Was?
Warum denn?
Egal! Ich geh gleich heim!
Donner Donner Donner ...

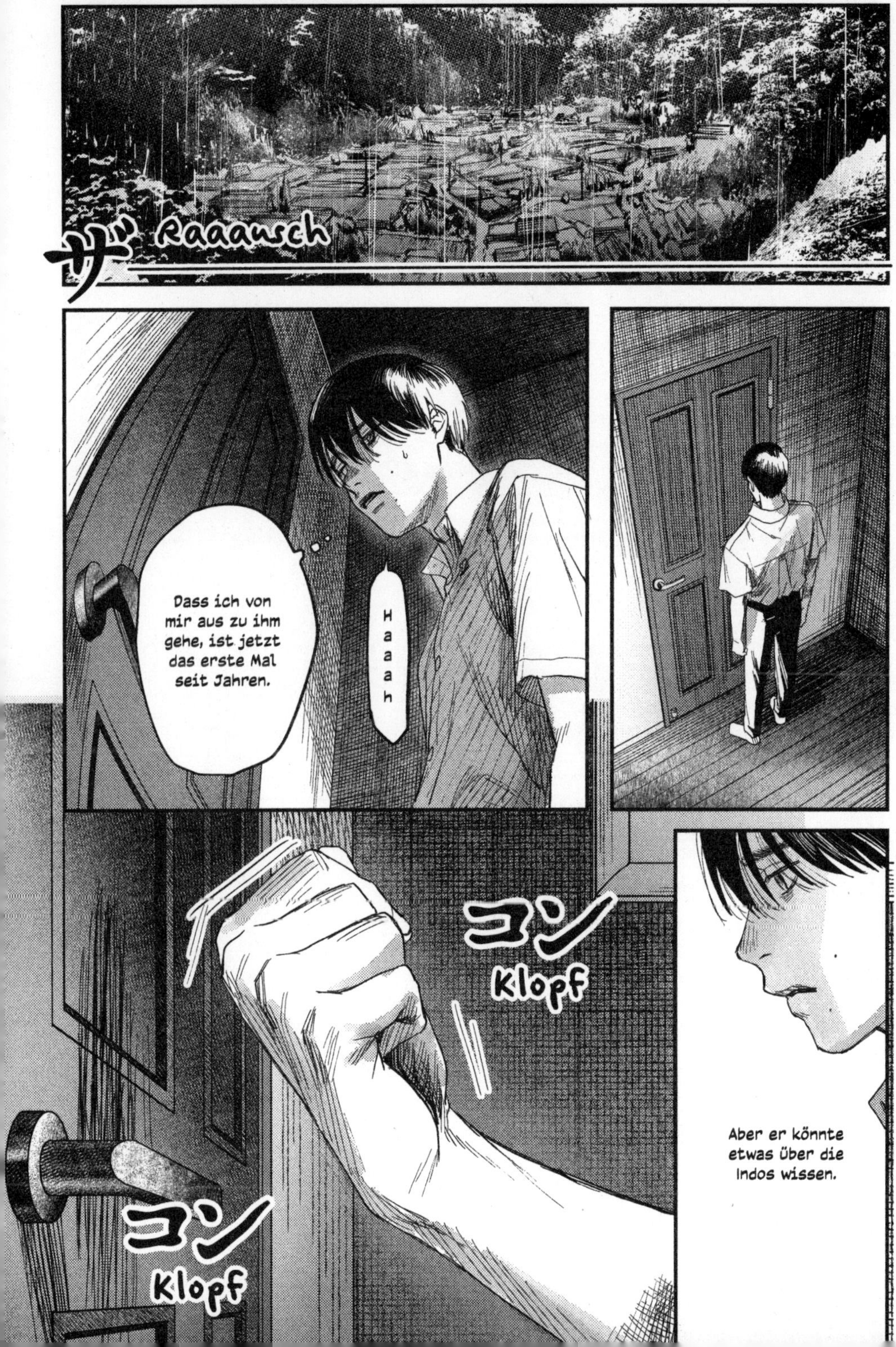

ザ
Raaausch
Haaah
Dass ich von mir aus zu ihm gehe, ist jetzt das erste Mal seit Jahren.
Aber er könnte etwas über die Indos wissen.
コン
Klopf
コン
Klopf

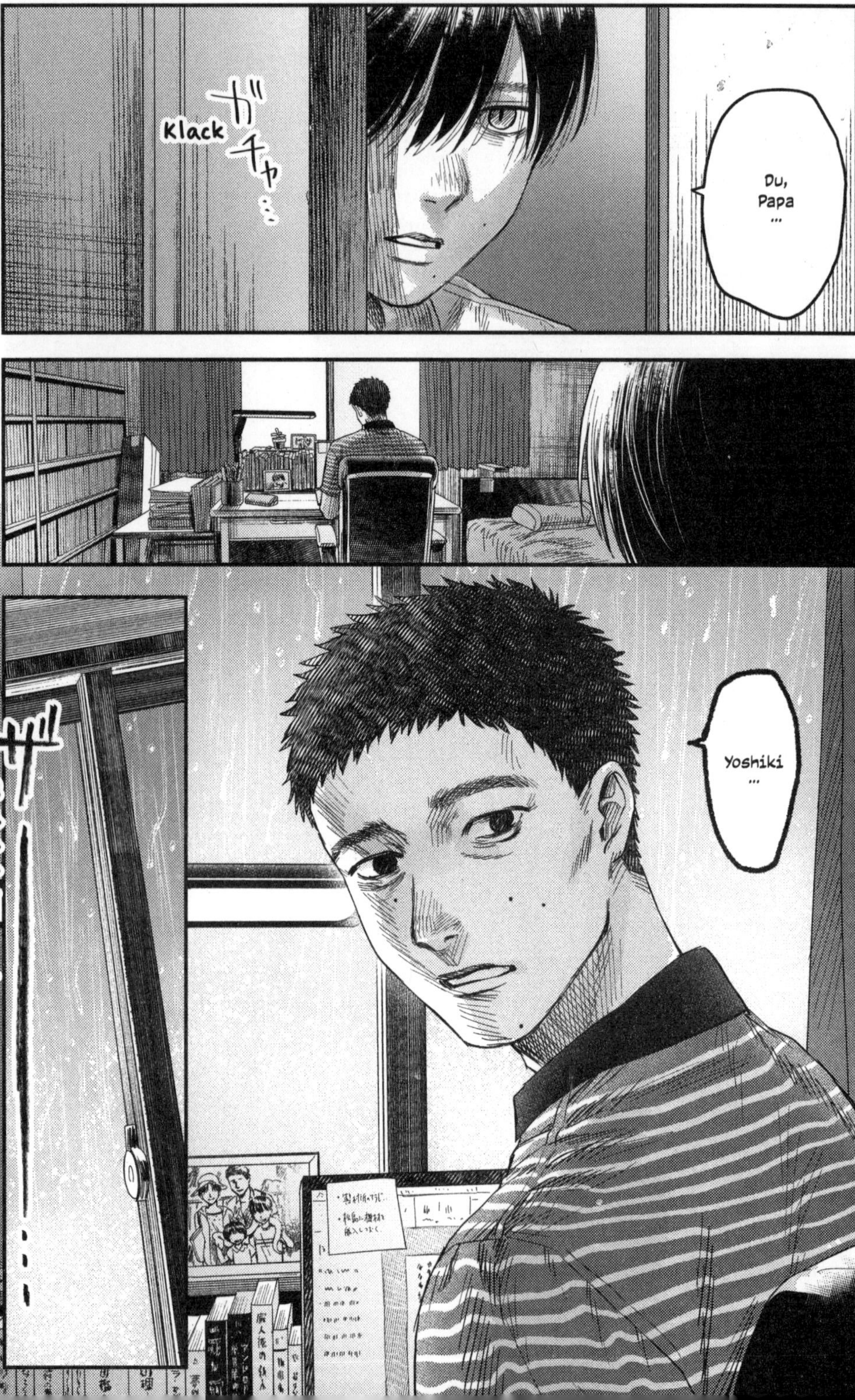

Du, Papa ...
ガチャ…
Klack
Yoshiki ...
ザー…
Raaausch

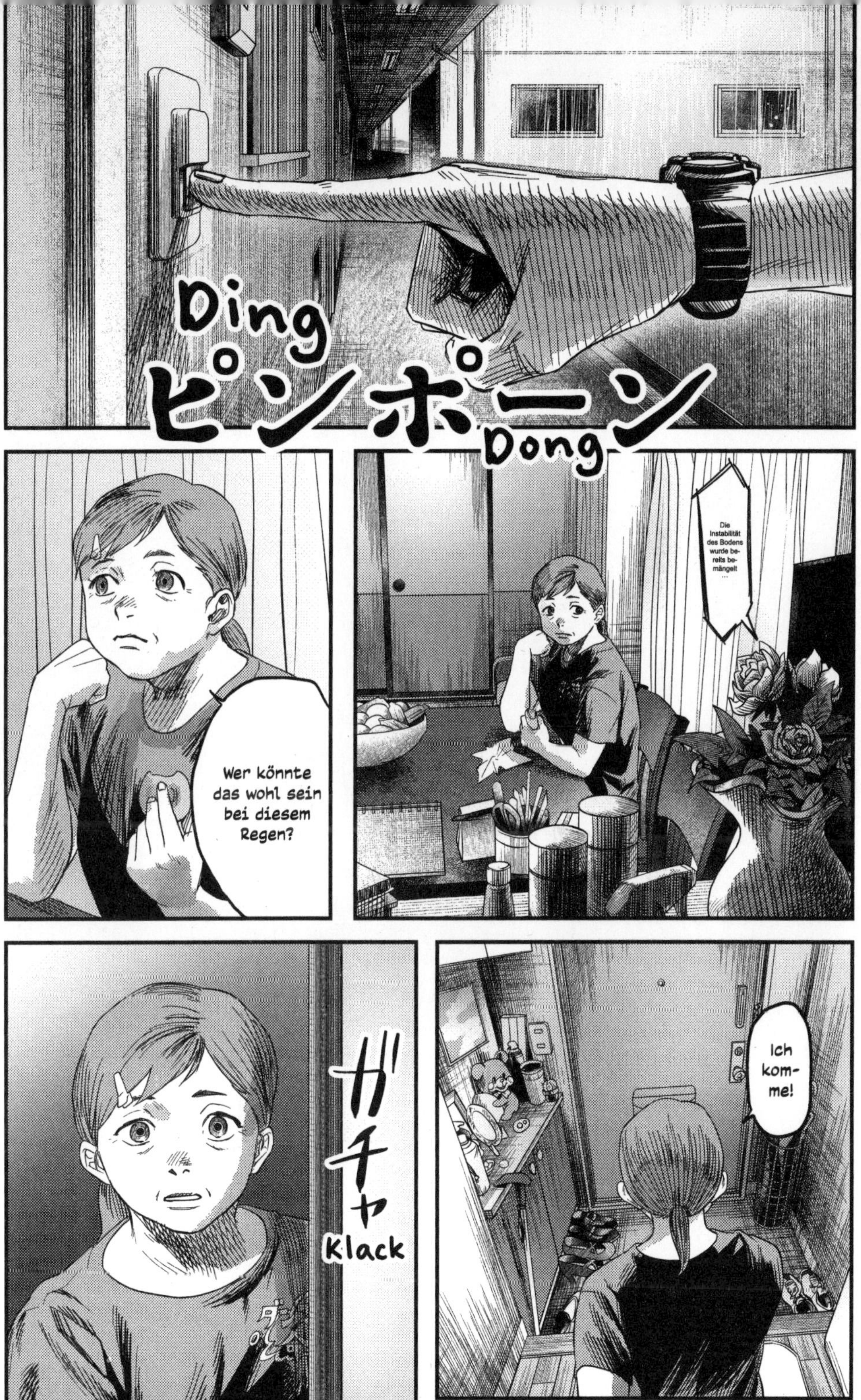

Ding ピンポーン Dong
Die Instabilität des Bodens wurde bemängelt ...
Wer könnte das wohl sein bei diesem Regen?
Ich komme!
ガチャ Klack

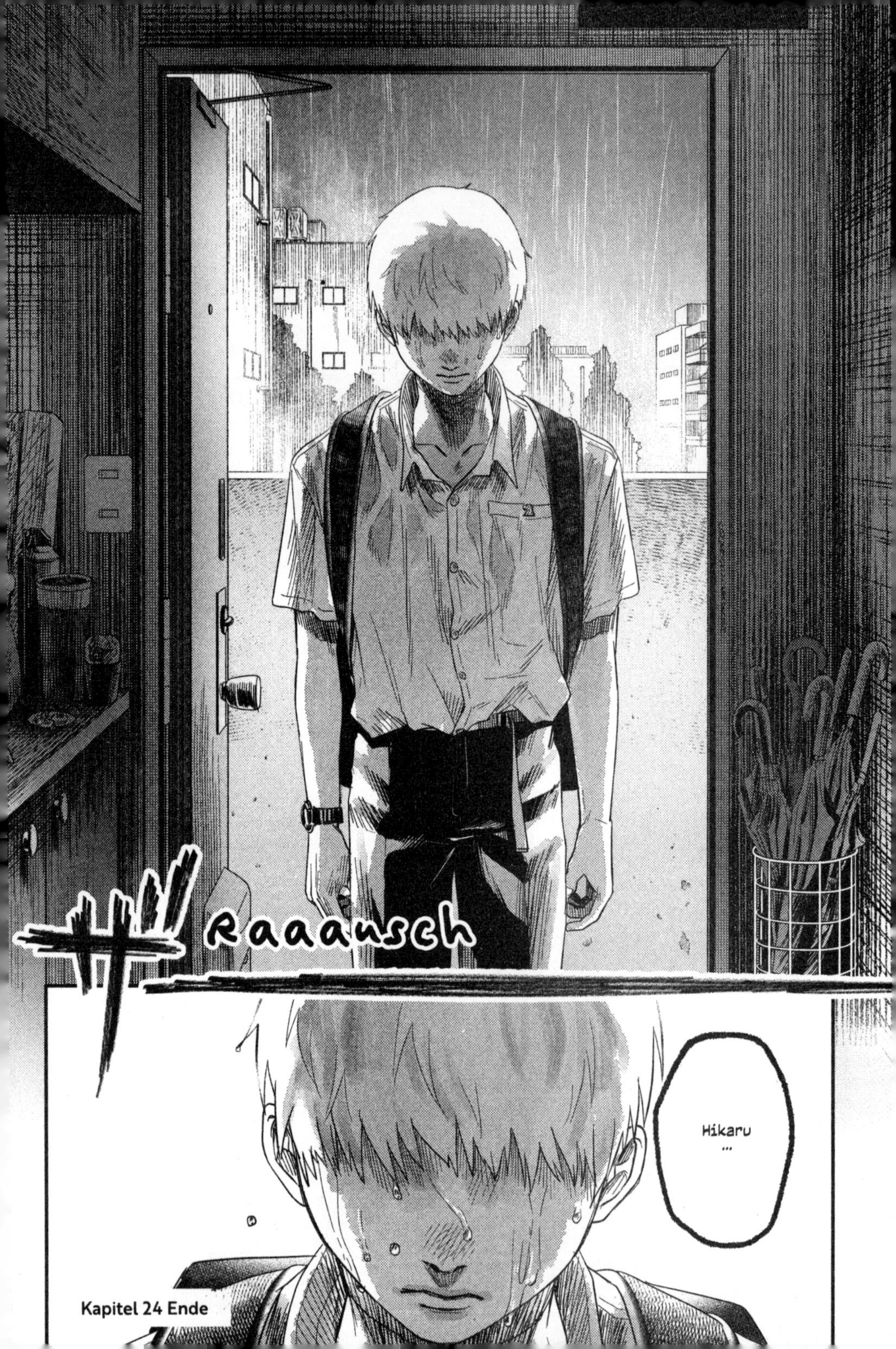
Raaausch
Hikaru
...
Kapitel 24 Ende

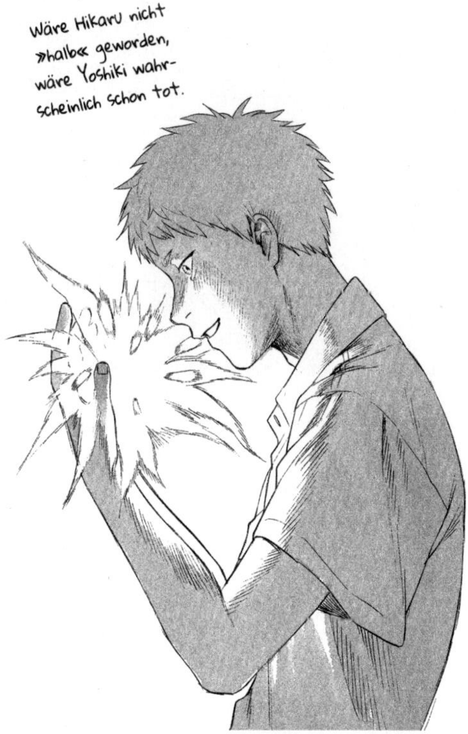
Wäre Hikaru nicht »halb« geworden, wäre Yoshiki wahr- scheinlich schon tot.

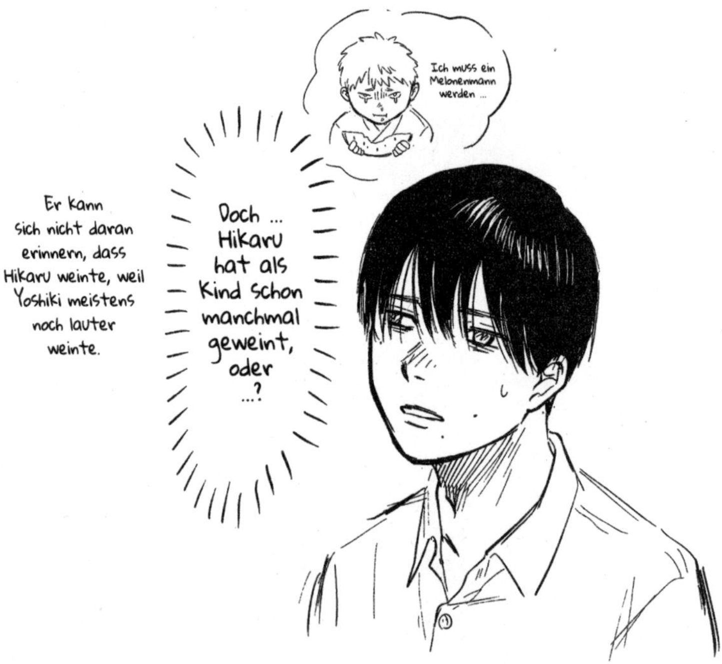
Ich muss ein Melonenmann werden …
Doch … Hikaru hat als Kind schon manchmal geweint, oder …?
Er kann sich nicht daran erinnern, dass Hikaru weinte, weil Yoshiki meistens noch lauter weinte.

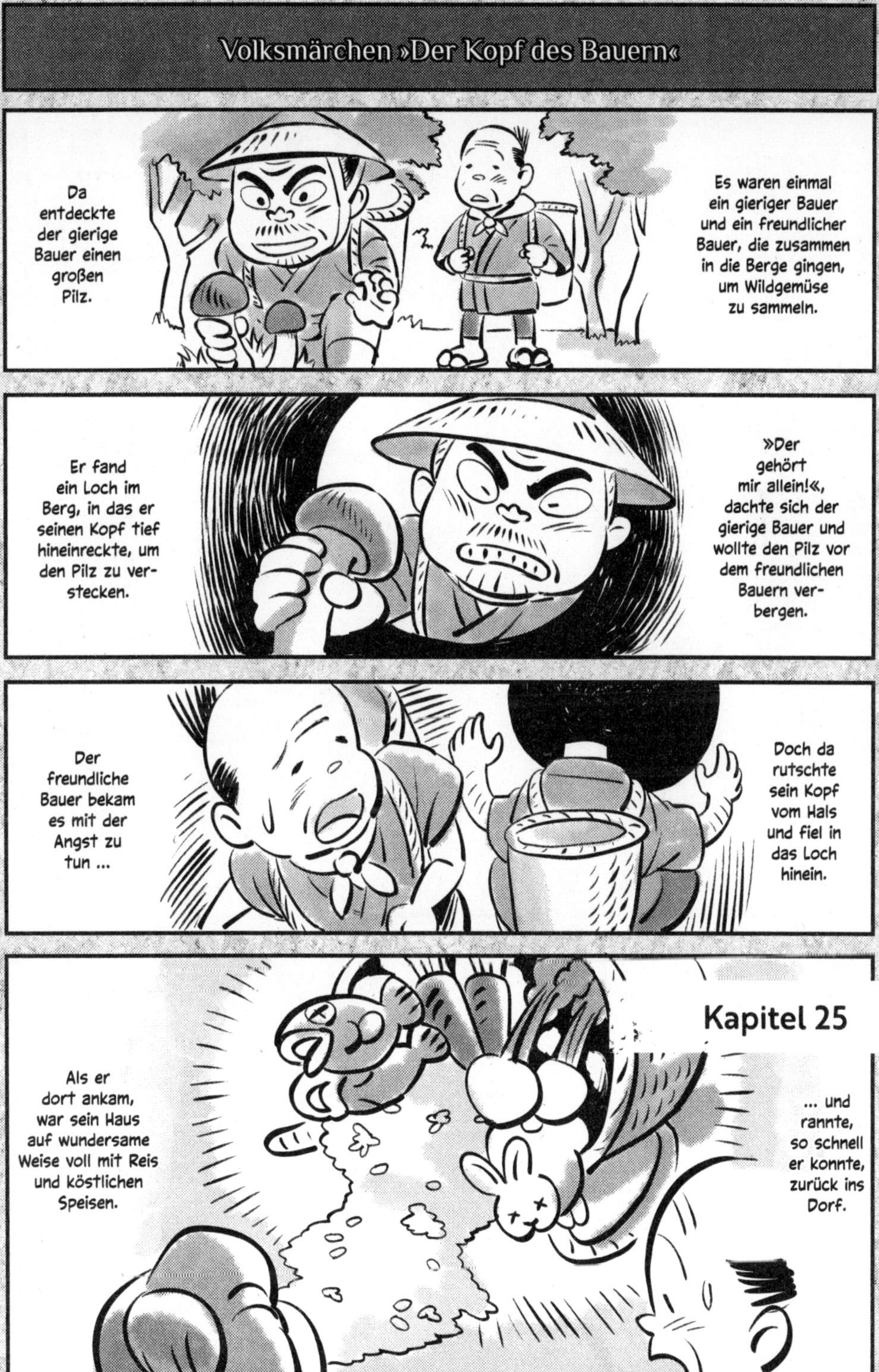
Volksmärchen »Der Kopf des Bauern«
Es waren einmal ein gieriger Bauer und ein freundlicher Bauer, die zusammen in die Berge gingen, um Wildgemüse zu sammeln.
Da entdeckte der gierige Bauer einen großen Pilz.
»Der gehört mir allein!«, dachte sich der gierige Bauer und wollte den Pilz vor dem freundlichen Bauern verbergen.
Er fand ein Loch im Berg, in das er seinen Kopf tief hineinreckte, um den Pilz zu verstecken.
Doch da rutschte sein Kopf vom Hals und fiel in das Loch hinein.
Der freundliche Bauer bekam es mit der Angst zu tun ...
Kapitel 25
... und rannte, so schnell er konnte, zurück ins Dorf.
Als er dort ankam, war sein Haus auf wundersame Weise voll mit Reis und köstlichen Speisen.

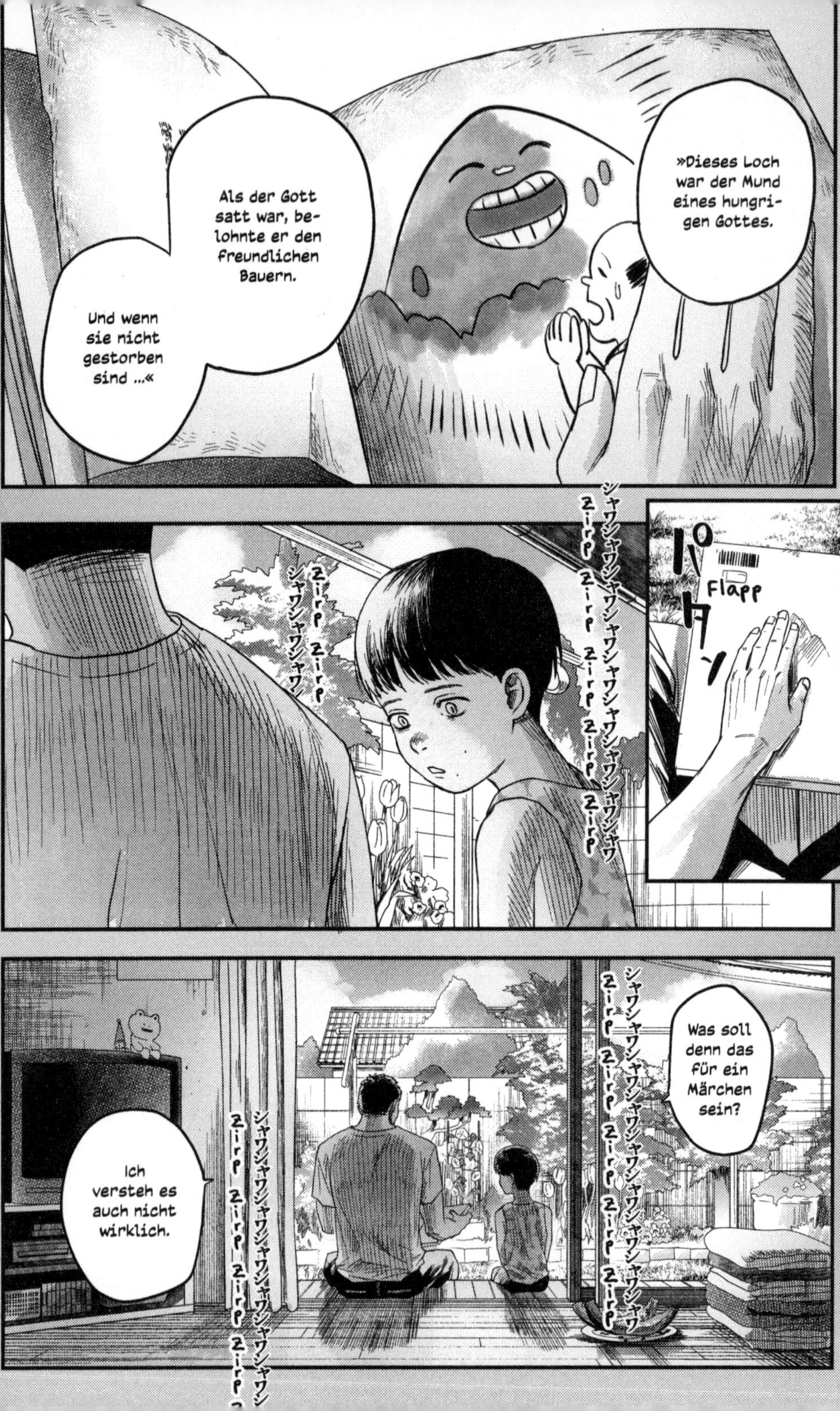
»Dieses Loch war der Mund eines hungrigen Gottes.
Als der Gott satt war, belohnte er den freundlichen Bauern.
Und wenn sie nicht gestorben sind ...«
Flapp
Zirp Zirp Zirp Zirp Zirp
Zirp Zirp
Was soll denn das für ein Märchen sein?
Zirp Zirp Zirp Zirp Zirp
Ich versteh es auch nicht wirklich.
Zirp Zirp Zirp Zirp

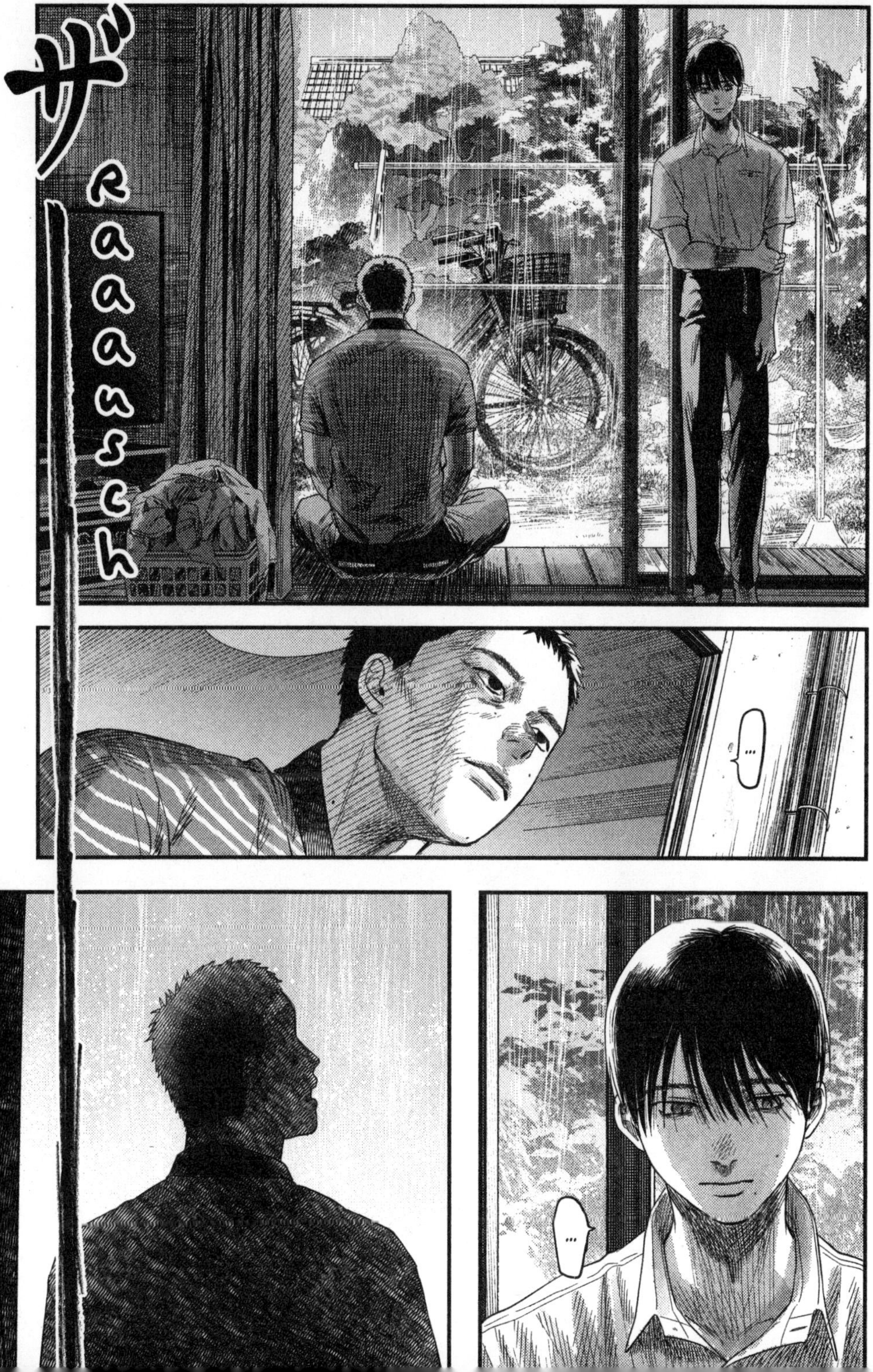
ザー
Raaaausch
...
...

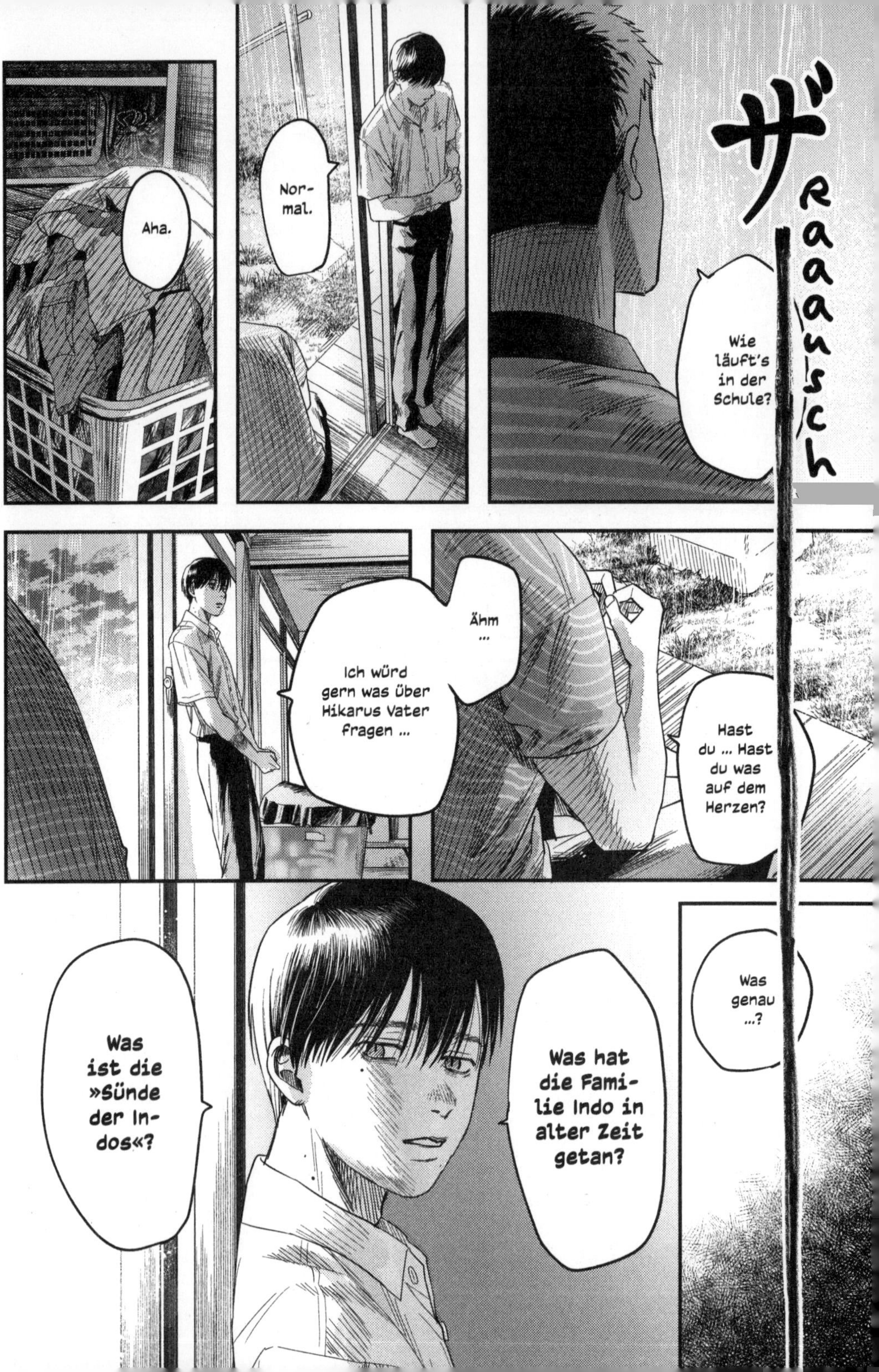
ザ Raaausch
Wie läuft's in der Schule?
Normal.
Aha.
Hast du … Hast du was auf dem Herzen?
Ähm …
Ich würd gern was über Hikarus Vater fragen …
Was genau …?
Was hat die Familie Indo in alter Zeit getan?
Was ist die »Sünde der Indos«?

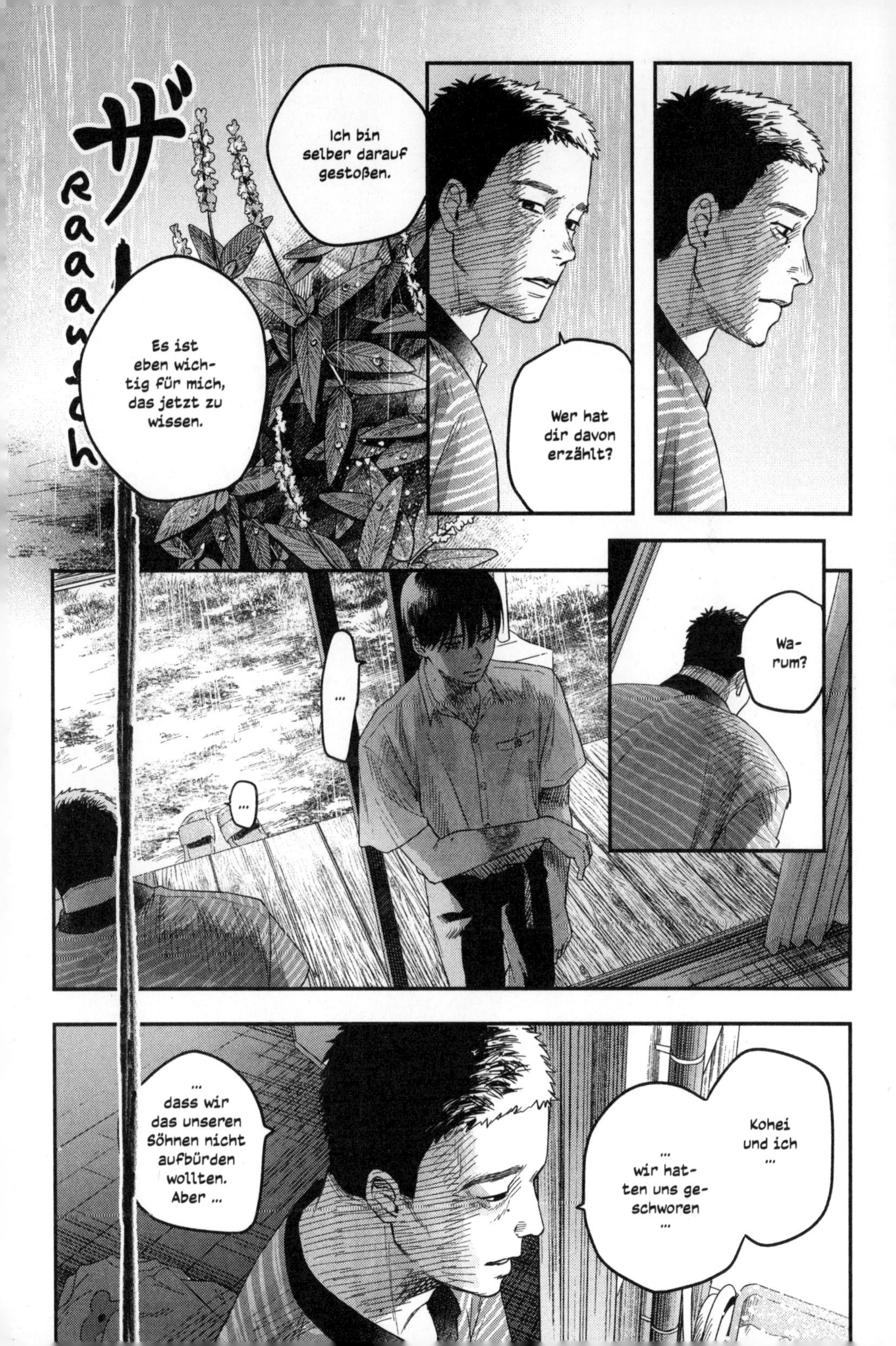
Wer hat dir davon erzählt?
Ich bin selber darauf gestoßen.
ザ
Es ist eben wichtig für mich, das jetzt zu wissen.
Warum?
...
...
Kohei und ich ...
... wir hatten uns geschworen ...
... dass wir das unseren Söhnen nicht aufbürden wollten. Aber ...

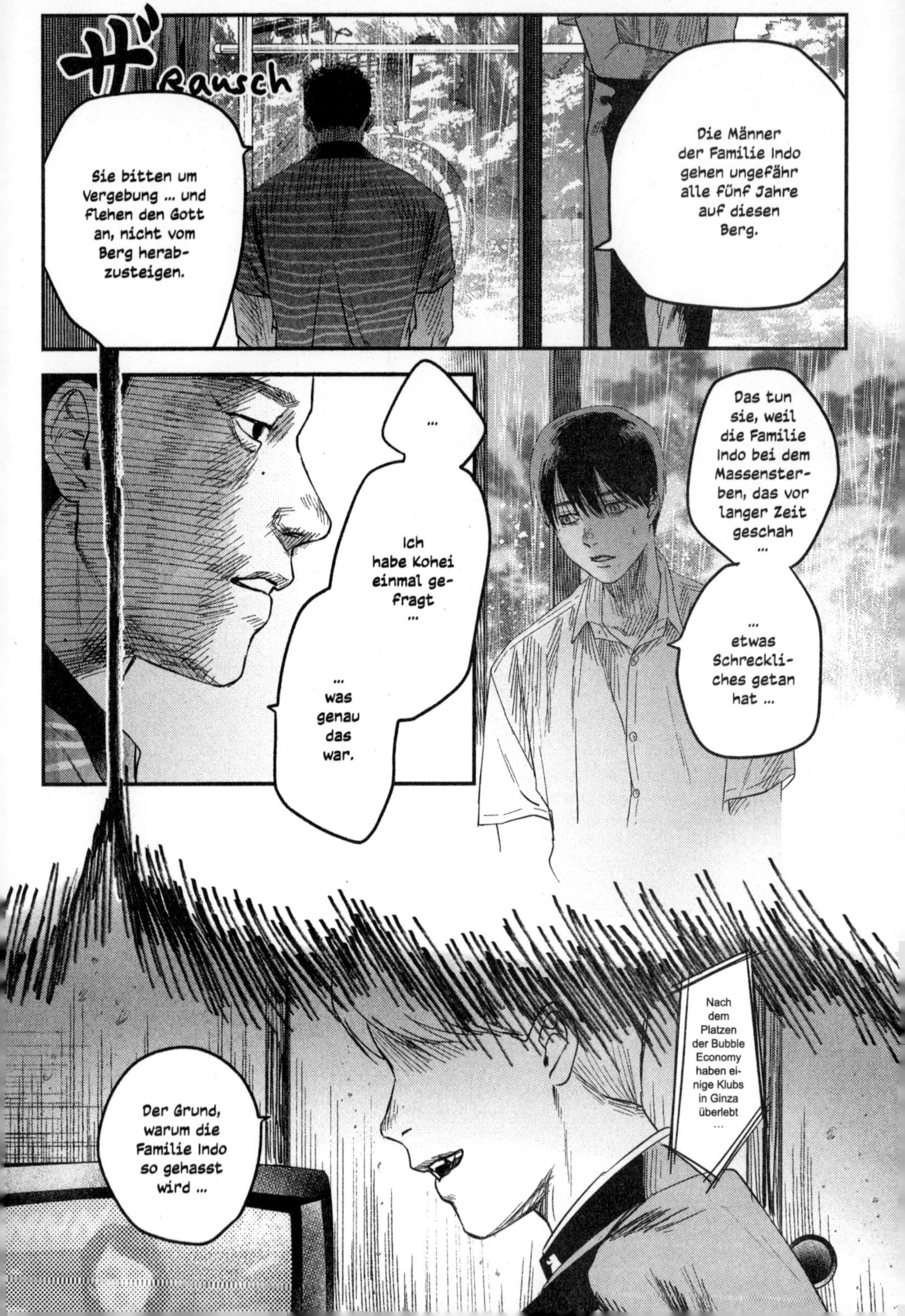
ザ Rausch
Die Männer der Familie Indo gehen ungefähr alle fünf Jahre auf diesen Berg.
Sie bitten um Vergebung ... und flehen den Gott an, nicht vom Berg herabzusteigen.
Das tun sie, weil die Familie Indo bei dem Massensterben, das vor langer Zeit geschah ...
... etwas Schreckliches getan hat ...
...
Ich habe Kohei einmal gefragt ...
... was genau das war.
Nach dem Platzen der Bubble Economy haben einige Klubs in Ginza überlebt ...
Der Grund, warum die Familie Indo so gehasst wird ...

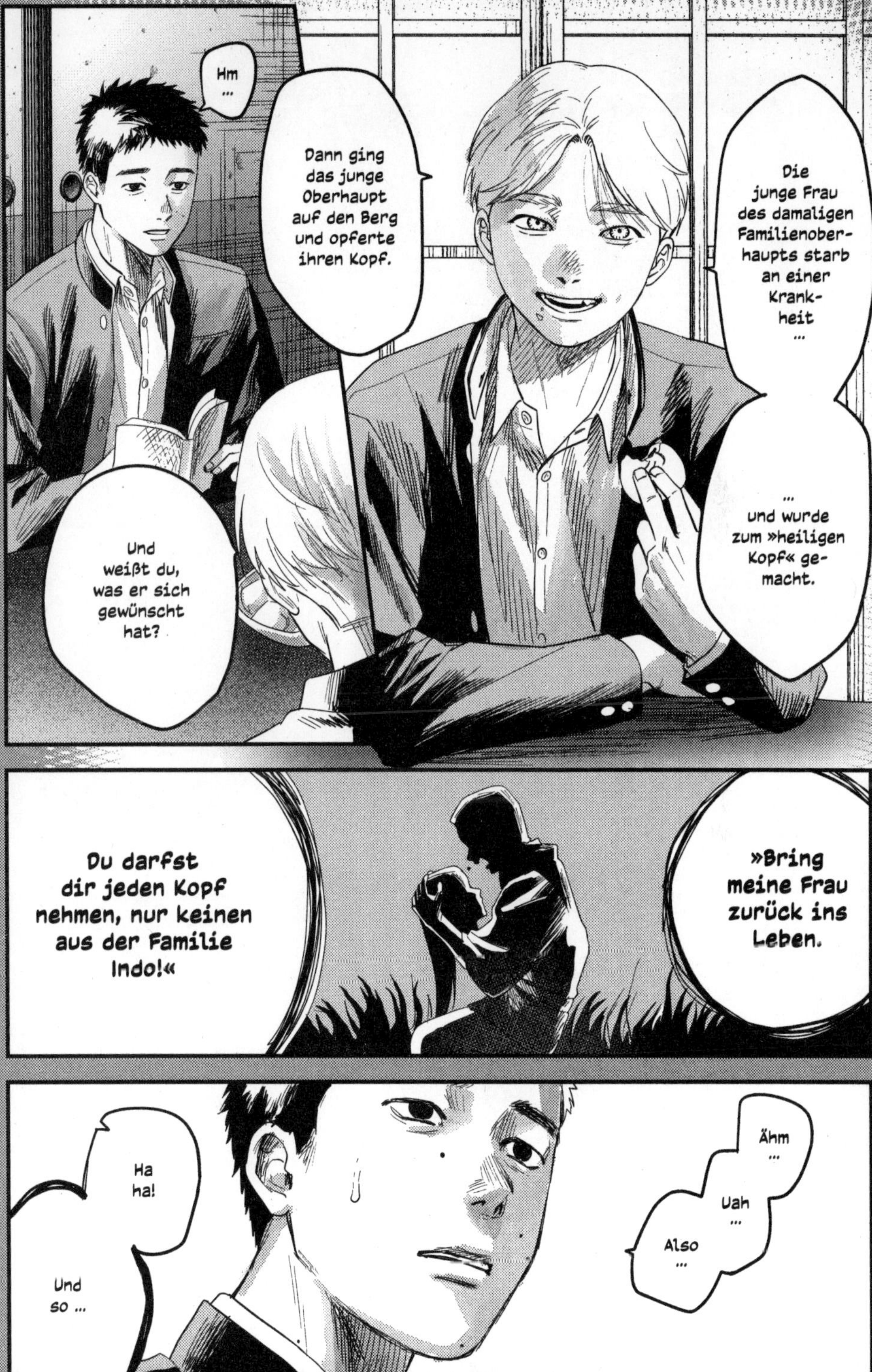
Die junge Frau des damaligen Familienoberhaupts starb an einer Krankheit ...
Dann ging das junge Oberhaupt auf den Berg und opferte ihren Kopf.
Hm ...
... und wurde zum »heiligen Kopf« gemacht.
Und weißt du, was er sich gewünscht hat?
»Bring meine Frau zurück ins Leben.
Du darfst dir jeden Kopf nehmen, nur keinen aus der Familie Indo!«
Ähm ...
Uah ...
Also ...
Ha ha!
Und so ...

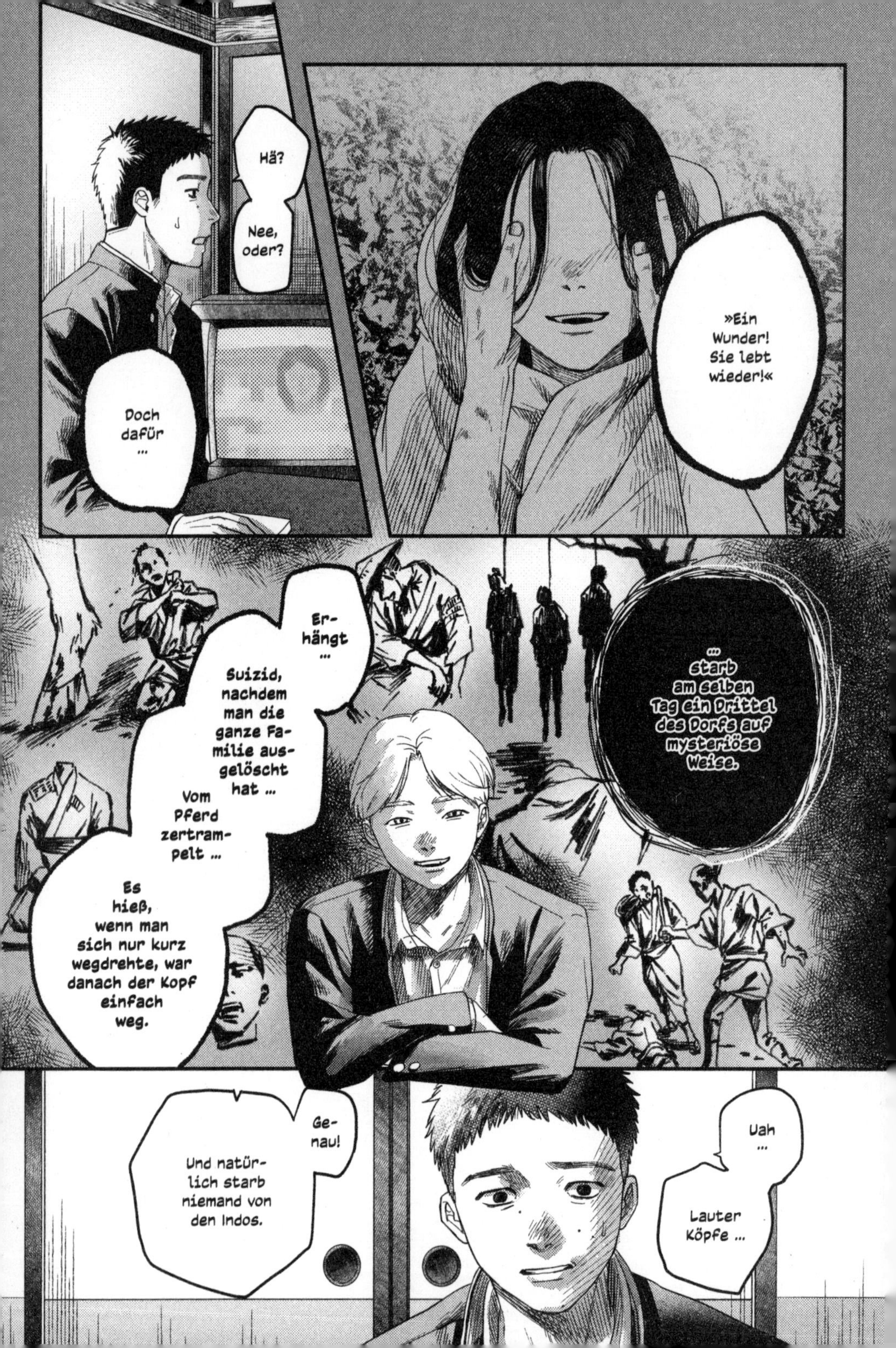
»Ein Wunder! Sie lebt wieder!«
Hä?
Nee, oder?
Doch dafür ...
... starb am selben Tag ein Drittel des Dorfs auf mysteriöse Weise.
Erhängt ...
Suizid, nachdem man die ganze Familie ausgelöscht hat ...
Vom Pferd zertrampelt ...
Es hieß, wenn man sich nur kurz wegdrehte, war danach der Kopf einfach weg.
Uah ...
Lauter Köpfe ...
Genau!
Und natürlich starb niemand von den Indos.

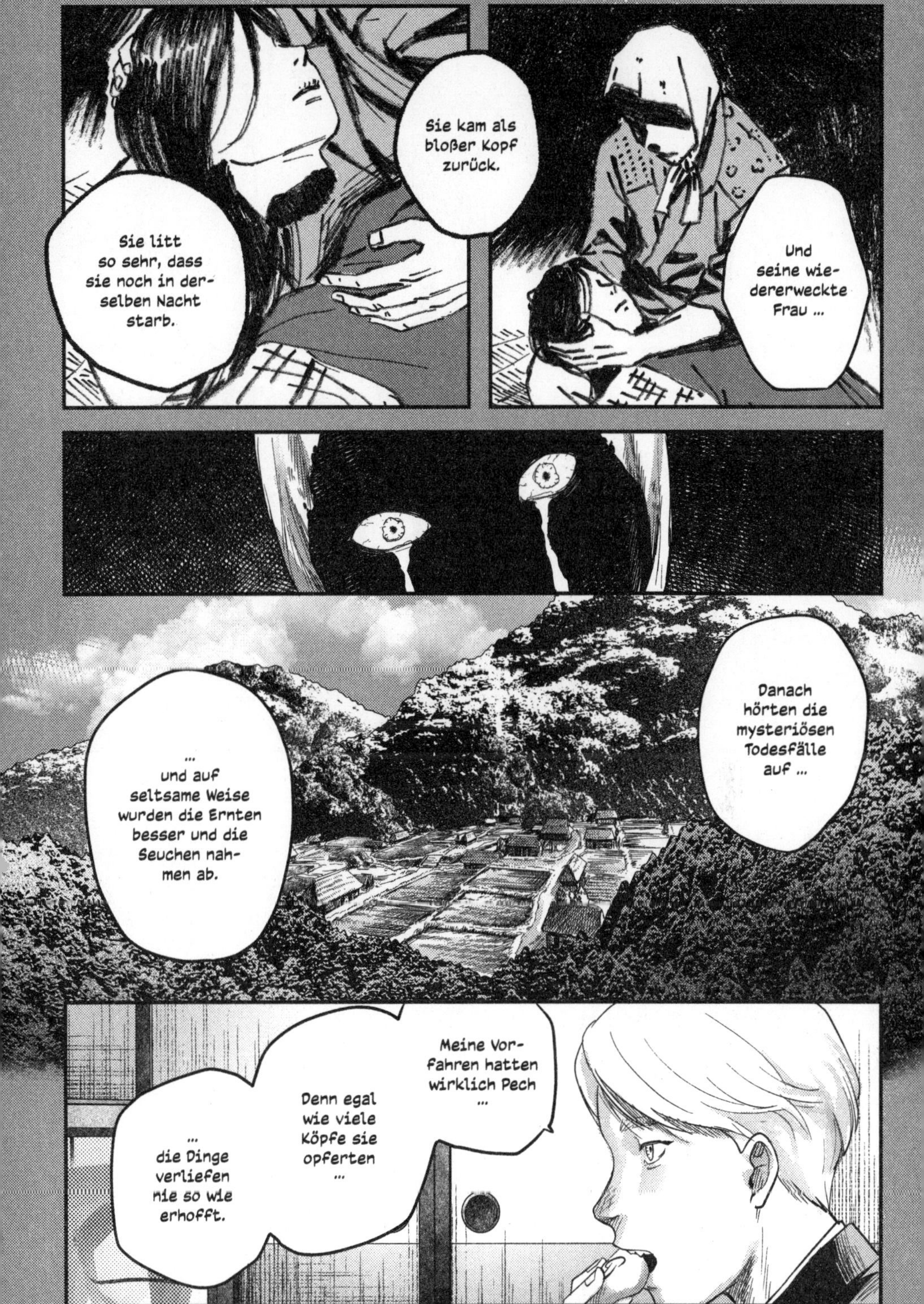
Sie kam als bloßer Kopf zurück.
Sie litt so sehr, dass sie noch in derselben Nacht starb.
Und seine wiedererweckte Frau ...
Danach hörten die mysteriösen Todesfälle auf ...
... und auf seltsame Weise wurden die Ernten besser und die Seuchen nahmen ab.
Meine Vorfahren hatten wirklich Pech ...
Denn egal wie viele Köpfe sie opferten ...
... die Dinge verliefen nie so wie erhofft.

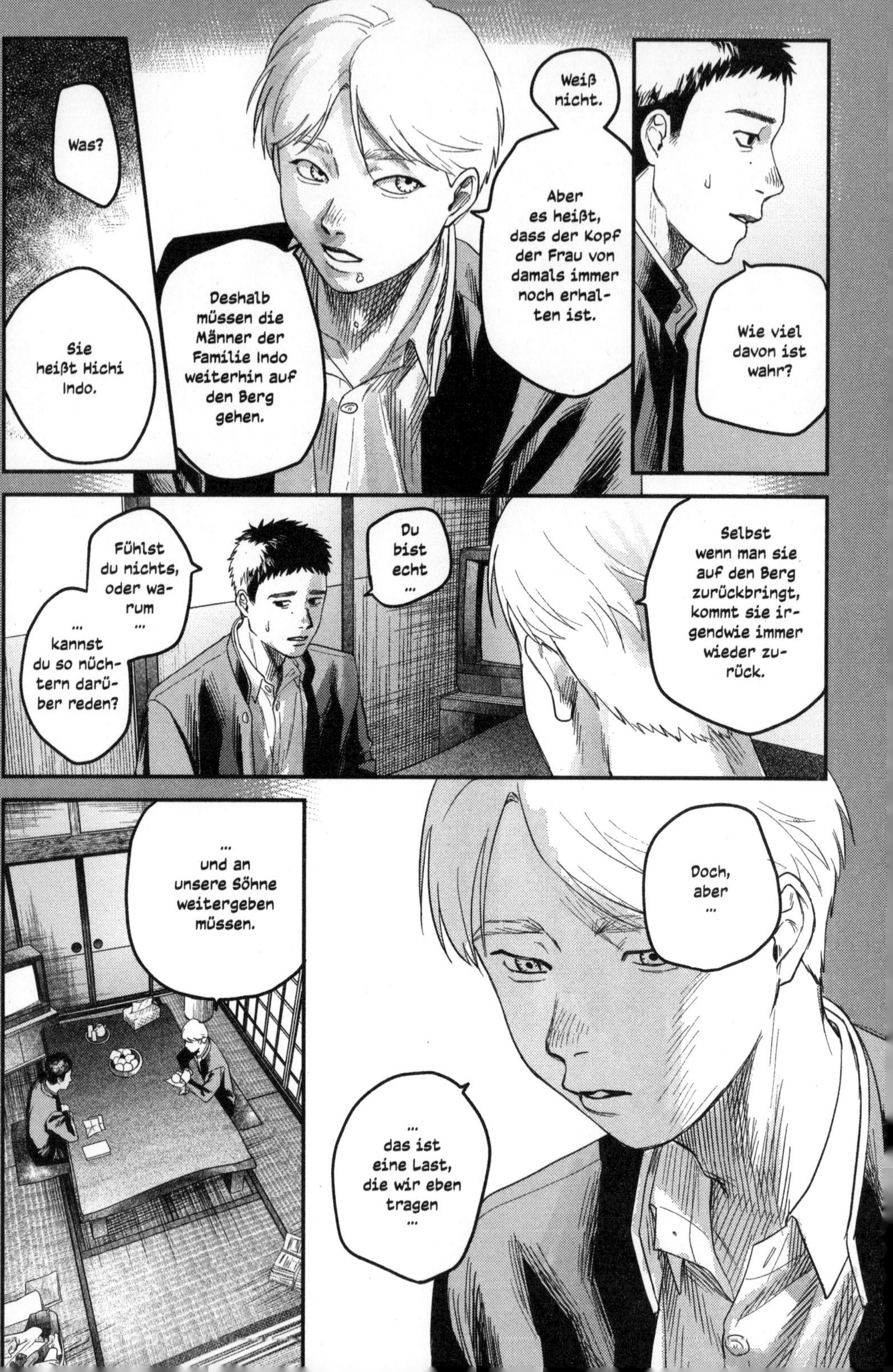
Wie viel davon ist wahr?
Weiß nicht.
Aber es heißt, dass der Kopf der Frau von damals immer noch erhalten ist.
Deshalb müssen die Männer der Familie Indo weiterhin auf den Berg gehen.
Sie heißt Hichi Indo.
Was?
Selbst wenn man sie auf den Berg zurückbringt, kommt sie irgendwie immer wieder zurück.
Du bist echt ...
Fühlst du nichts, oder warum ...
... kannst du so nüchtern darüber reden?
Doch, aber ...
... das ist eine Last, die wir eben tragen ...
... und an unsere Söhne weitergeben müssen.

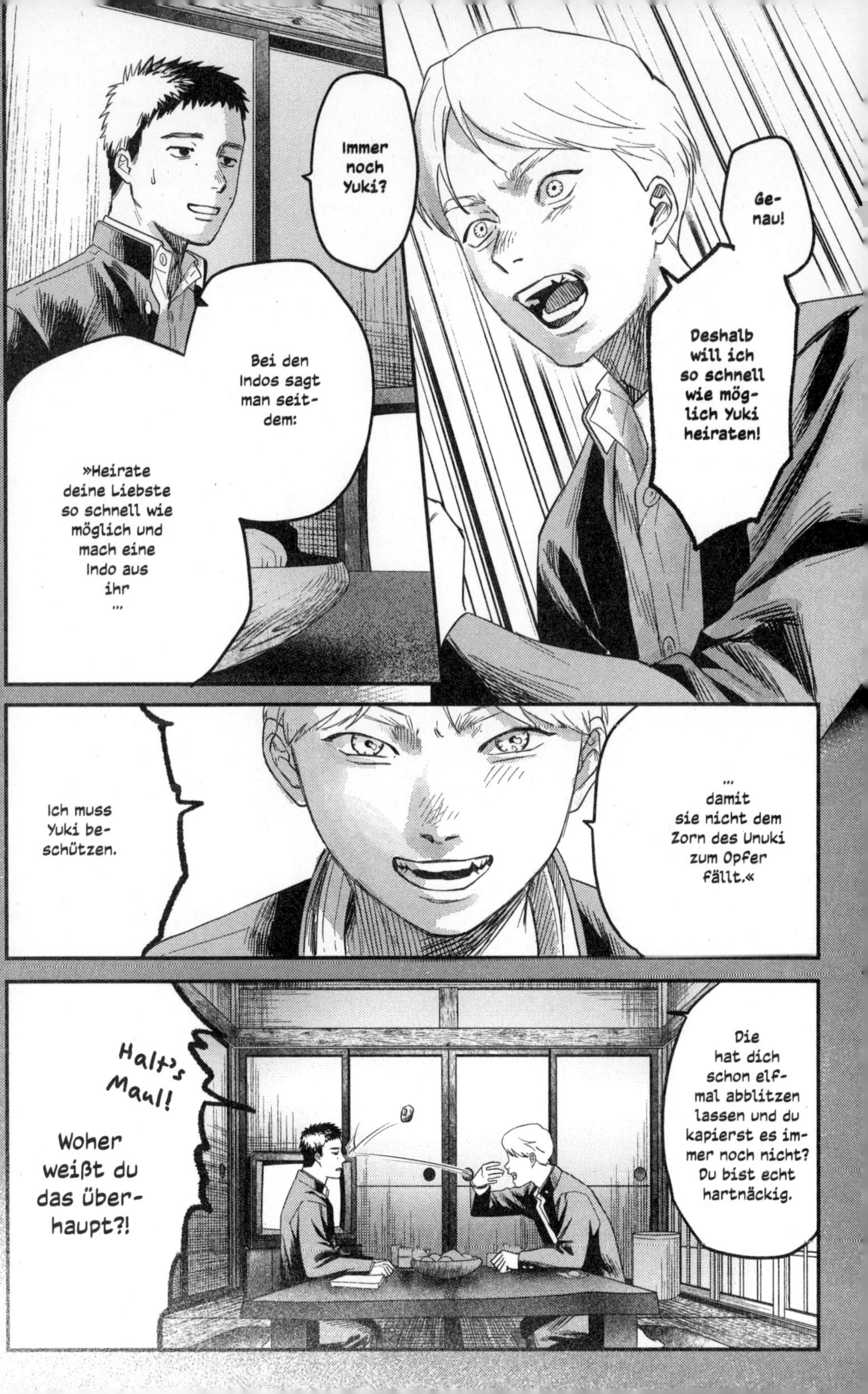
Immer noch Yuki?
Ge-nau!
Deshalb will ich so schnell wie mög-lich Yuki heiraten!
Bei den Indos sagt man seit-dem:
»Heirate deine Liebste so schnell wie möglich und mach eine Indo aus ihr …
… damit sie nicht dem Zorn des Unuki zum Opfer fällt.«
Ich muss Yuki be-schützen.
Die hat dich schon elf-mal abblitzen lassen und du kapierst es im-mer noch nicht? Du bist echt hartnäckig.
Woher weißt du das über-haupt?!
Halt's Maul!

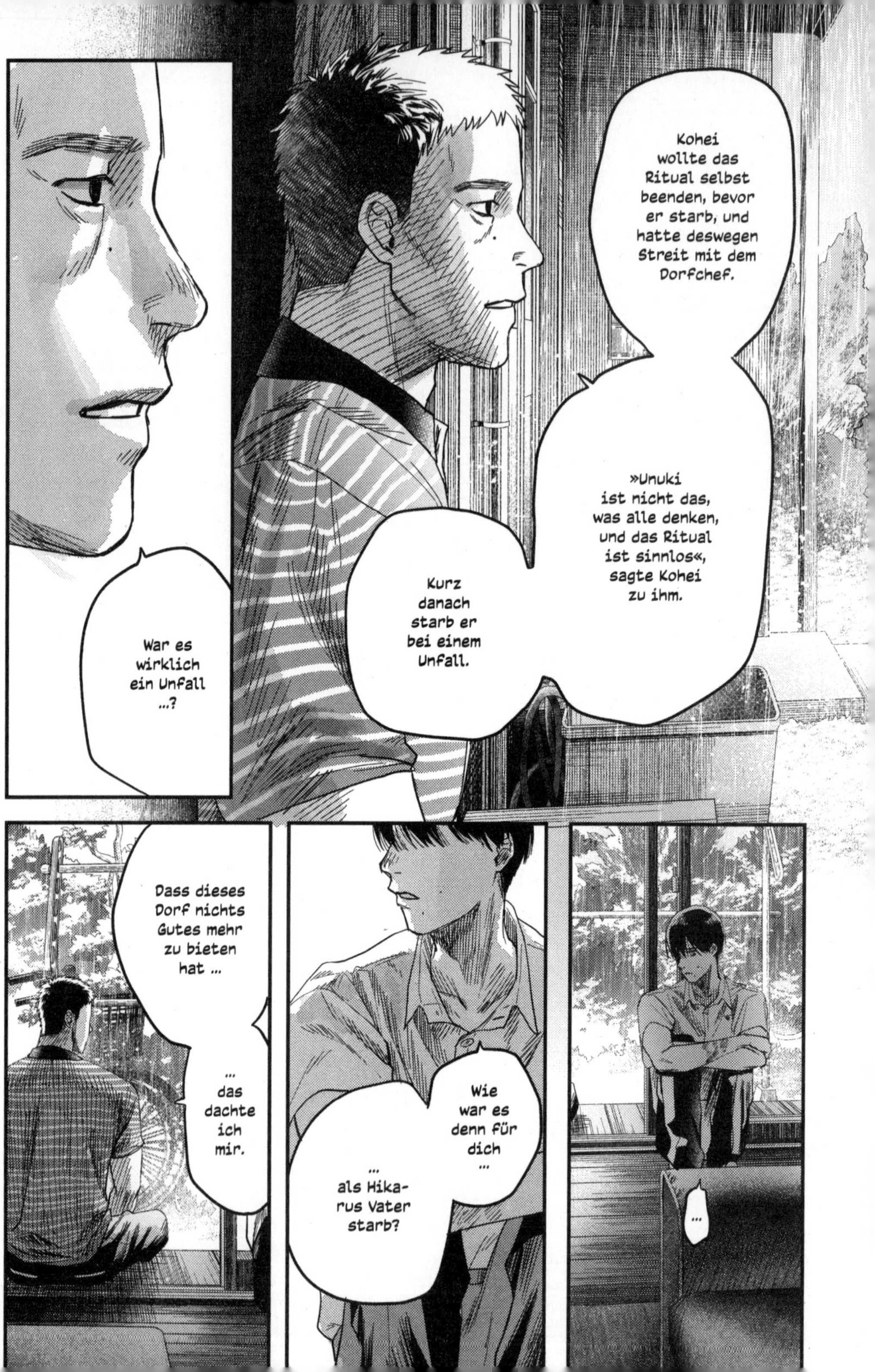
Kohei wollte das Ritual selbst beenden, bevor er starb, und hatte deswegen Streit mit dem Dorfchef.
»Unuki ist nicht das, was alle denken, und das Ritual ist sinnlos«, sagte Kohei zu ihm.
Kurz danach starb er bei einem Unfall.
War es wirklich ein Unfall ...?
...
Wie war es denn für dich ...
... als Hikarus Vater starb?
Dass dieses Dorf nichts Gutes mehr zu bieten hat ...
... das dachte ich mir.

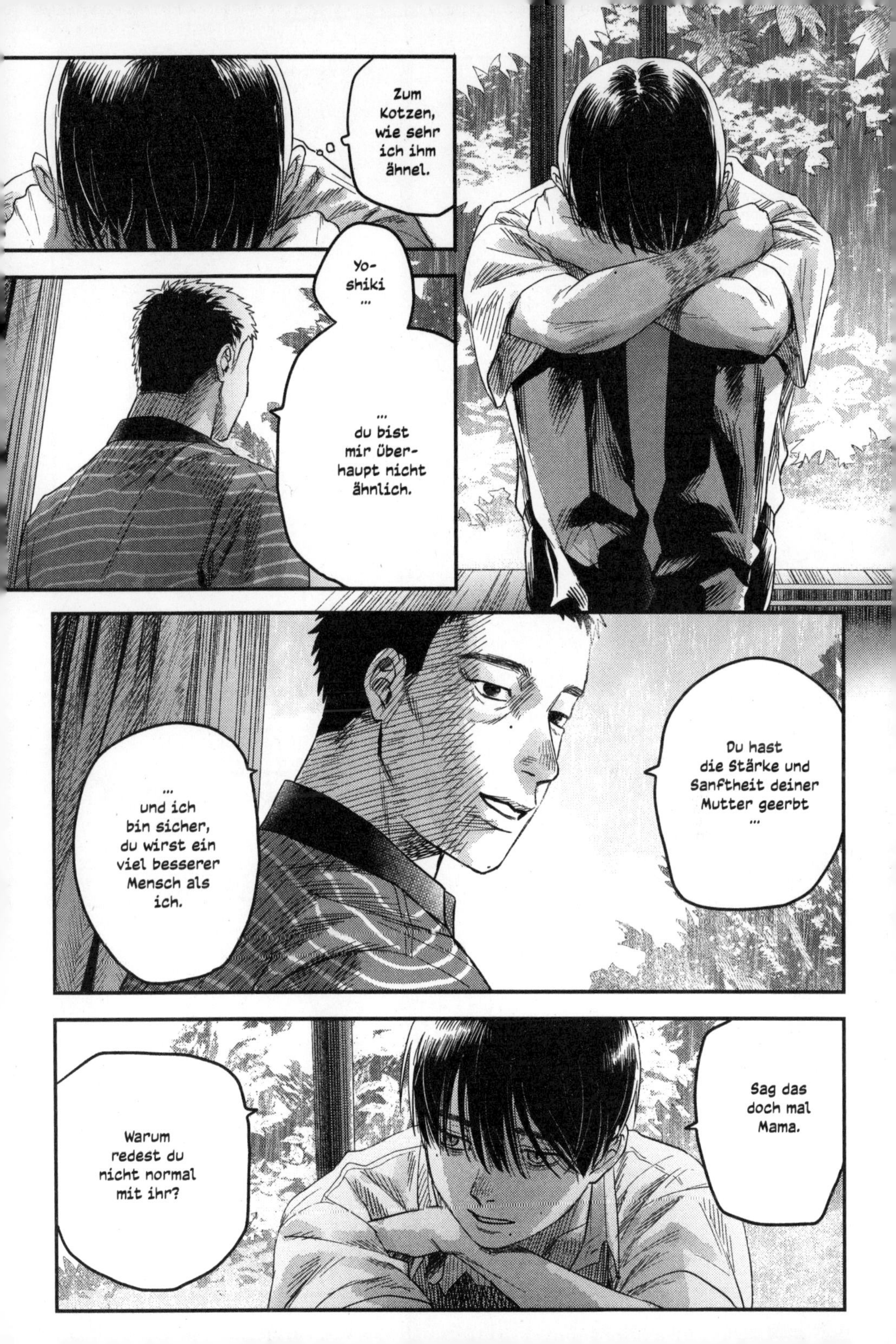
Zum Kotzen, wie sehr ich ihm ähnel.
Yo-shiki …
… du bist mir über-haupt nicht ähnlich.
Du hast die Stärke und Sanftheit deiner Mutter geerbt …
… und ich bin sicher, du wirst ein viel besserer Mensch als ich.
Sag das doch mal Mama.
Warum redest du nicht normal mit ihr?

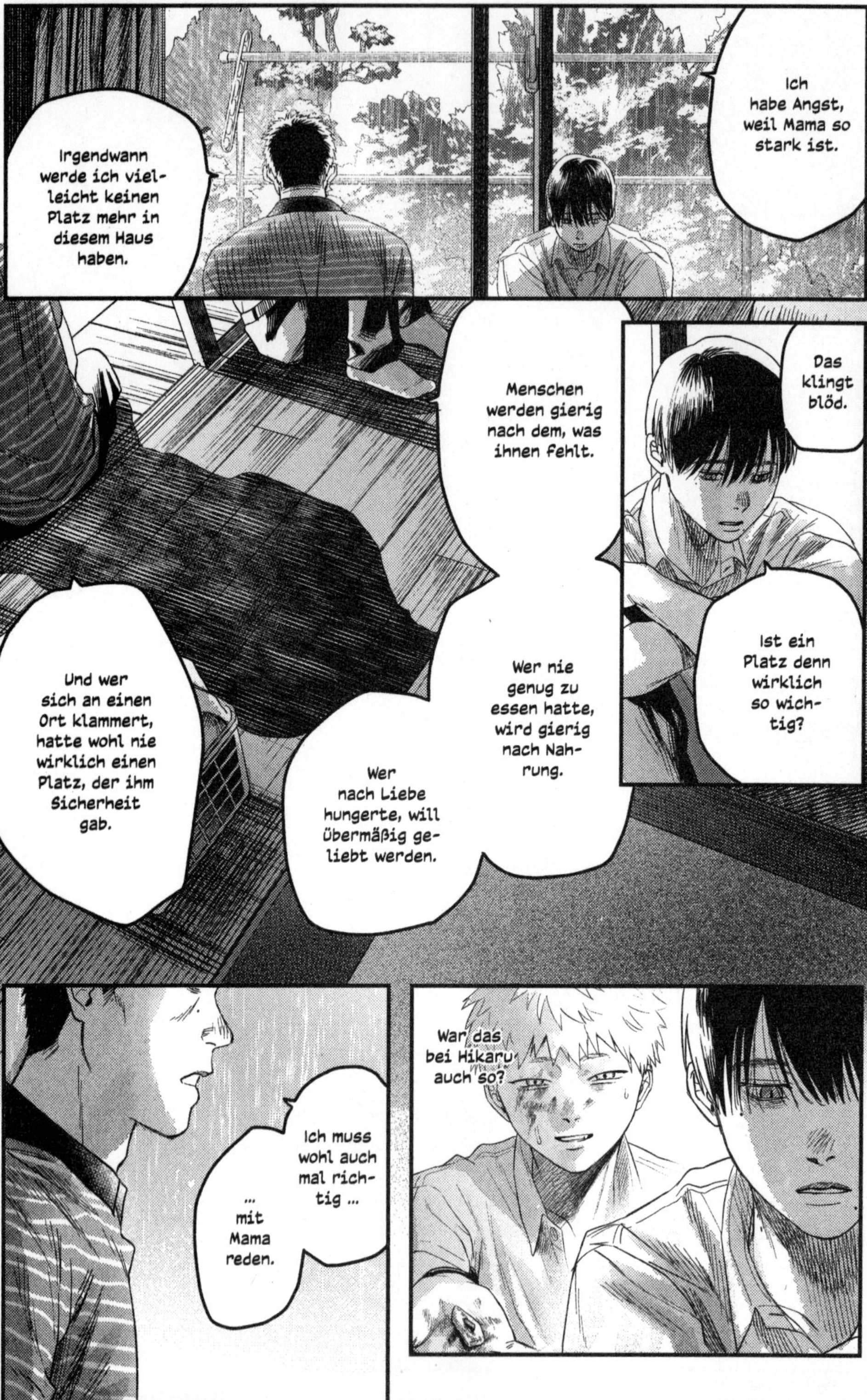
Ich habe Angst, weil Mama so stark ist.
Irgendwann werde ich vielleicht keinen Platz mehr in diesem Haus haben.
Das klingt blöd.
Ist ein Platz denn wirklich so wichtig?
Menschen werden gierig nach dem, was ihnen fehlt.
Wer nie genug zu essen hatte, wird gierig nach Nahrung.
Wer nach Liebe hungerte, will übermäßig geliebt werden.
Und wer sich an einen Ort klammert, hatte wohl nie wirklich einen Platz, der ihm Sicherheit gab.
War das bei Hikaru auch so?
Ich muss wohl auch mal richtig ...
... mit Mama reden.

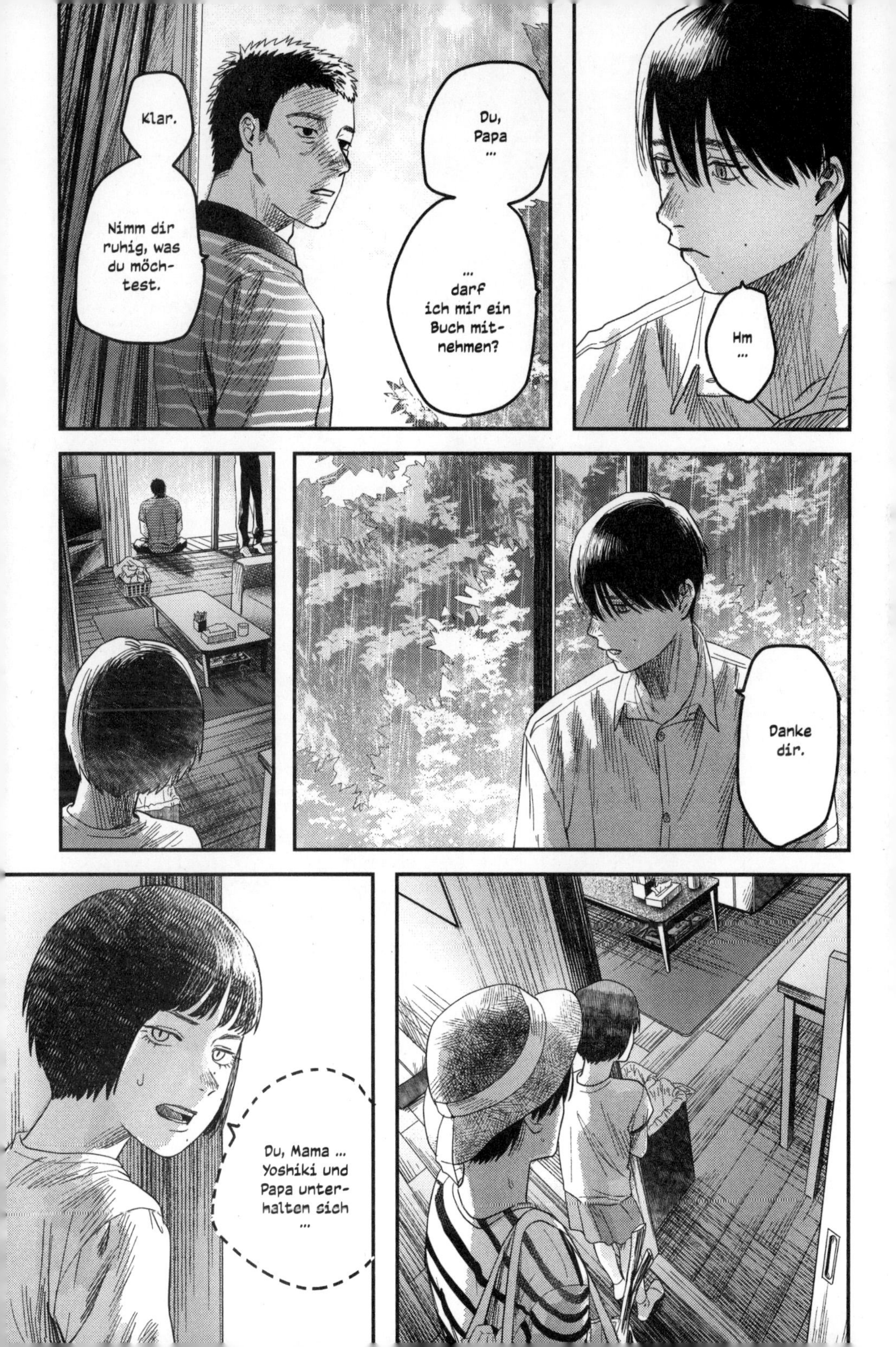
Hm ...
Du, Papa ...
... darf ich mir ein Buch mitnehmen?
Klar.
Nimm dir ruhig, was du möchtest.
Danke dir.
Du, Mama ... Yoshiki und Papa unterhalten sich ...

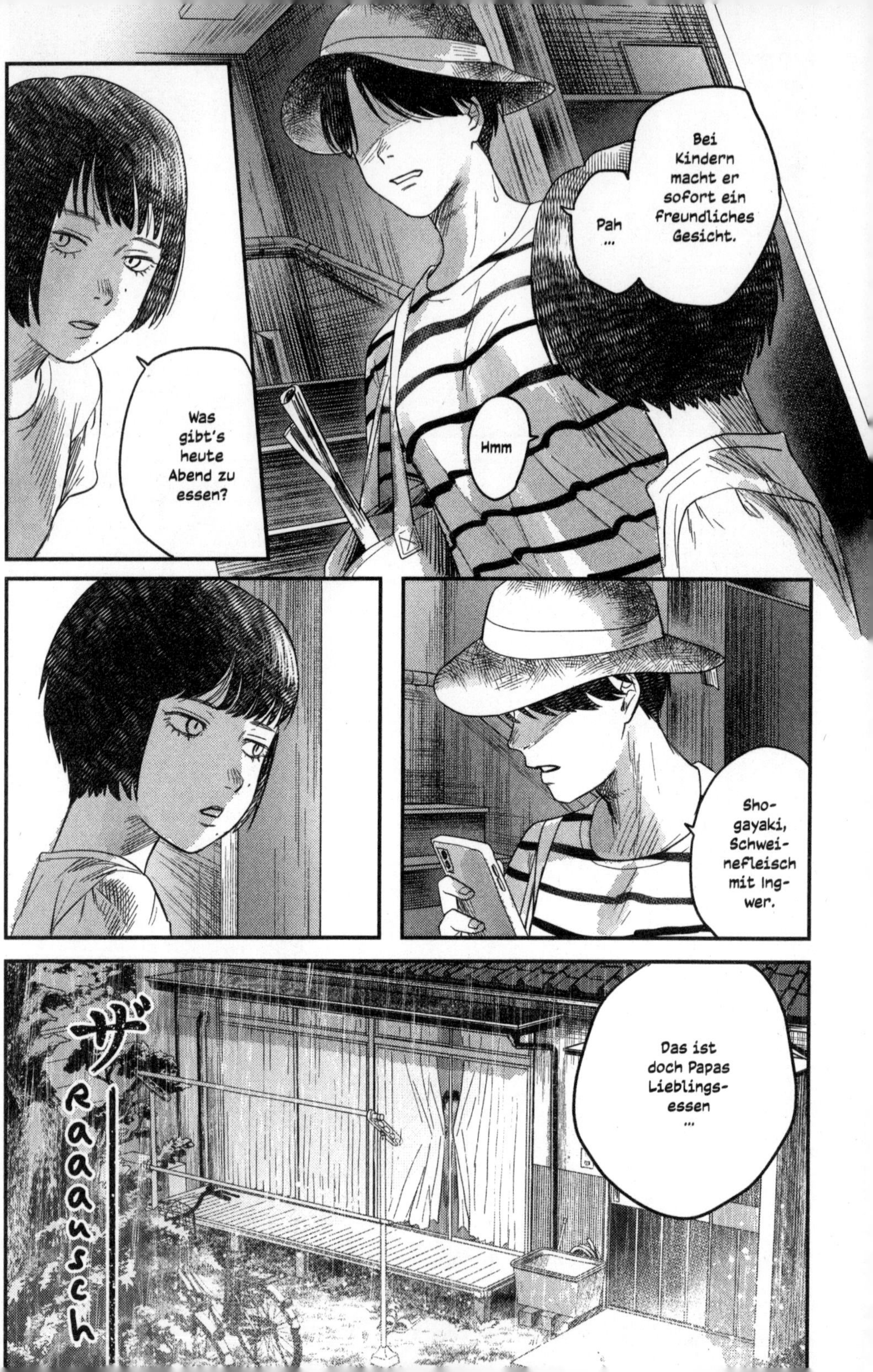
Bei Kindern macht er sofort ein freundliches Gesicht.
Pah ...
Hmm
Was gibt's heute Abend zu essen?
Shogayaki, Schweinefleisch mit Ingwer.
Das ist doch Papas Lieblingsessen ...
ザ
Raaausch

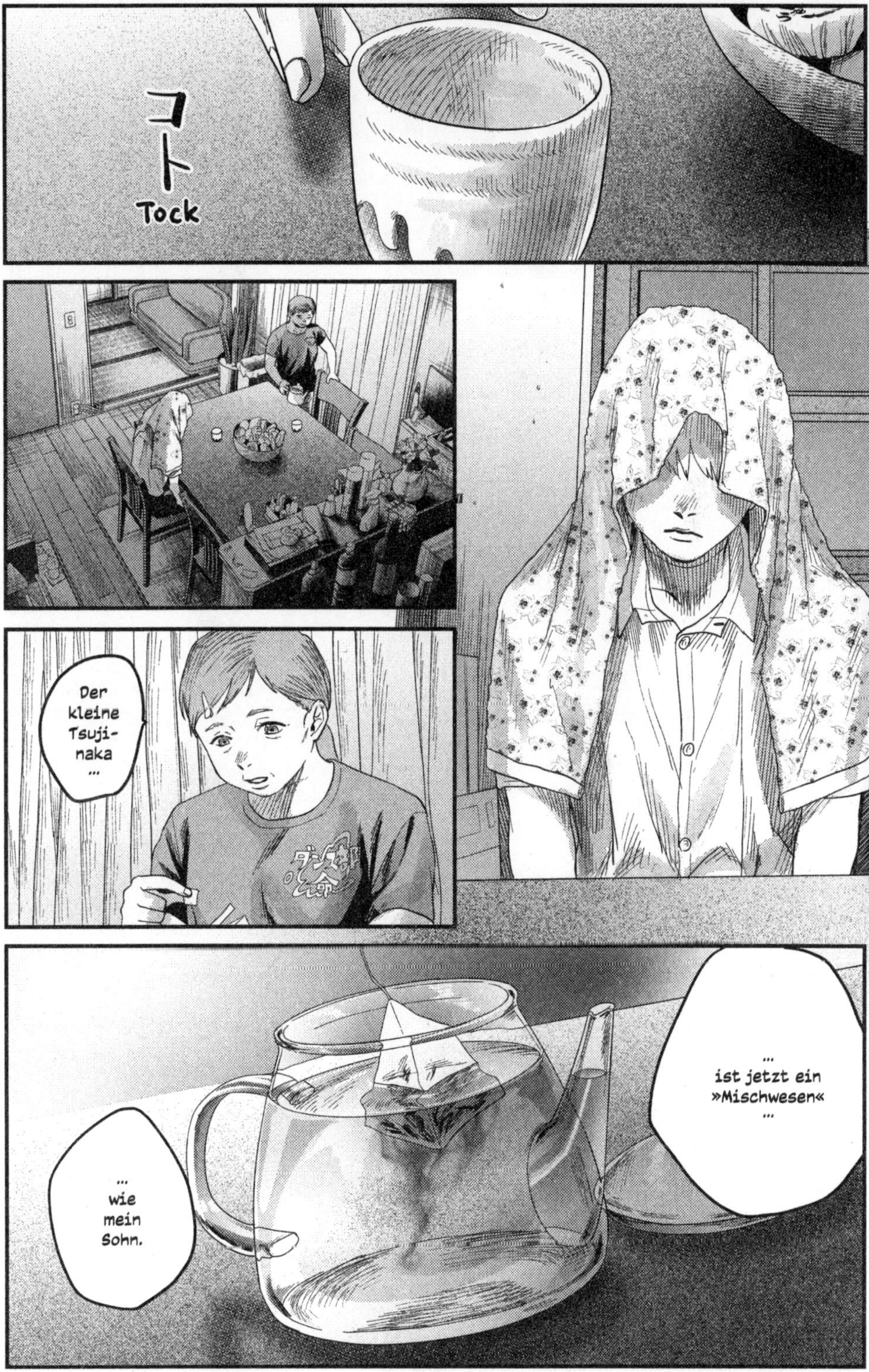
コト
Tock
Der kleine Tsuji-naka …
… ist jetzt ein »Mischwesen« …
… wie mein Sohn.

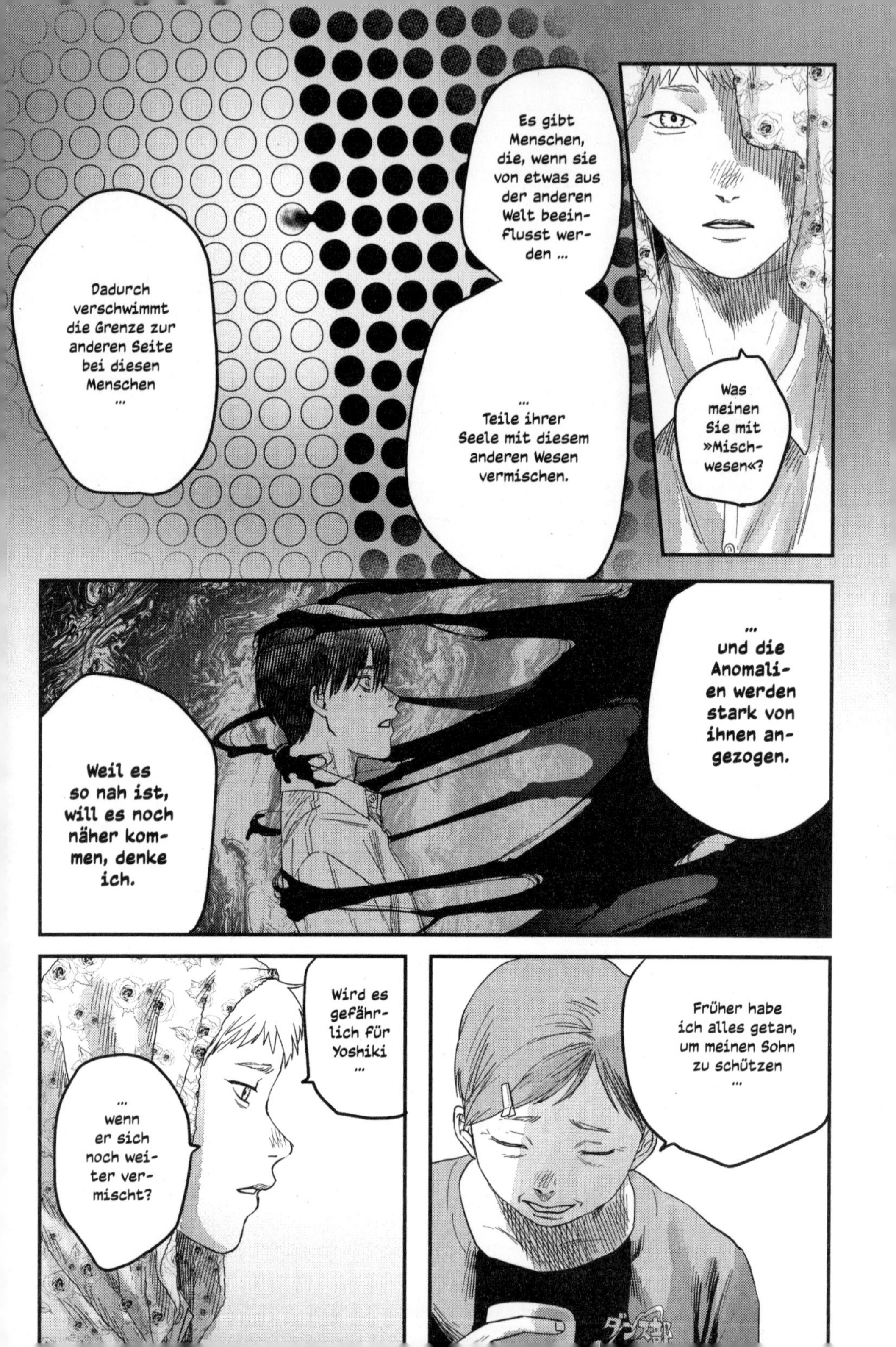
Was meinen Sie mit »Mischwesen«?
Es gibt Menschen, die, wenn sie von etwas aus der anderen Welt beeinflusst werden …
… Teile ihrer Seele mit diesem anderen Wesen vermischen.
Dadurch verschwimmt die Grenze zur anderen Seite bei diesen Menschen …
… und die Anomalien werden stark von ihnen angezogen.
Weil es so nah ist, will es noch näher kommen, denke ich.
Früher habe ich alles getan, um meinen Sohn zu schützen …
Wird es gefährlich für Yoshiki …
… wenn er sich noch weiter vermischt?

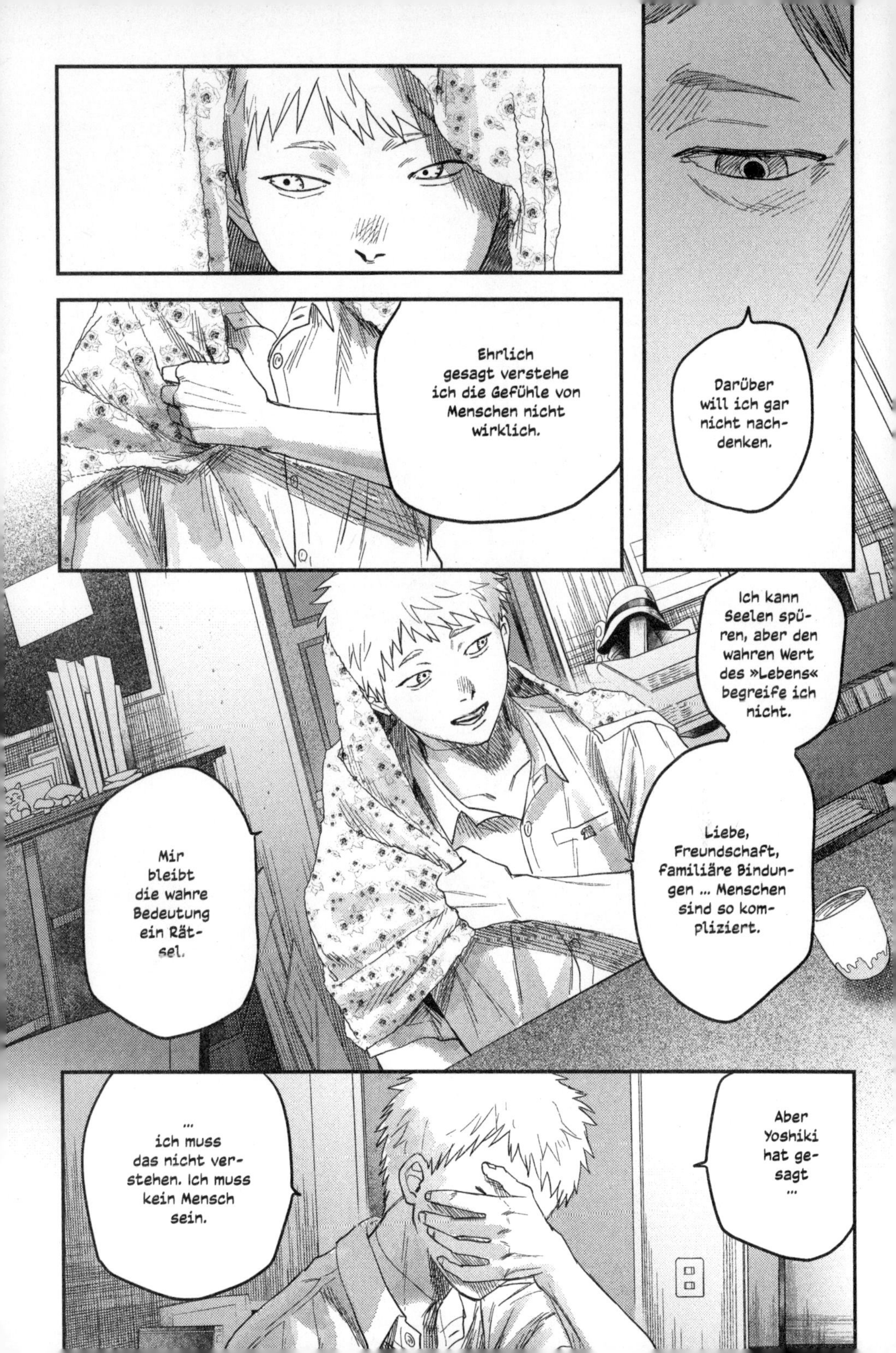

Darüber will ich gar nicht nachdenken.
Ehrlich gesagt verstehe ich die Gefühle von Menschen nicht wirklich.
Ich kann Seelen spüren, aber den wahren Wert des »Lebens« begreife ich nicht.
Liebe, Freundschaft, familiäre Bindungen ... Menschen sind so kompliziert.
Mir bleibt die wahre Bedeutung ein Rätsel.
Aber Yoshiki hat gesagt ...
... ich muss das nicht verstehen. Ich muss kein Mensch sein.

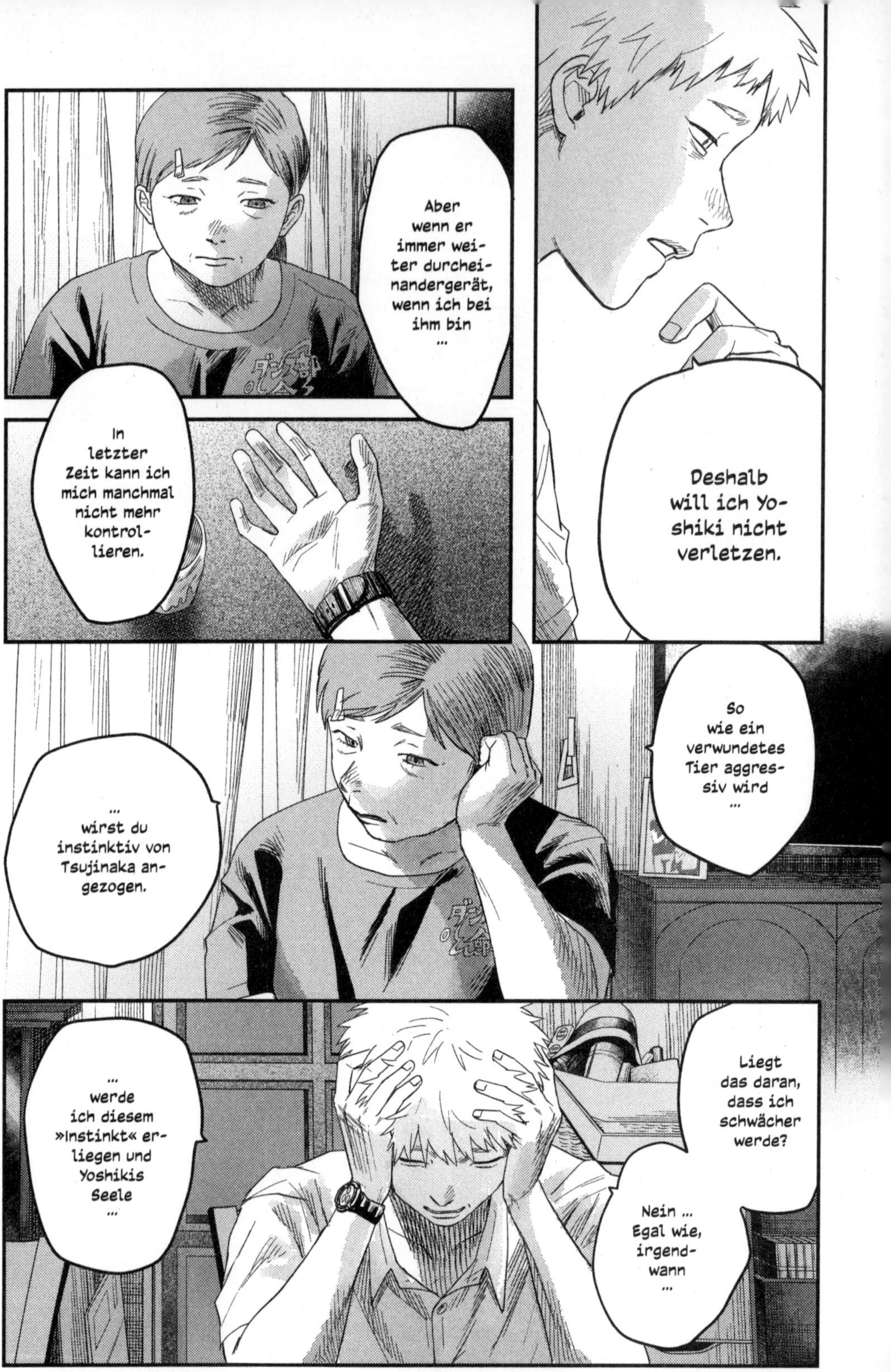
Aber wenn er immer weiter durcheinandergerät, wenn ich bei ihm bin ...
In letzter Zeit kann ich mich manchmal nicht mehr kontrollieren.
Deshalb will ich Yoshiki nicht verletzen.
So wie ein verwundetes Tier aggressiv wird ...
... wirst du instinktiv von Tsujinaka angezogen.
Liegt das daran, dass ich schwächer werde?
Nein ... Egal wie, irgendwann ...
... werde ich diesem »Instinkt« erliegen und Yoshikis Seele ...

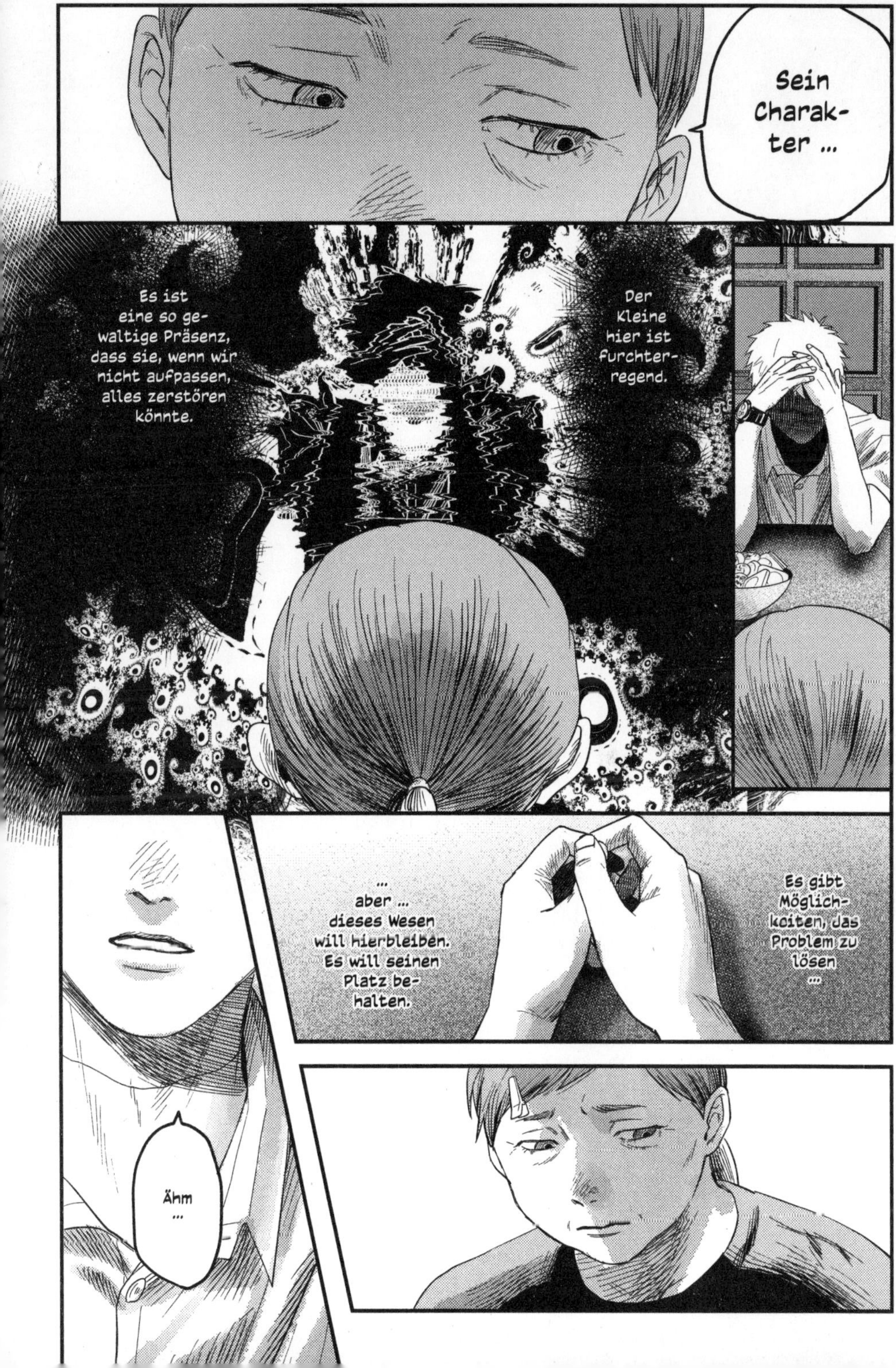
Sein Charak-ter ...
Der Kleine hier ist furchter-regend.
Es ist eine so ge-waltige Präsenz, dass sie, wenn wir nicht aufpassen, alles zerstören könnte.
Es gibt Möglich-keiten, das Problem zu lösen ...
... aber ... dieses Wesen will hierbleiben. Es will seinen Platz be-halten.
Ähm ...

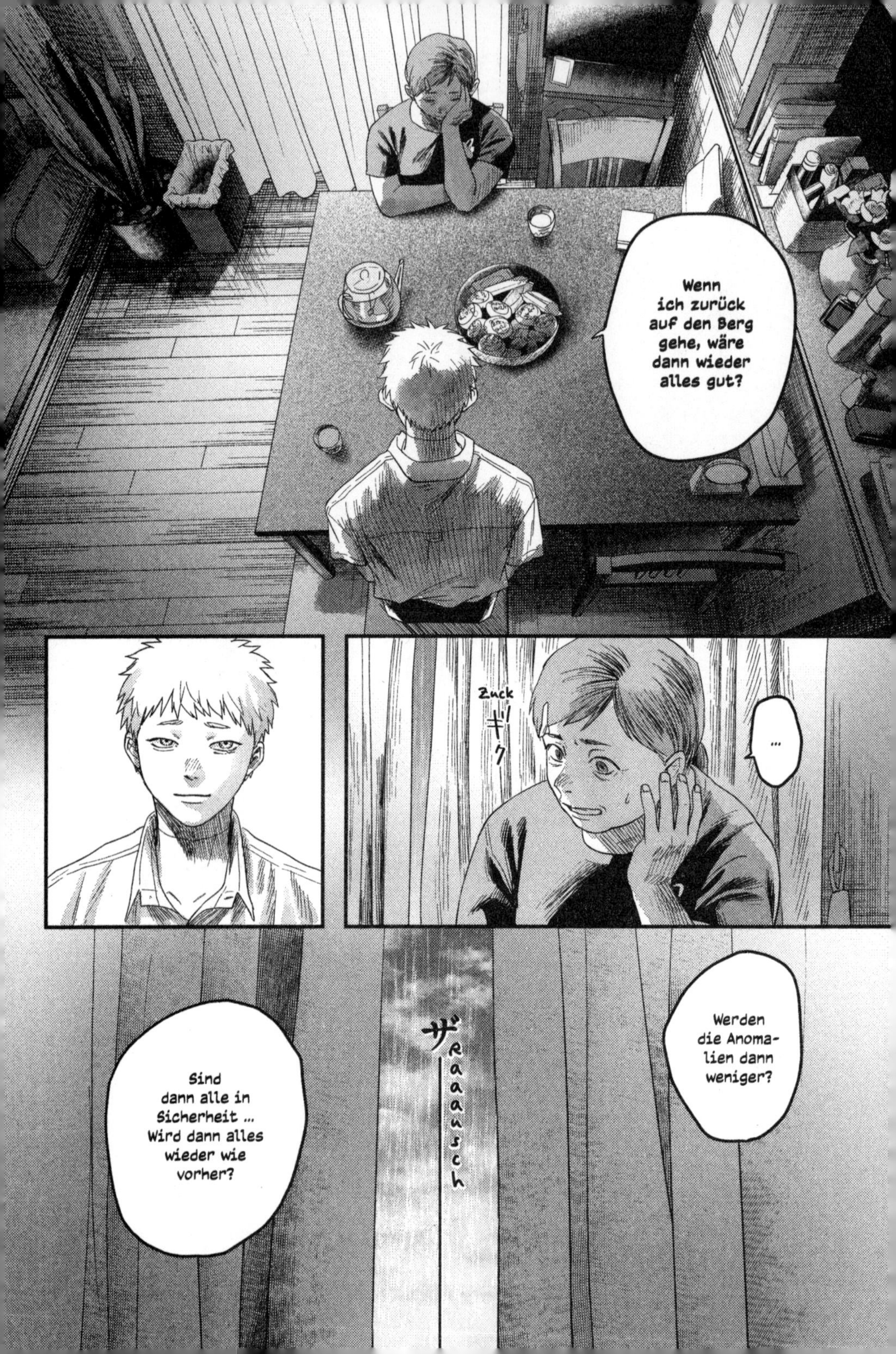
Wenn ich zurück auf den Berg gehe, wäre dann wieder alles gut?
Zuck
ギク
...
Werden die Anomalien dann weniger?
Sind dann alle in Sicherheit ... Wird dann alles wieder wie vorher?
ザ
Raaausch

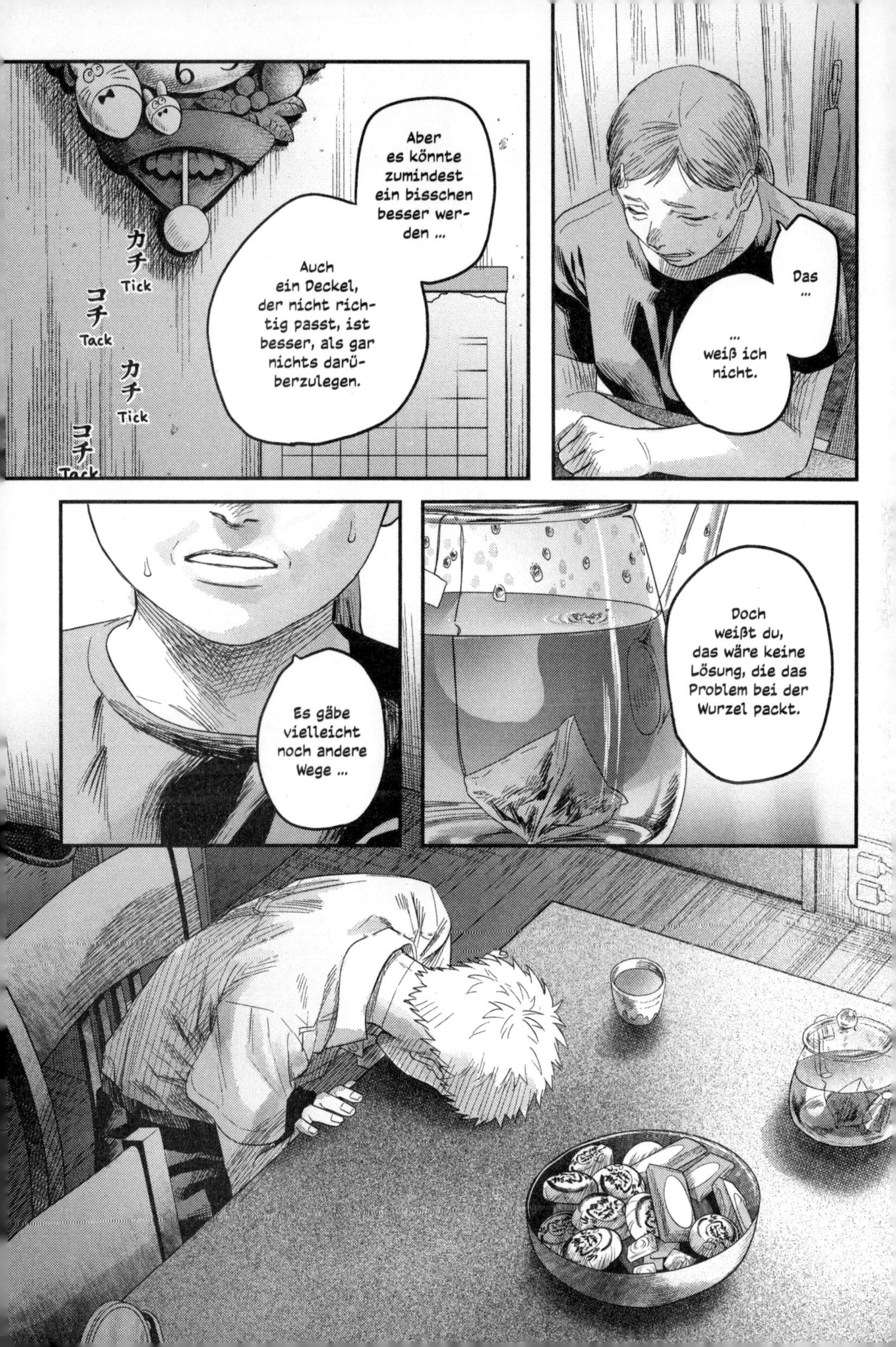
Das ...
... weiß ich nicht.
Aber es könnte zumindest ein bisschen besser werden ...
Auch ein Deckel, der nicht richtig passt, ist besser, als gar nichts darüberzulegen.
カチ
Tick
コチ
Tack
カチ
Tick
コチ
Doch weißt du, das wäre keine Lösung, die das Problem bei der Wurzel packt.
Es gäbe vielleicht noch andere Wege ...

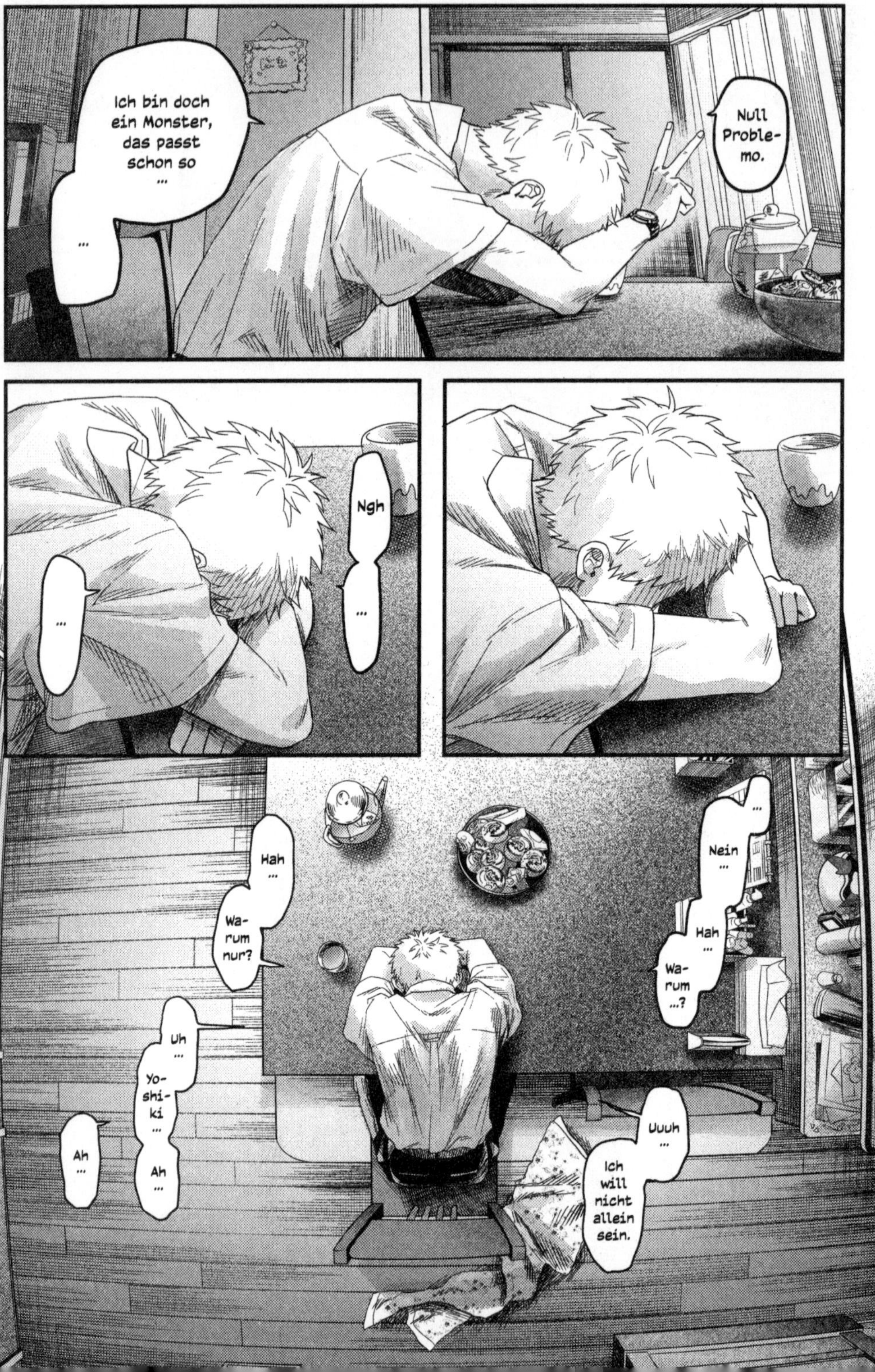
Null Proble-mo.
Ich bin doch ein Monster, das passt schon so ...
...
Ngh ...
...
... Nein ...
Hah ... Wa-rum ...?
Uuuh ... Ich will nicht allein sein.
Hah ...
Wa-rum nur?
Uh ... Yo-shi-ki ...
Ah ...
Ah ...

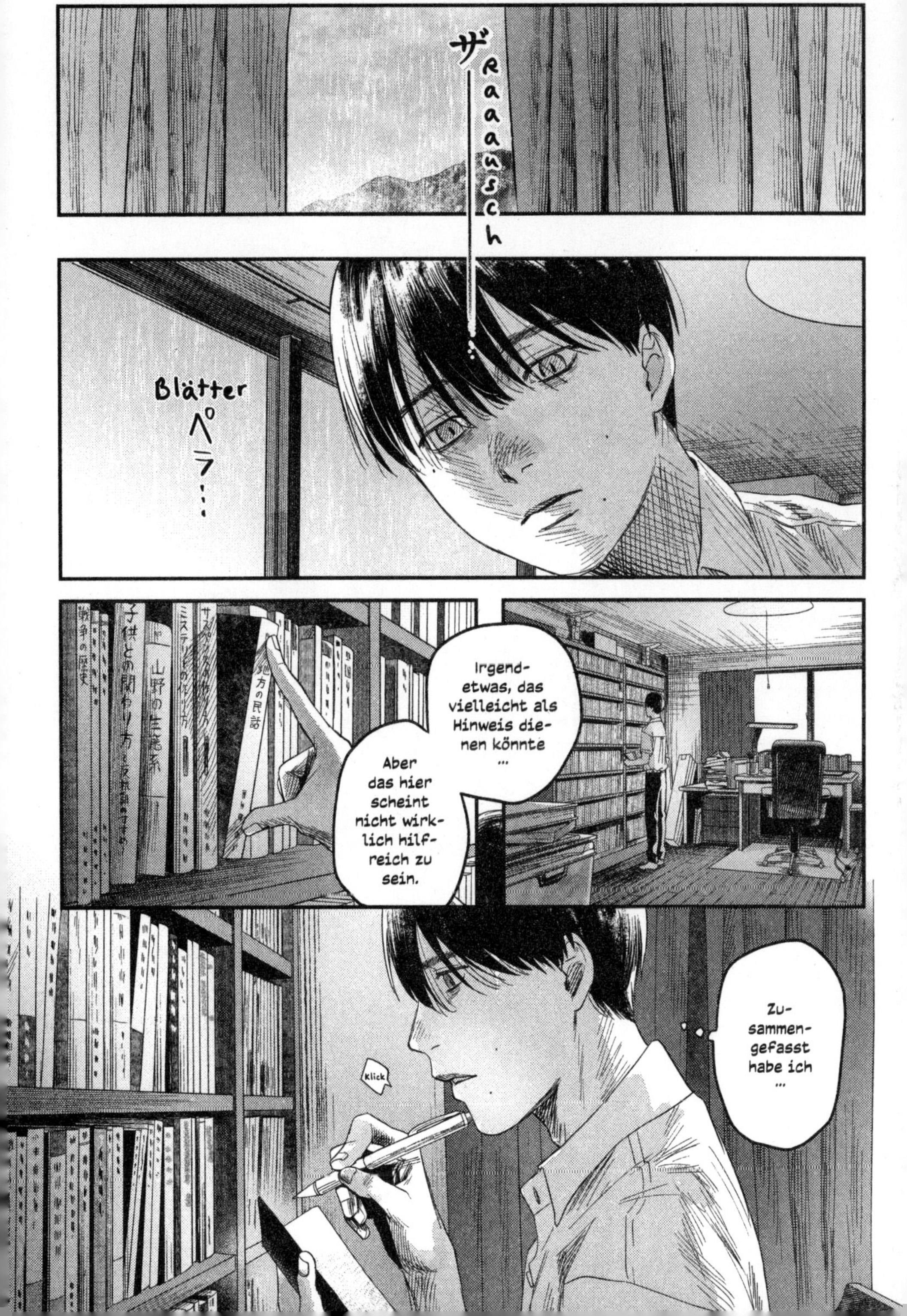
ザ Raaausch
Blätter
ペラ…
Irgend-etwas, das vielleicht als Hinweis die-nen könnte …
Aber das hier scheint nicht wirk-lich hilf-reich zu sein.
Zu-sammen-gefasst habe ich …
Klick

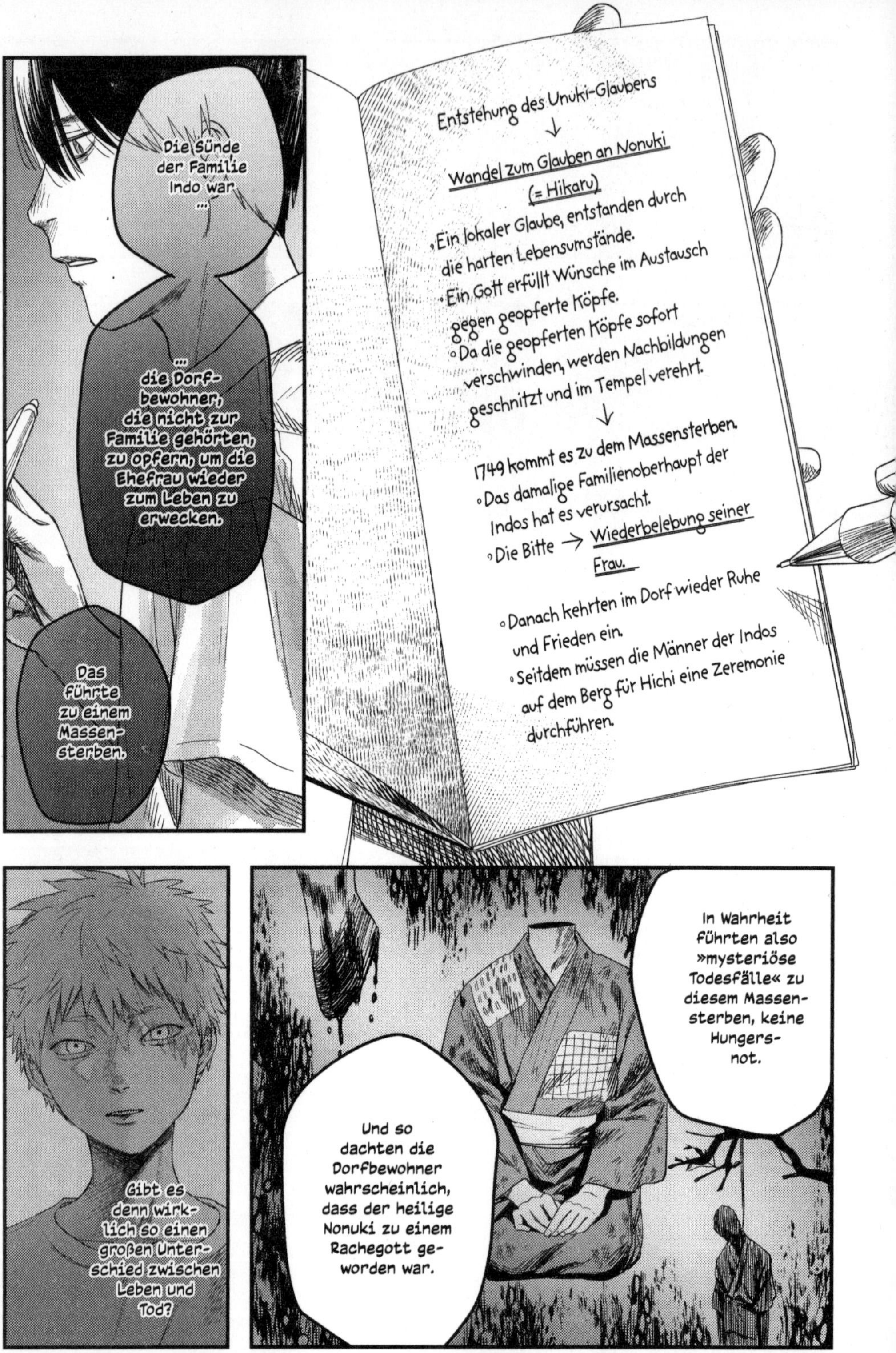
Entstehung des Unuki-Glaubens
↓
Wandel zum Glauben an Nonuki
(= Hikaru)
◦ Ein lokaler Glaube, entstanden durch die harten Lebensumstände.
◦ Ein Gott erfüllt Wünsche im Austausch gegen geopferte Köpfe.
◦ Da die geopferten Köpfe sofort verschwinden, werden Nachbildungen geschnitzt und im Tempel verehrt.
↓
1749 kommt es zu dem Massensterben.
◦ Das damalige Familienoberhaupt der Indos hat es verursacht.
◦ Die Bitte → Wiederbelebung seiner Frau.
◦ Danach kehrten im Dorf wieder Ruhe und Frieden ein.
◦ Seitdem müssen die Männer der Indos auf dem Berg für Hichi eine Zeremonie durchführen.
Die Sünde der Familie Indo war …
… die Dorfbewohner, die nicht zur Familie gehörten, zu opfern, um die Ehefrau wieder zum Leben zu erwecken.
Das führte zu einem Massensterben.
In Wahrheit führten also »mysteriöse Todesfälle« zu diesem Massensterben, keine Hungersnot.
Und so dachten die Dorfbewohner wahrscheinlich, dass der heilige Nonuki zu einem Rachegott geworden war.
Gibt es denn wirklich so einen großen Unterschied zwischen Leben und Tod?

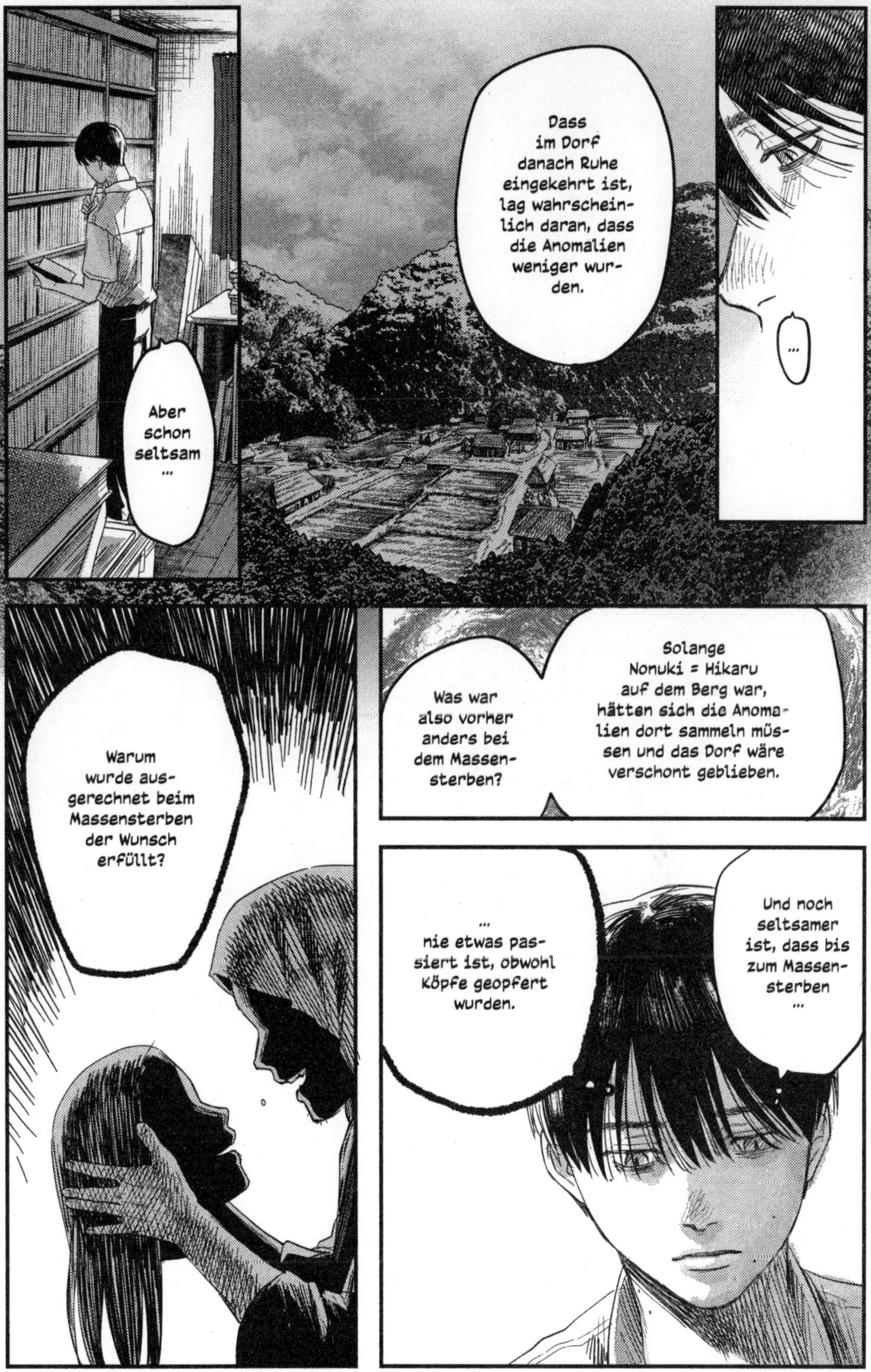
...
Dass im Dorf danach Ruhe eingekehrt ist, lag wahrscheinlich daran, dass die Anomalien weniger wurden.
Aber schon seltsam ...
Solange Nonuki = Hikaru auf dem Berg war, hätten sich die Anomalien dort sammeln müssen und das Dorf wäre verschont geblieben.
Was war also vorher anders bei dem Massensterben?
Warum wurde ausgerechnet beim Massensterben der Wunsch erfüllt?
Und noch seltsamer ist, dass bis zum Massensterben ...
... nie etwas passiert ist, obwohl Köpfe geopfert wurden.

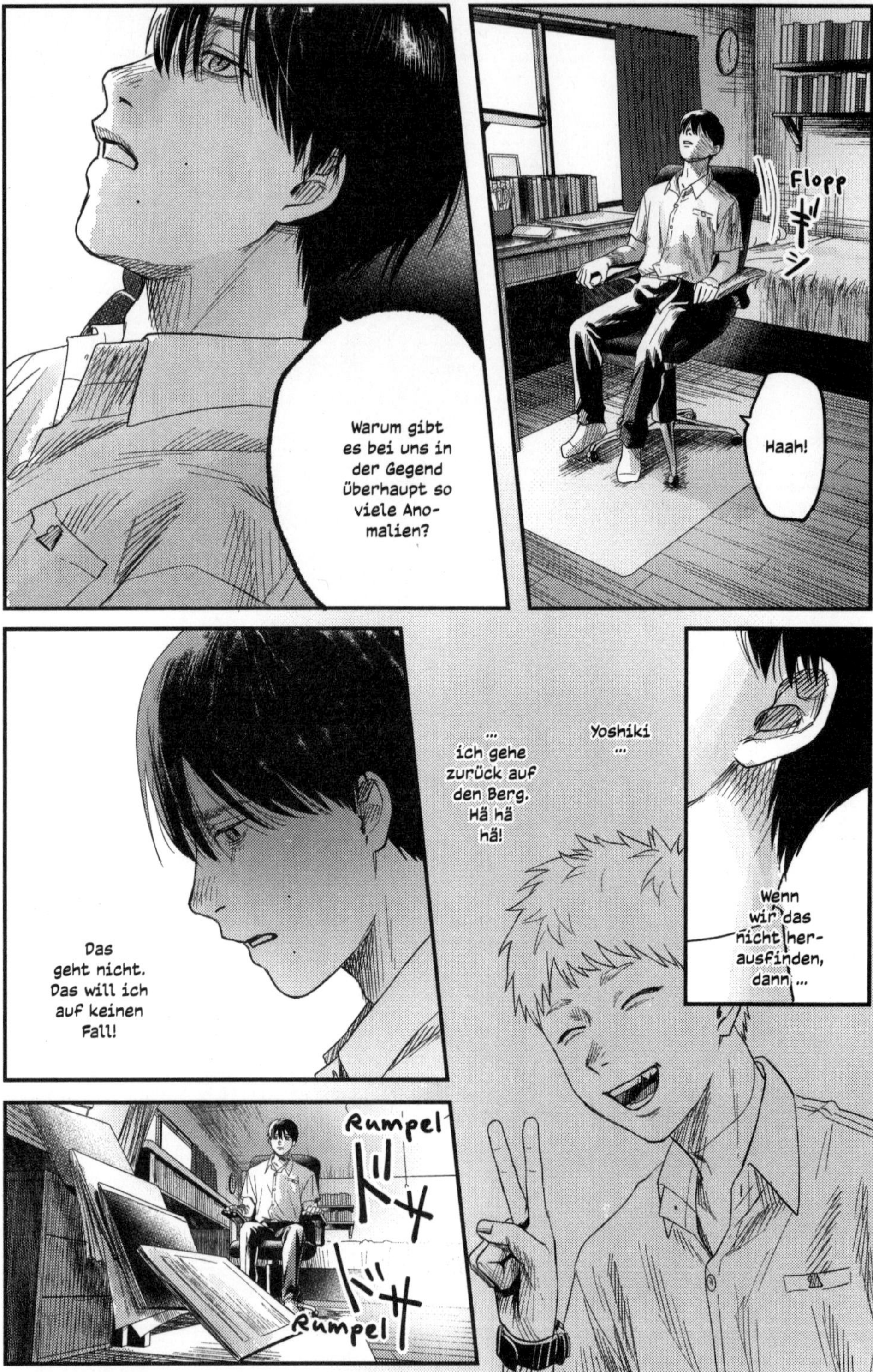
Flopp
Haah!
Warum gibt es bei uns in der Gegend überhaupt so viele Anomalien?
Wenn wir das nicht herausfinden, dann ...
Yoshiki ...
... ich gehe zurück auf den Berg. Hä hä hä!
Das geht nicht. Das will ich auf keinen Fall!
Rumpel
Rumpel

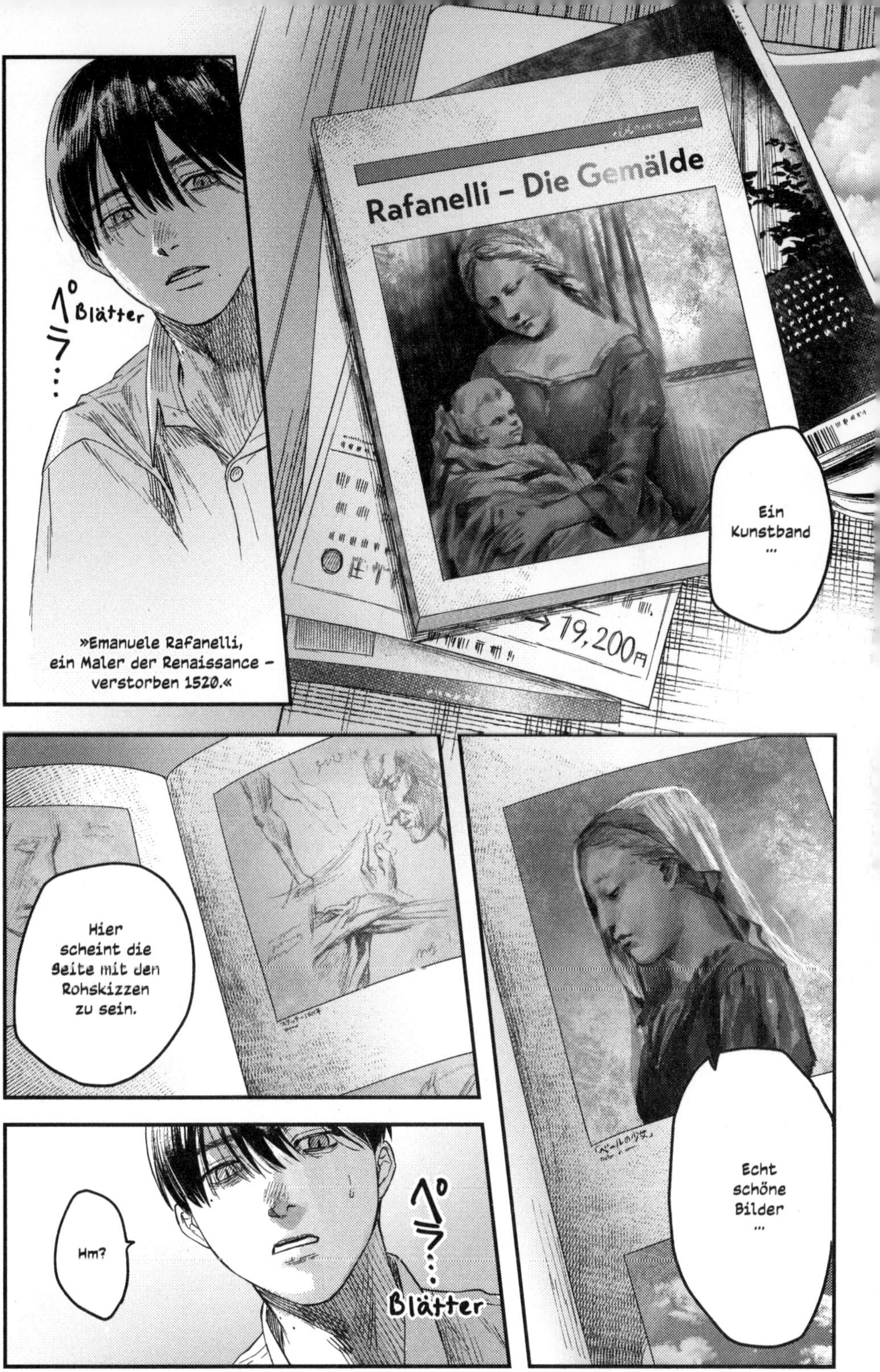
Rafanelli – Die Gemälde
19,200円
Ein Kunstband ...
Blätter
»Emanuele Rafanelli, ein Maler der Renaissance – verstorben 1520.«
Echt schöne Bilder ...
Hier scheint die Seite mit den Rohskizzen zu sein.
Blätter
Hm?

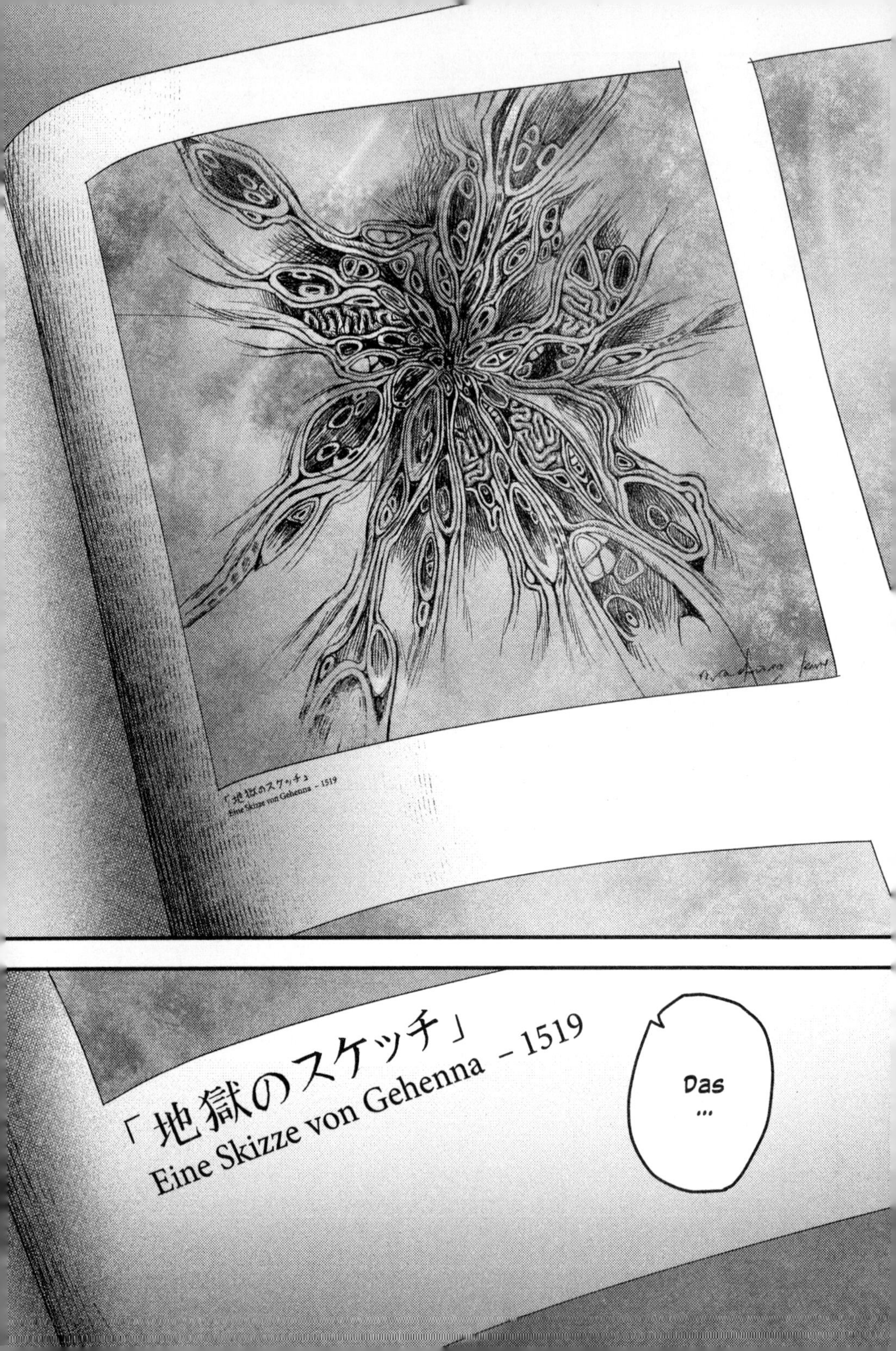
「地獄のスケッチ」
Eine Skizze von Gehenna – 1519
「地獄のスケッチ」
Eine Skizze von Gehenna – 1519
Das ...

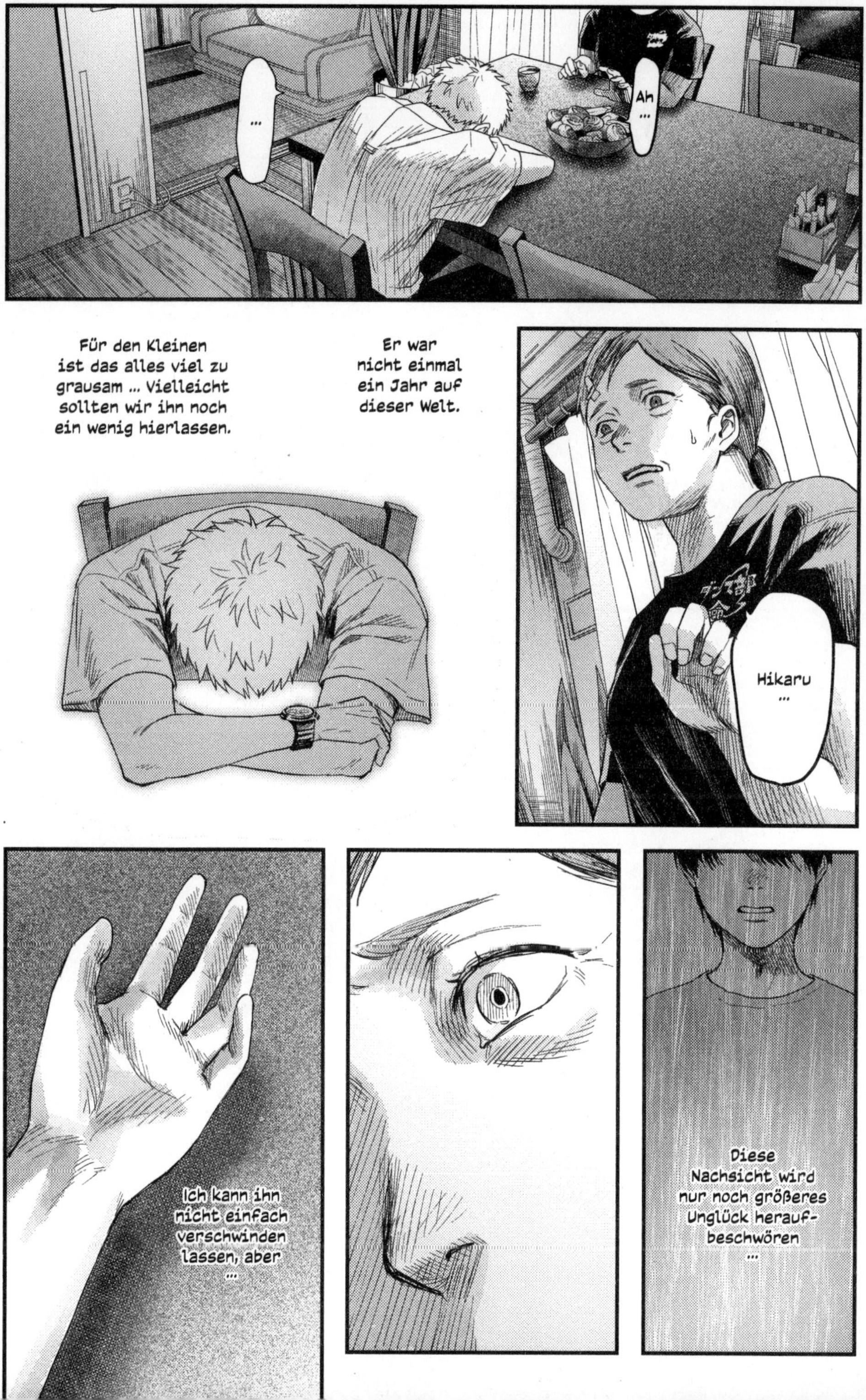
Ah …
…
Er war nicht einmal ein Jahr auf dieser Welt.
Für den Kleinen ist das alles viel zu grausam … Vielleicht sollten wir ihn noch ein wenig hierlassen.
Hikaru …
Diese Nachsicht wird nur noch größeres Unglück heraufbeschwören …
Ich kann ihn nicht einfach verschwinden lassen, aber …

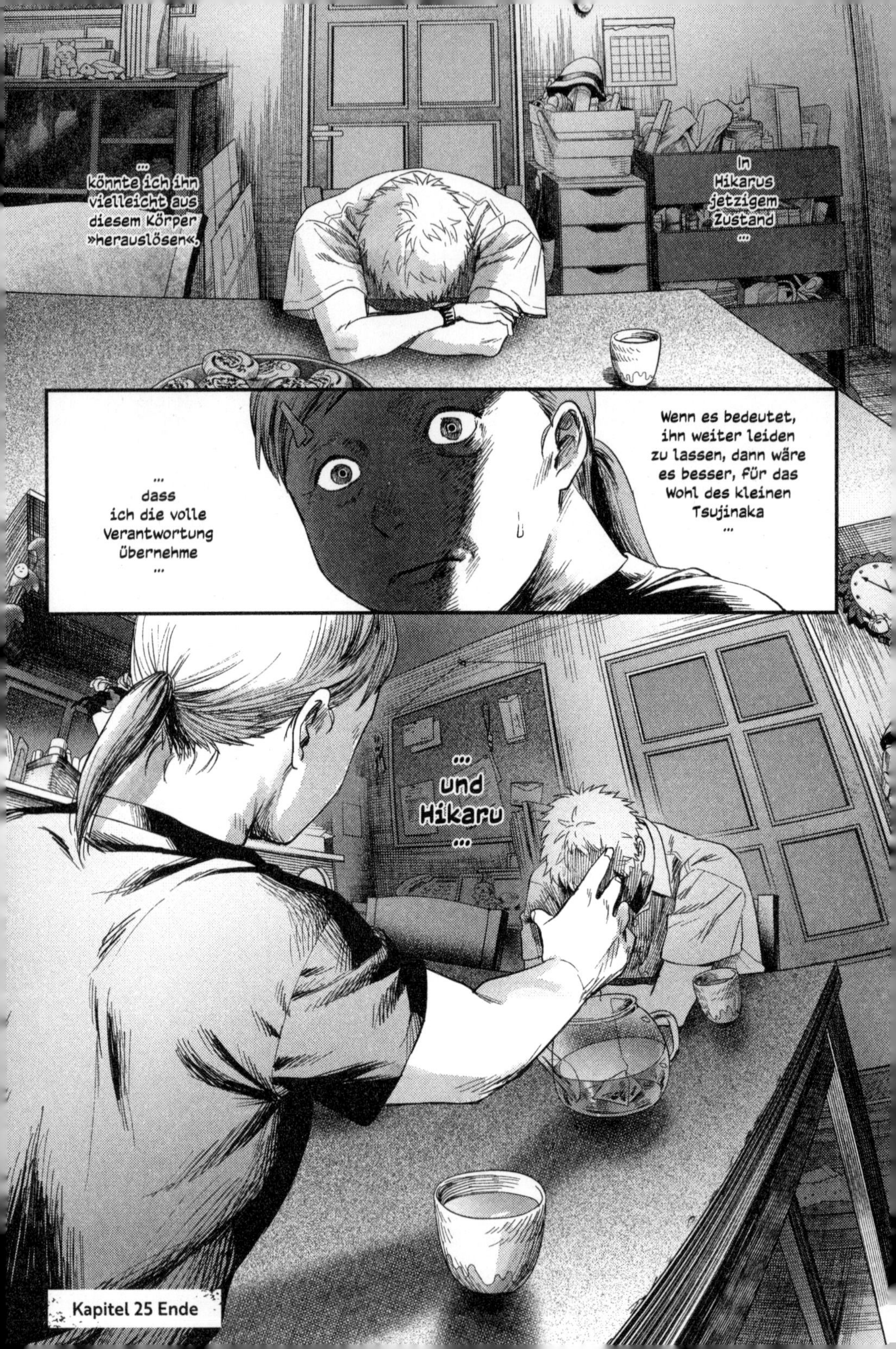

In Hikarus jetzigem Zustand ...
... könnte ich ihn vielleicht aus diesem Körper »herauslösen«.
Wenn es bedeutet, ihn weiter leiden zu lassen, dann wäre es besser, für das Wohl des kleinen Tsujinaka ...
... dass ich die volle Verantwortung übernehme ...
... und Hikaru ...
Kapitel 25 Ende

Hikarus Vater
Kohei Indo

Er war Yoshiki mehr ans Herz gewachsen als sein leiblicher Vater. Er war der Typ, der mit den Kindern Fangen spielte, bis sie weinten. Wenn er sie erwischte, tat er so, als ob er Popel an ihnen abwischte, also rannten Yoshiki und Hikaru, so schnell sie konnten.

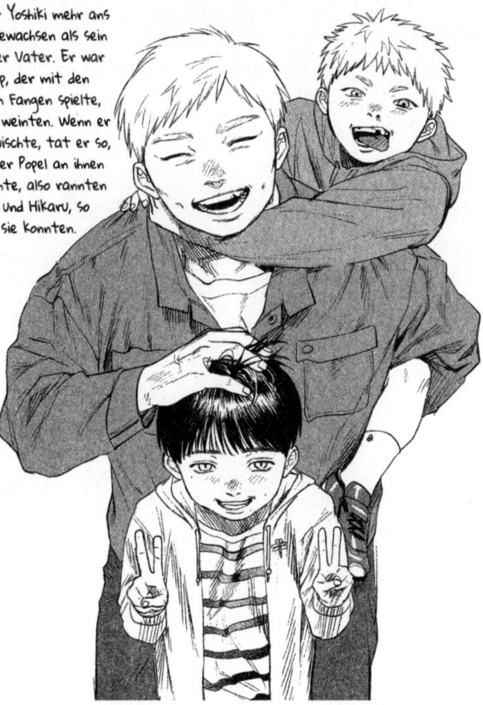

Yoshiki ähnelt in allem mehr seiner Mutter. Die Muttermale haben die Geschwister beide vom Vater geerbt.

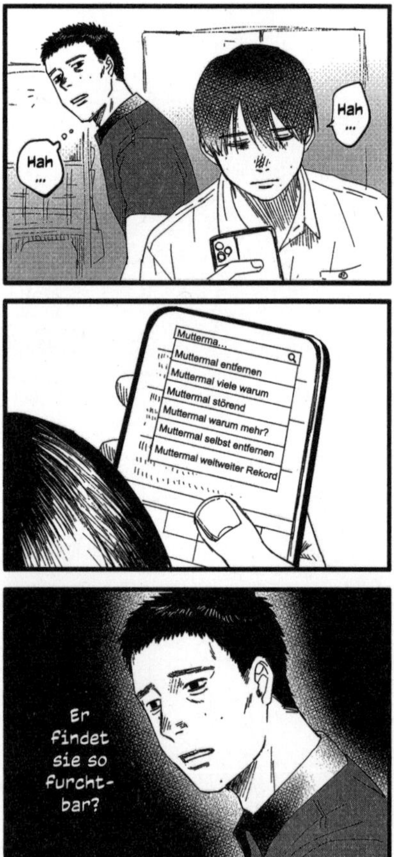

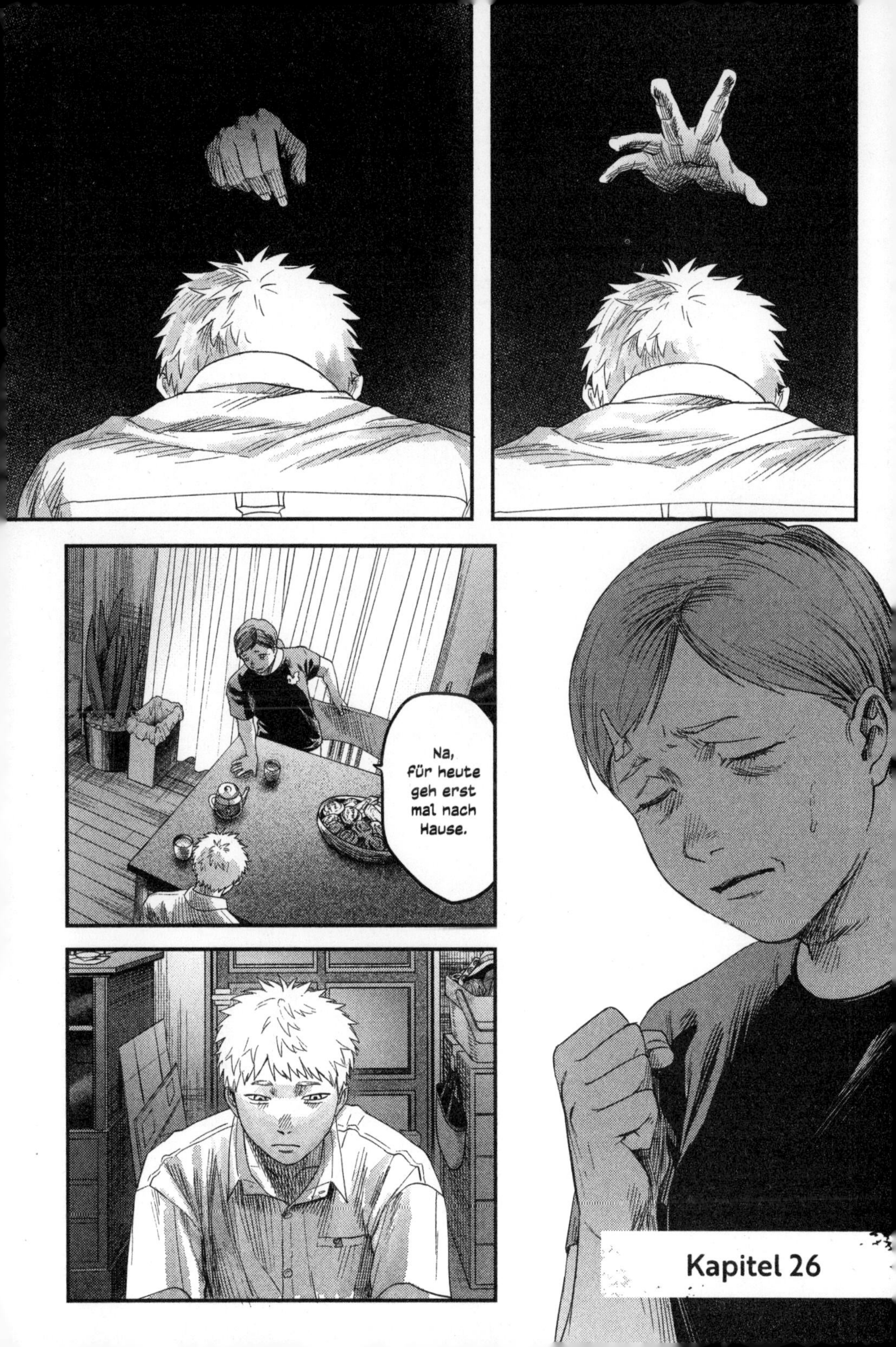
Na, für heute geh erst mal nach Hause.
Kapitel 26

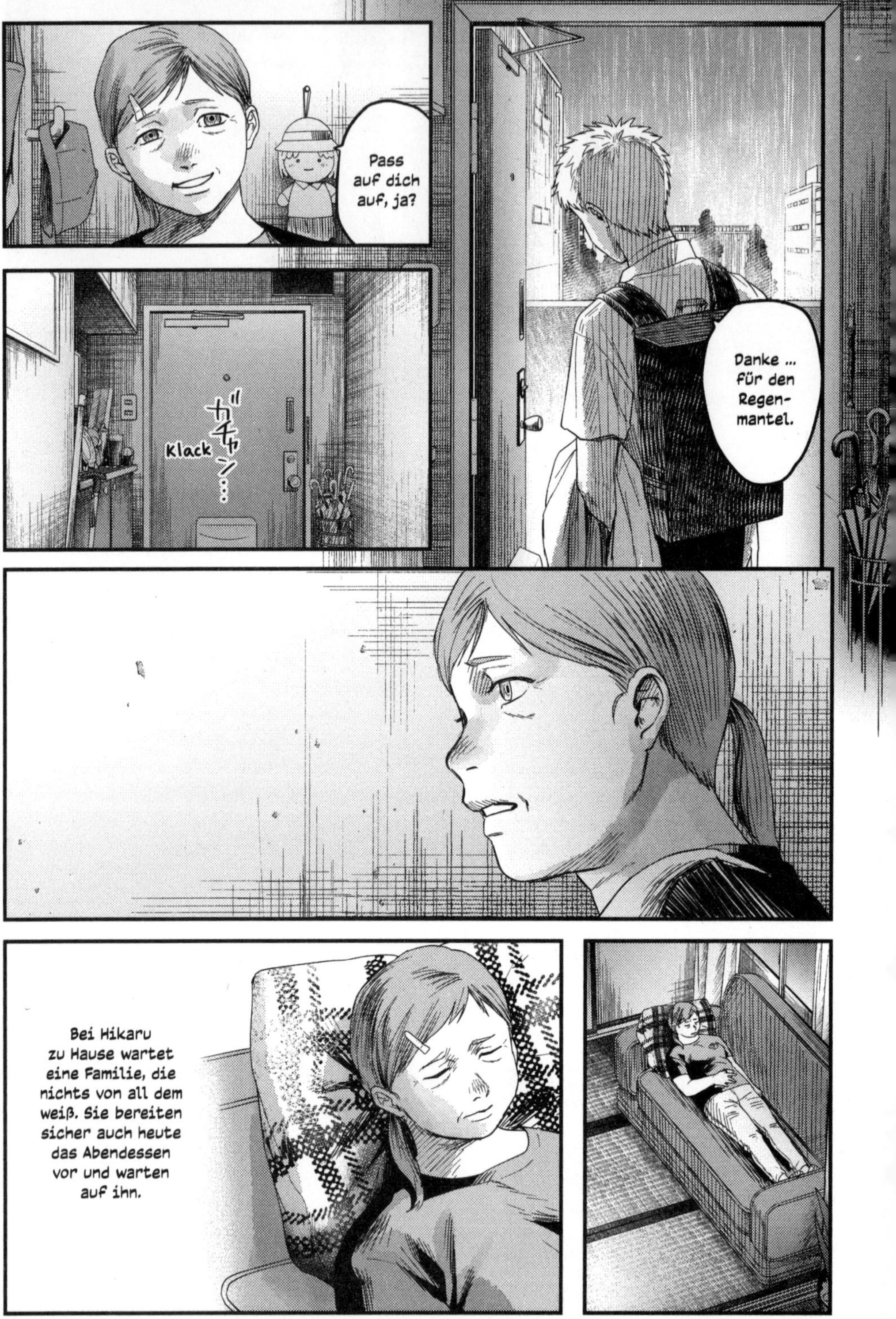
Danke ... für den Regen- mantel.
Pass auf dich auf, ja?
Klack
ガチャン…
Bei Hikaru zu Hause wartet eine Familie, die nichts von all dem weiß. Sie bereiten sicher auch heute das Abendessen vor und warten auf ihn.

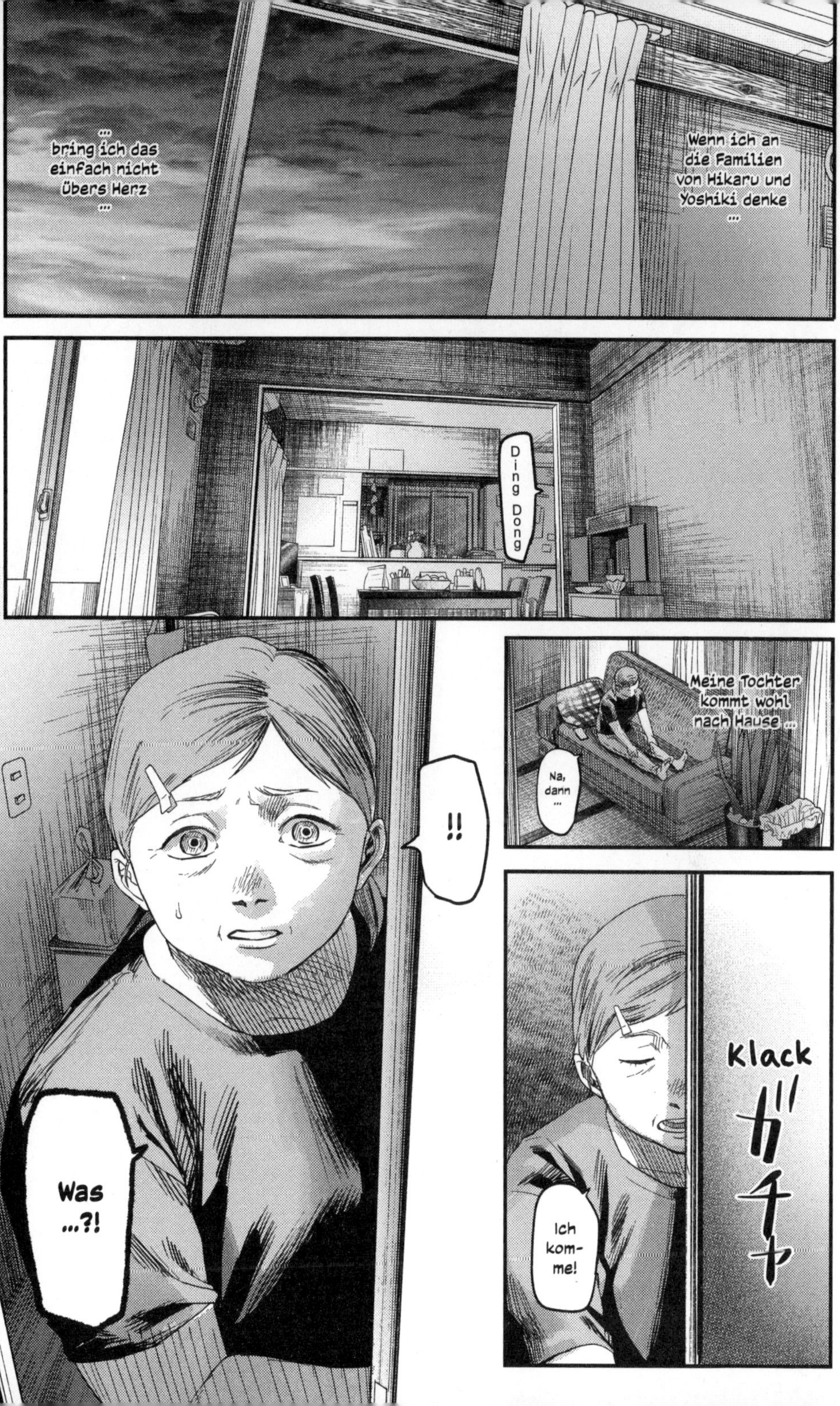

Wenn ich an die Familien von Hikaru und Yoshiki denke ...
... bring ich das einfach nicht übers Herz ...
Ding Dong
Meine Tochter kommt wohl nach Hause ...
Na, dann ...
Klack
ガチャ
Ich kom-me!
!!
Was ...?!

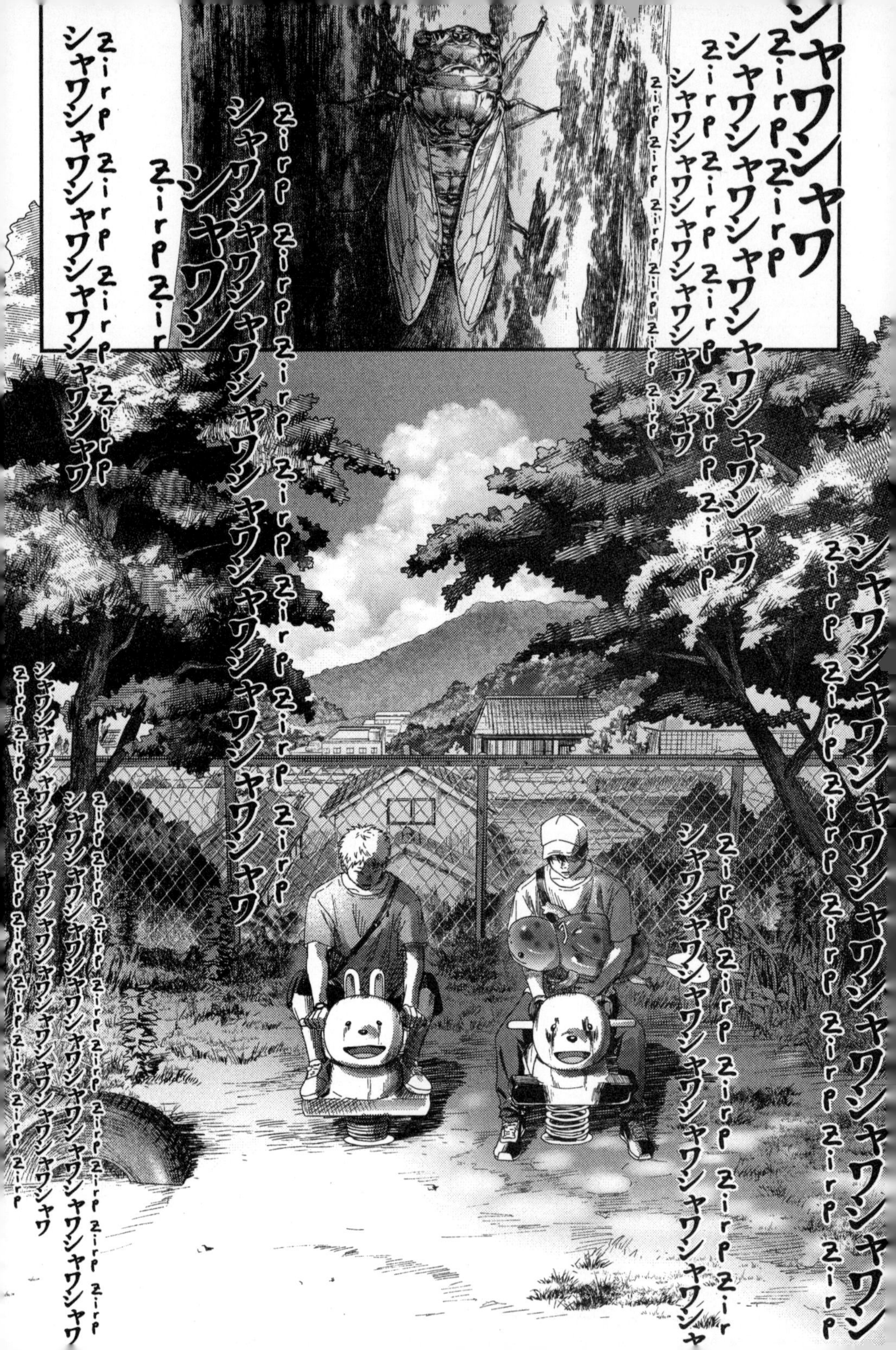

シャワシャワ
zirp zirp
シャワシャワシャワシャワンシャワ
zirp zirp zirp zirp zirp
シャワシャワシャワシャワシャワシャワ
zirp zirp zirp zirp zirp
シャワシャワシャワシャワシャワシャワシャワン
zirp zirp zirp zirp zirp zirp zirp
zirp zirp zirp zirp zirp zirp zirp
シャワシャワシャワシャワシャワシャワシャ
シャワン
zirp zirp
zirp zirp zirp zirp zirp zirp zirp
シャワシャワシャワシャワシャワシャワシャワ
zirp zirp zirp zirp
シャワシャワシャワシャワシャワシャワ
zirp zirp zirp zirp zirp zirp zirp
シャワシャワシャワシャワシャワシャワシャワシャワ
シャワシャワシャワシャワシャワシャワシャワ
zirp zirp zirp zirp zirp zirp zirp

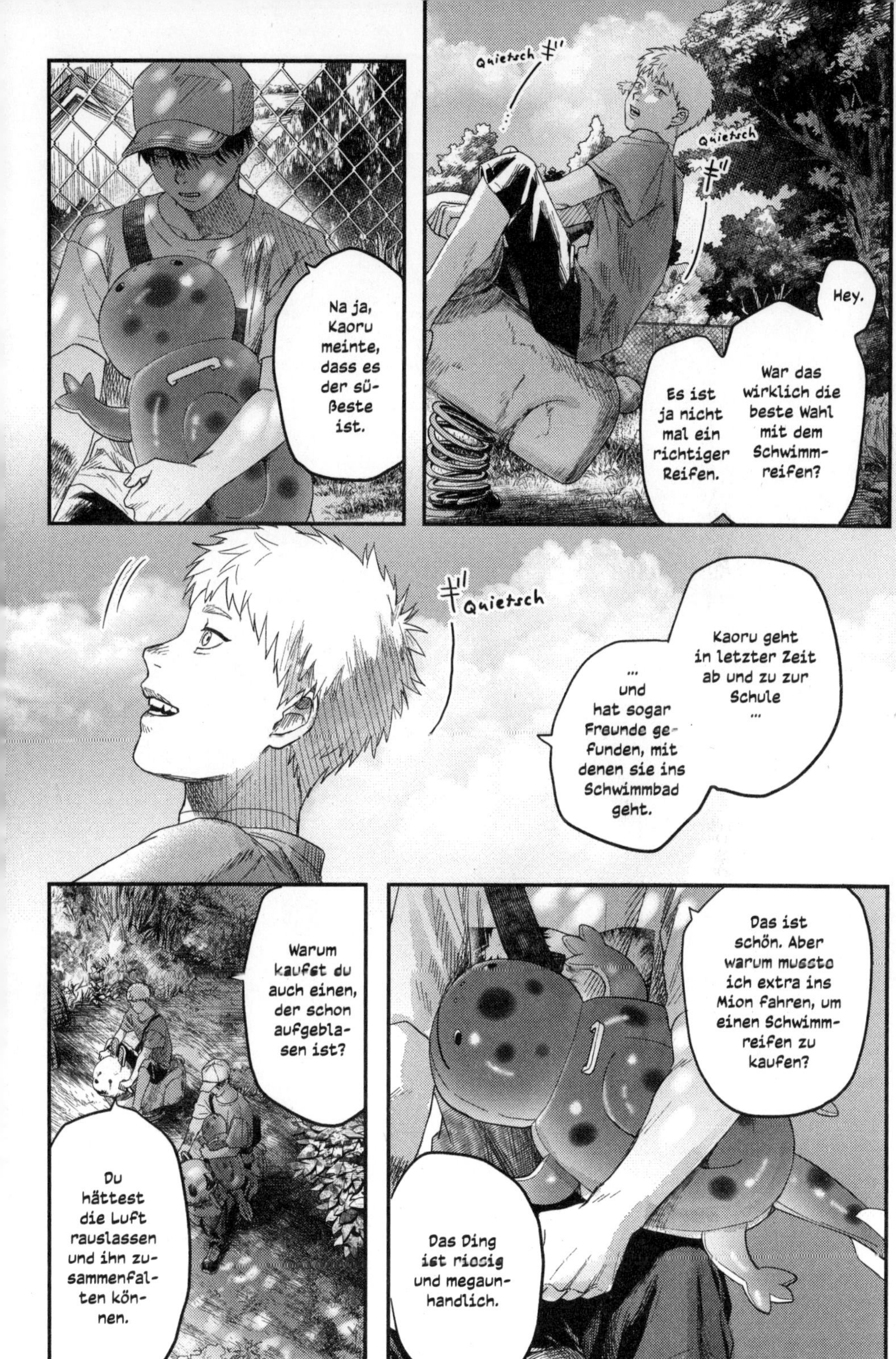
Quietsch
Quietsch
Hey.
War das wirklich die beste Wahl mit dem Schwimmreifen?
Es ist ja nicht mal ein richtiger Reifen.
Na ja, Kaoru meinte, dass es der süßeste ist.
Quietsch
Kaoru geht in letzter Zeit ab und zu zur Schule ...
... und hat sogar Freunde gefunden, mit denen sie ins Schwimmbad geht.
Das ist schön. Aber warum musste ich extra ins Mion fahren, um einen Schwimmreifen zu kaufen?
Das Ding ist riesig und megaunhandlich.
Warum kaufst du auch einen, der schon aufgeblasen ist?
Du hättest die Luft rauslassen und ihn zusammenfalten können.

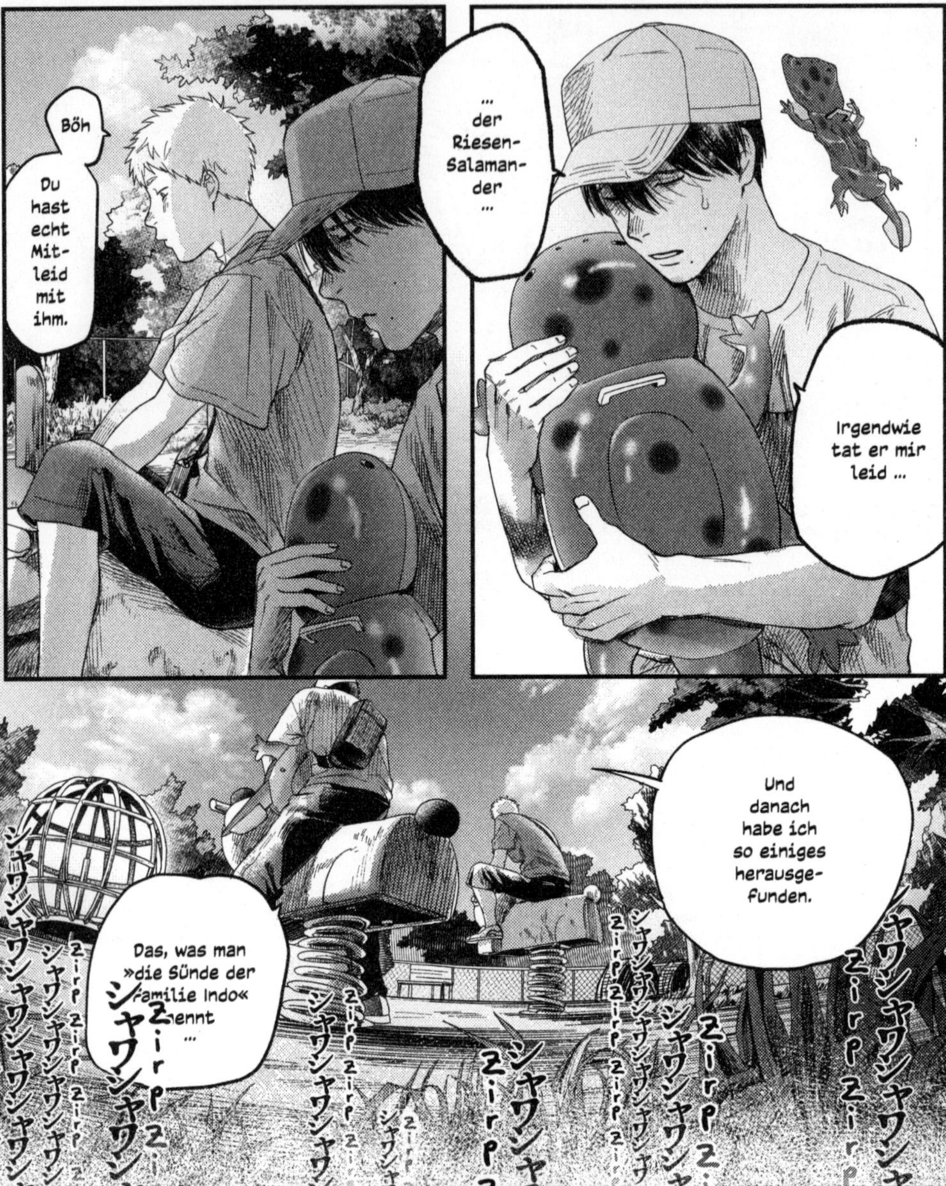
... der Riesen-Salamander ...
Irgendwie tat er mir leid ...
Böh
Du hast echt Mitleid mit ihm.
Und danach habe ich so einiges herausgefunden.
シャワンシャワン Zirp Zirp
Das, was man »die Sünde der Familie Indo« nennt ...
Sag mal ...
... kannst du dich an nichts erinnern, als du noch Nonuki warst?

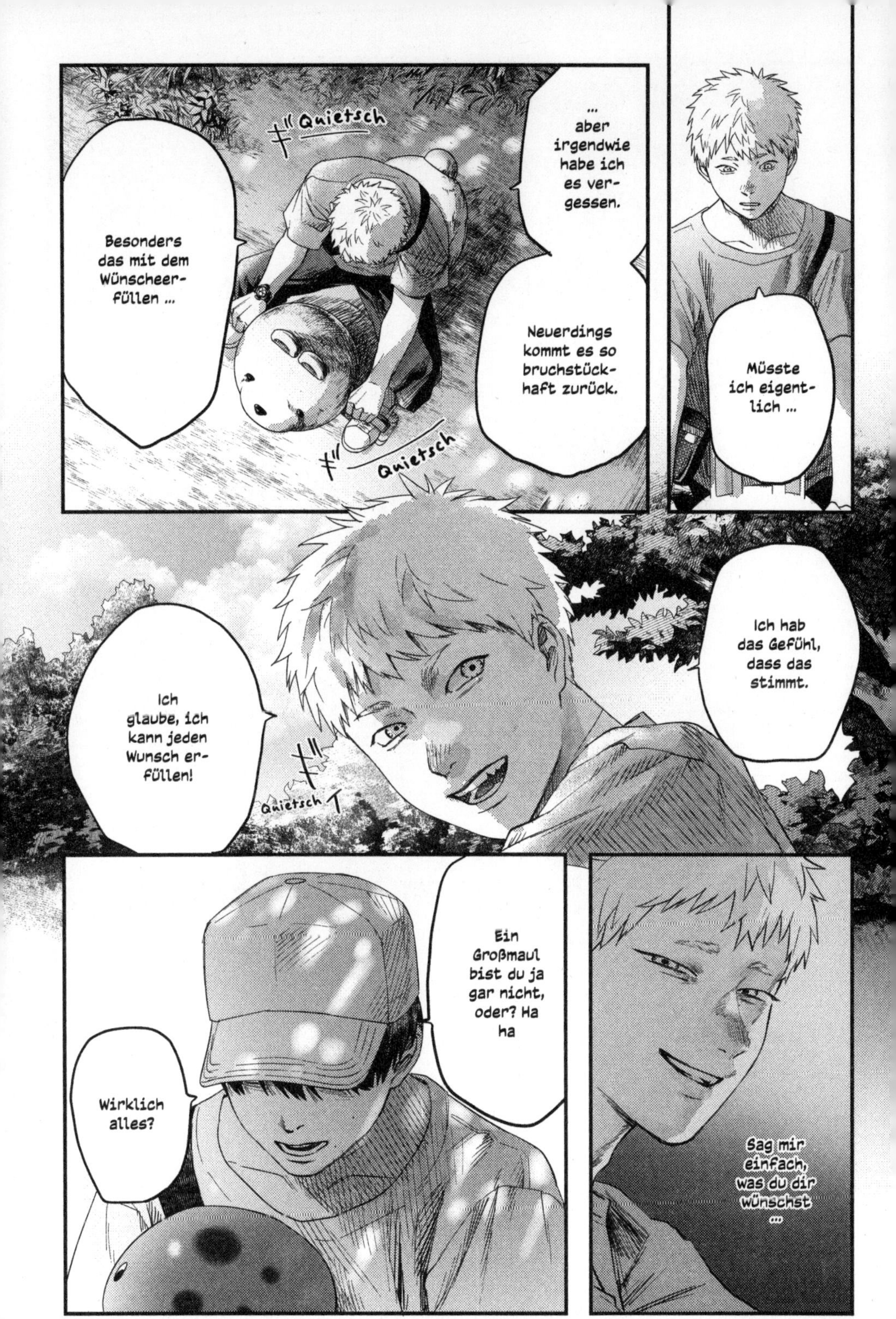
Müsste ich eigentlich …
… aber irgendwie habe ich es vergessen.
Neuerdings kommt es so bruchstückhaft zurück.
Quietsch
Quietsch
Besonders das mit dem Wünscheerfüllen …
Ich hab das Gefühl, dass das stimmt.
Ich glaube, ich kann jeden Wunsch erfüllen!
Quietsch
Sag mir einfach, was du dir wünschst …
Ein Großmaul bist du ja gar nicht, oder? Ha ha
Wirklich alles?

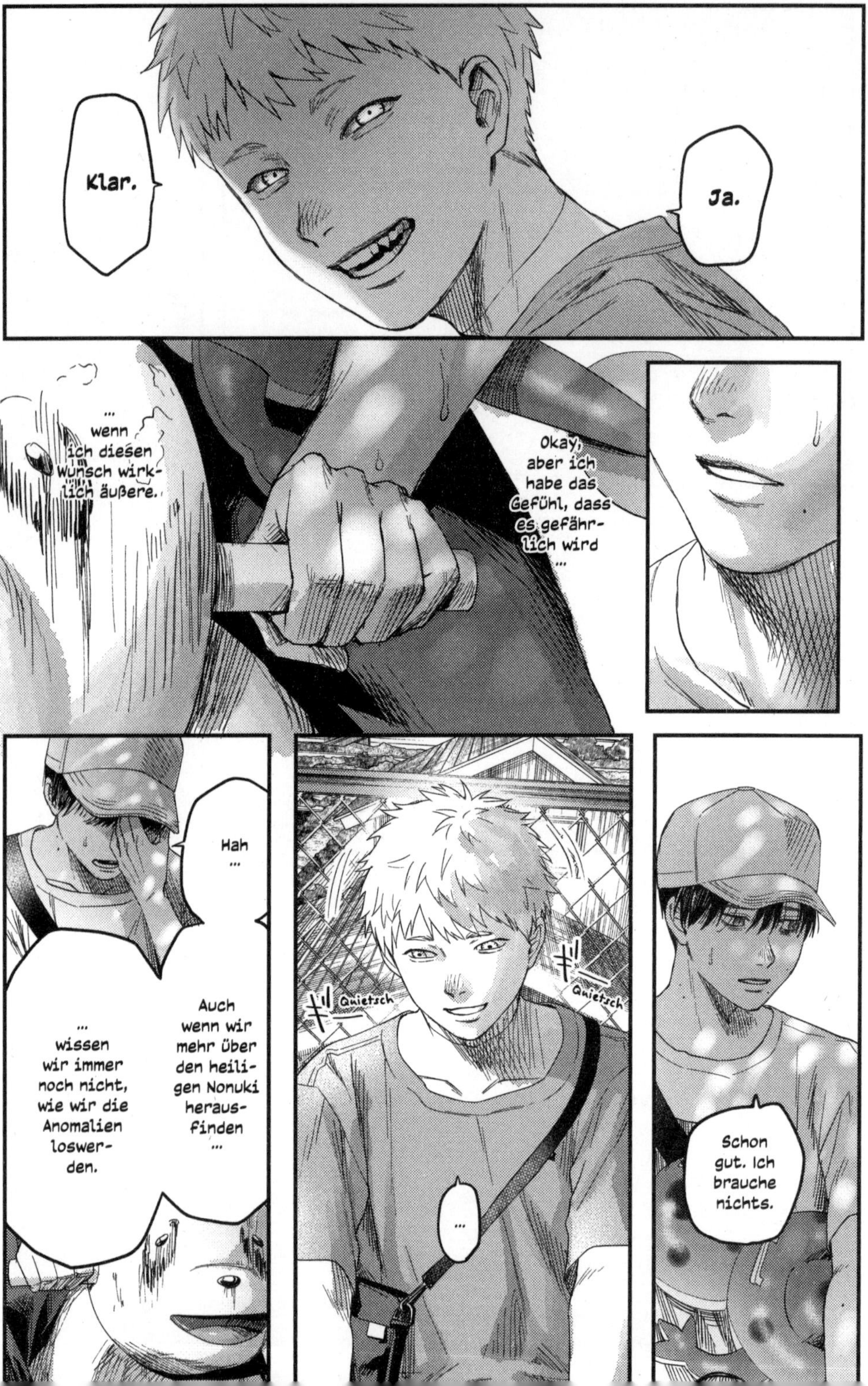
Ja.
Klar.
Okay, aber ich habe das Gefühl, dass es gefährlich wird ...
... wenn ich diesen Wunsch wirklich äußere.
Schon gut. Ich brauche nichts.
Quietsch
Quietsch
...
Hah ...
Auch wenn wir mehr über den heiligen Nonuki herausfinden ...
... wissen wir immer noch nicht, wie wir die Anomalien loswerden.

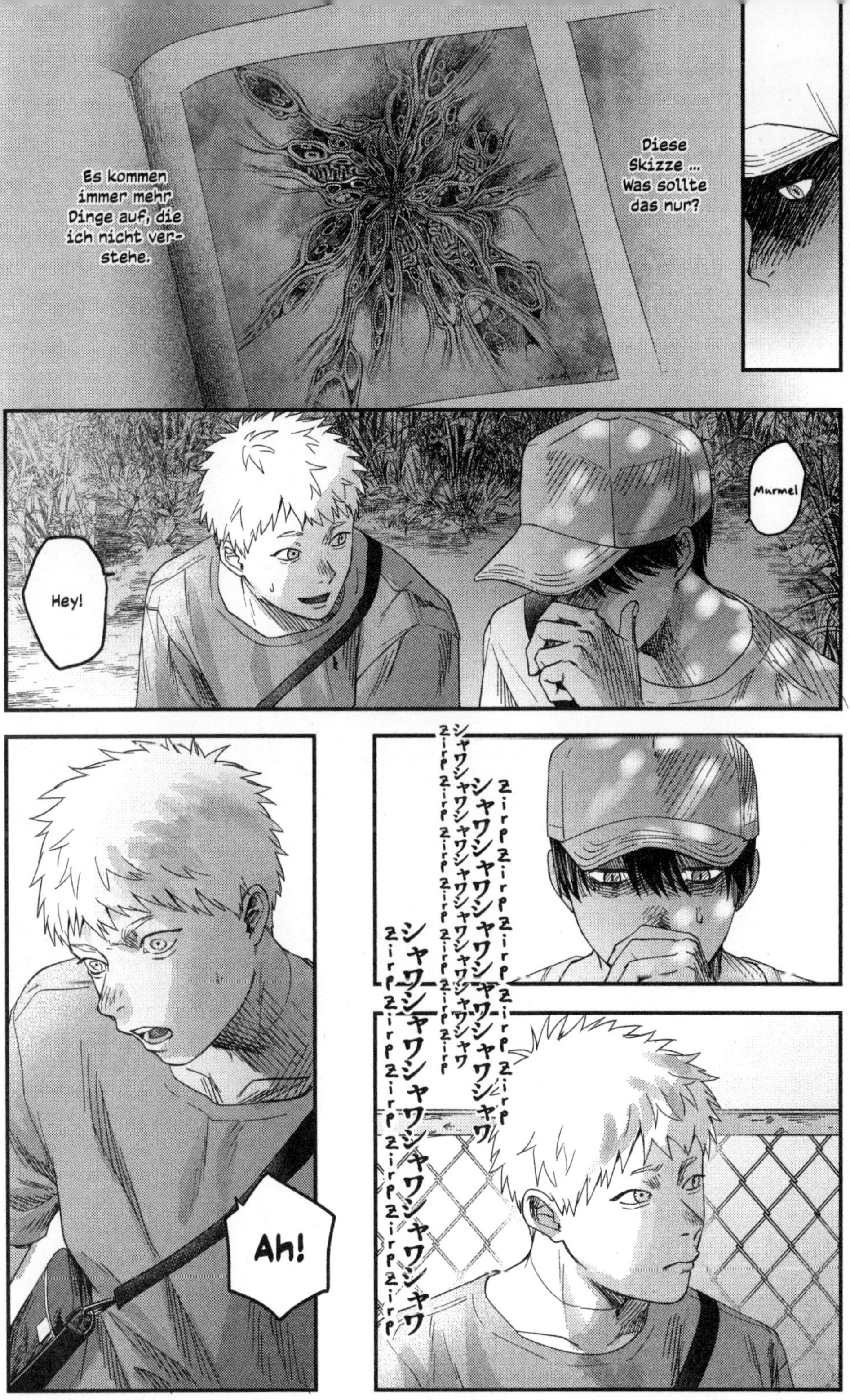

Diese Skizze … Was sollte das nur?
Es kommen immer mehr Dinge auf, die ich nicht ver-stehe.
Murmel
Hey!
シャワシャワシャワシャワシャワ
Zirp Zirp Zirp Zirp Zirp
Ah!

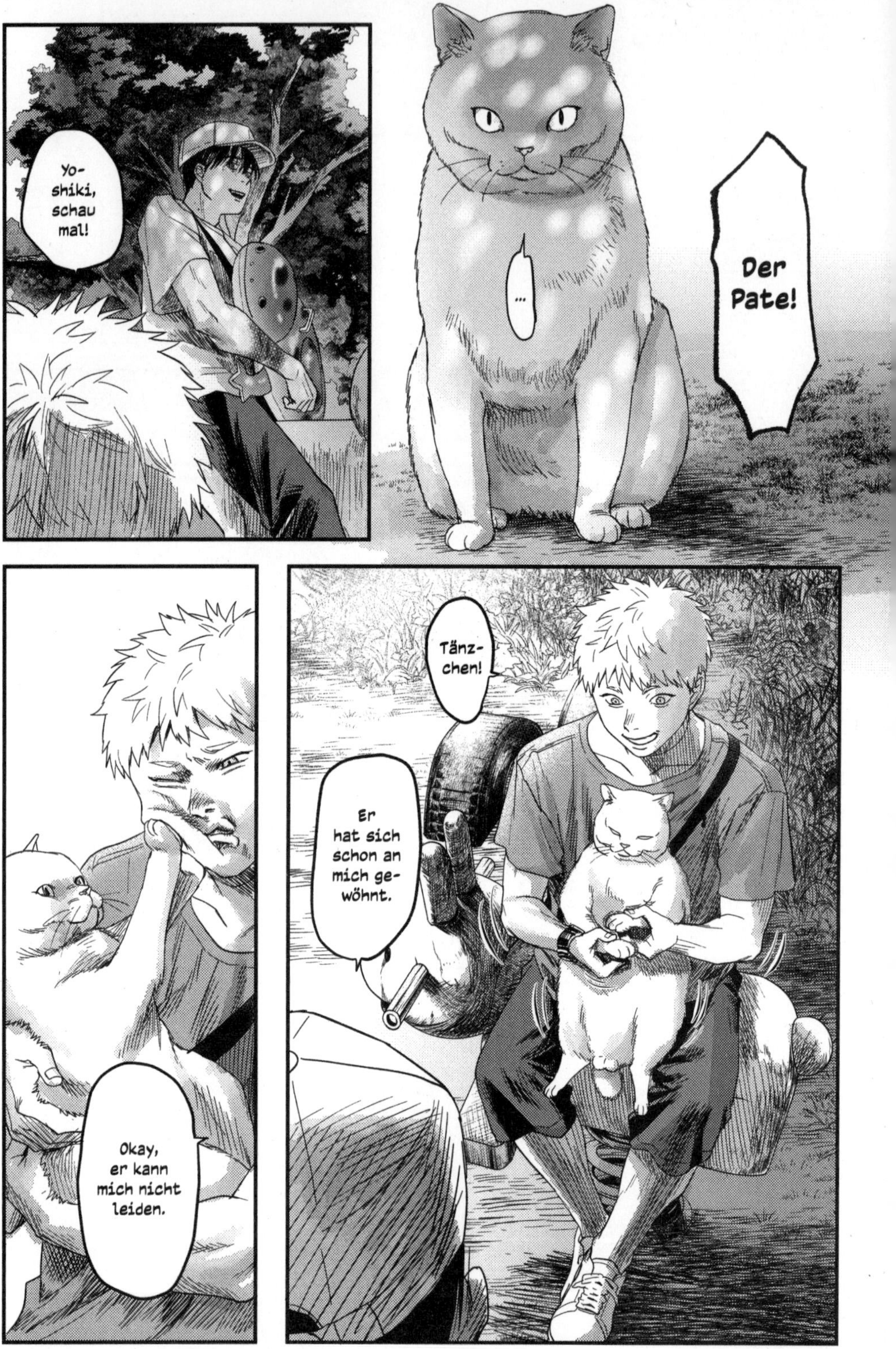
Der Pate!
…
Yo-shiki, schau mal!
Tänz-chen!
Er hat sich schon an mich ge-wöhnt.
Okay, er kann mich nicht leiden.

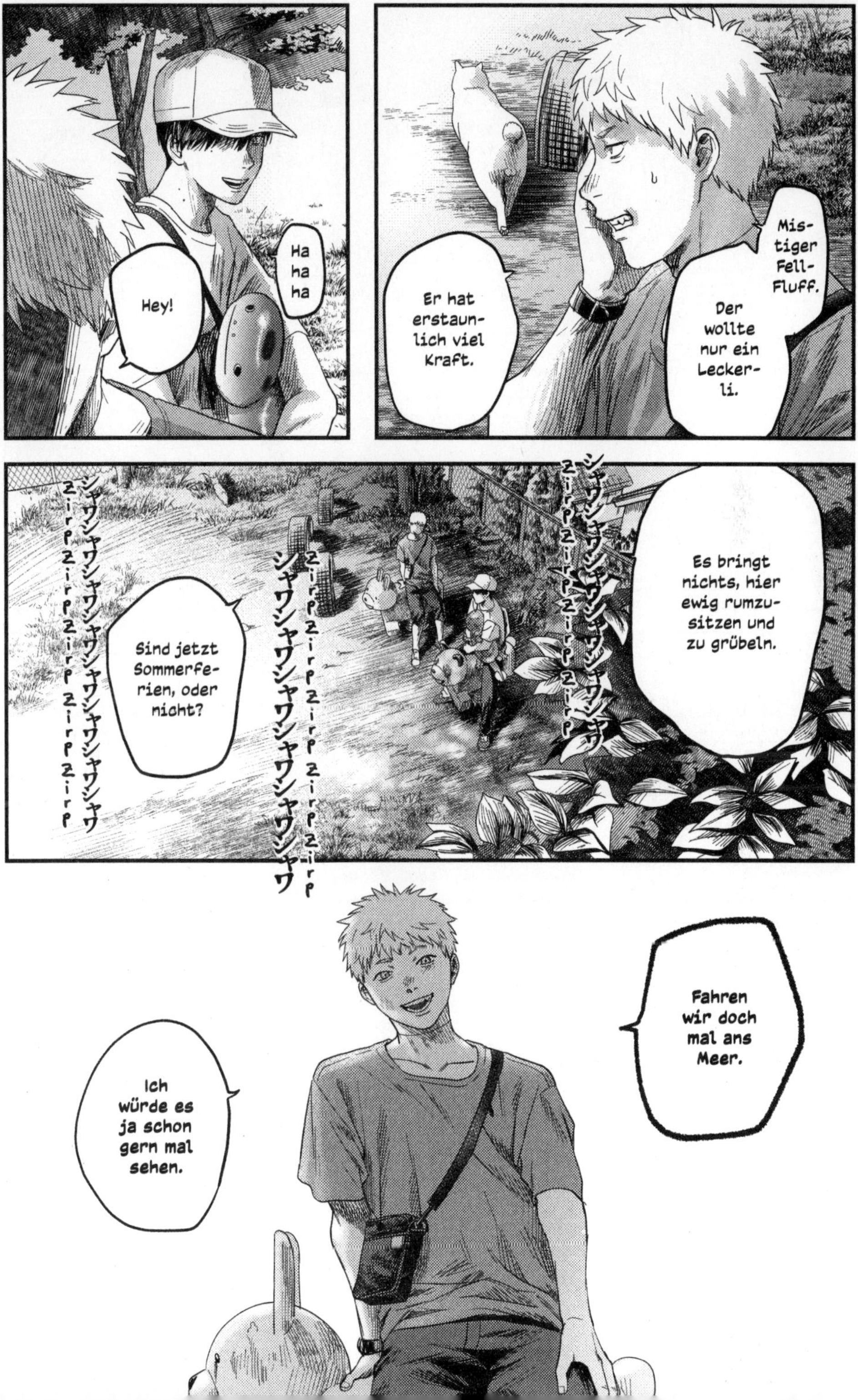
Mis-tiger Fell-Fluff.
Der wollte nur ein Leckerli.
Er hat erstaunlich viel Kraft.
Ha ha ha
Hey!
Es bringt nichts, hier ewig rumzusitzen und zu grübeln.
シャワシャワシャワシャワ
Zirp Zirp Zirp Zirp
シャワシャワシャワシャワ
Zirp Zirp Zirp Zirp
Sind jetzt Sommerferien, oder nicht?
シャワシャワシャワシャワシャワシャワ
Zirp Zirp Zirp Zirp
Fahren wir doch mal ans Meer.
Ich würde es ja schon gern mal sehen.

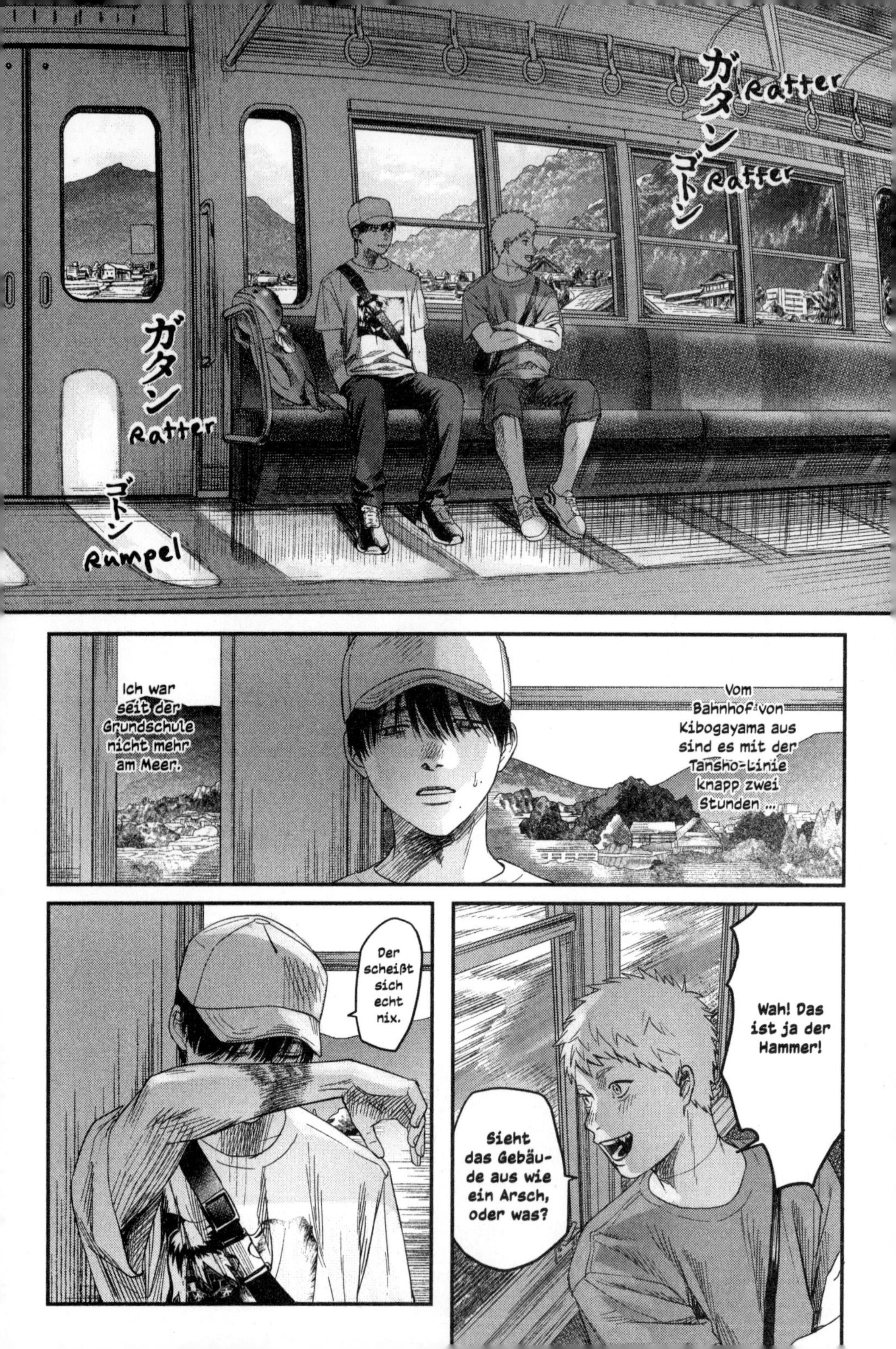
ガタン Ratter
ゴトン Ratter
ガタン Ratter
ゴトン Rumpel
Vom Bahnhof von Kibogayama aus sind es mit der Tansho-Linie knapp zwei Stunden ...
Ich war seit der Grundschule nicht mehr am Meer.
Wah! Das ist ja der Hammer!
Sieht das Gebäude aus wie ein Arsch, oder was?
Der scheißt sich echt nix.

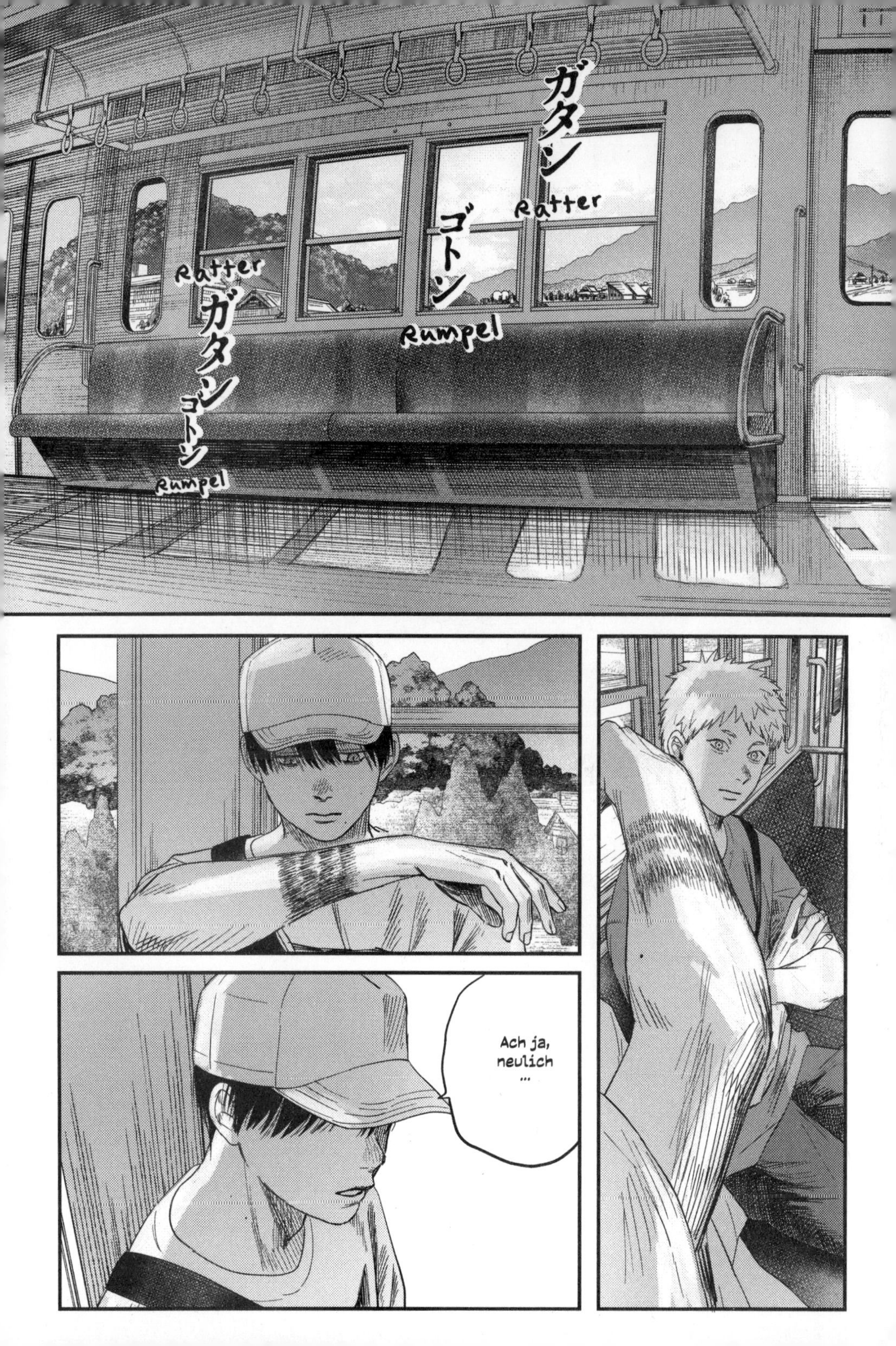

ガタン
Ratter
ゴトン
Rumpel
Ratter
ガタン
ゴトン
Rumpel
Ach ja, neulich …

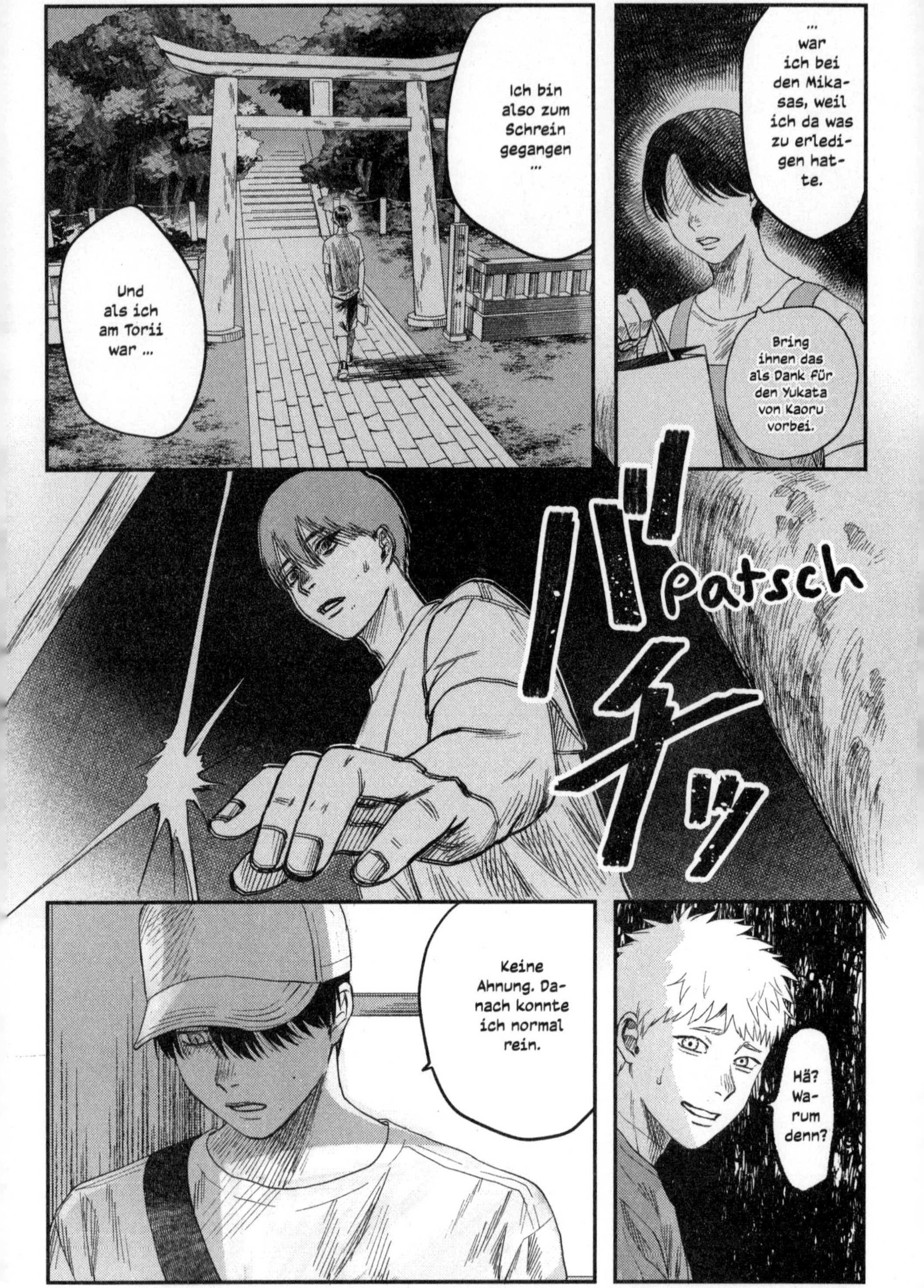

... war ich bei den Mikasas, weil ich da was zu erledigen hatte.
Bring ihnen das als Dank für den Yukata von Kaoru vorbei.
Ich bin also zum Schrein gegangen ...
Und als ich am Torii war ...
patsch
Hä? Warum denn?
Keine Ahnung. Danach konnte ich normal rein.

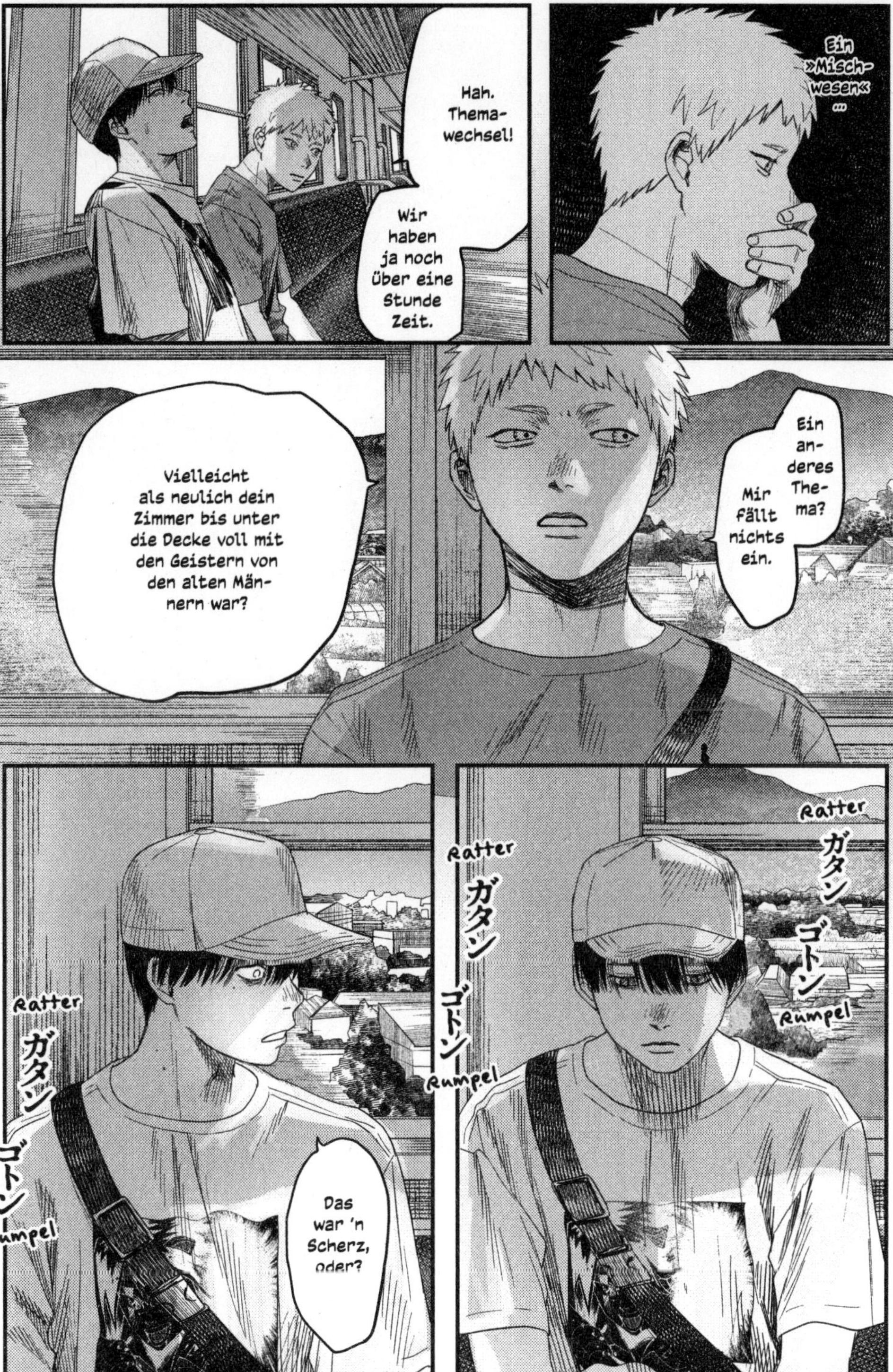
Ein »Mischwesen« ...
Hah. Themawechsel!
Wir haben ja noch über eine Stunde Zeit.
Ein anderes Thema?
Mir fällt nichts ein.
Vielleicht als neulich dein Zimmer bis unter die Decke voll mit den Geistern von den alten Männern war?
Ratter
ガタン
ゴトン
Rumpel
Ratter
ガタン
ゴトン
Rumpel
Ratter
ガタン
ゴトン
Rumpel
Das war 'n Scherz, oder?

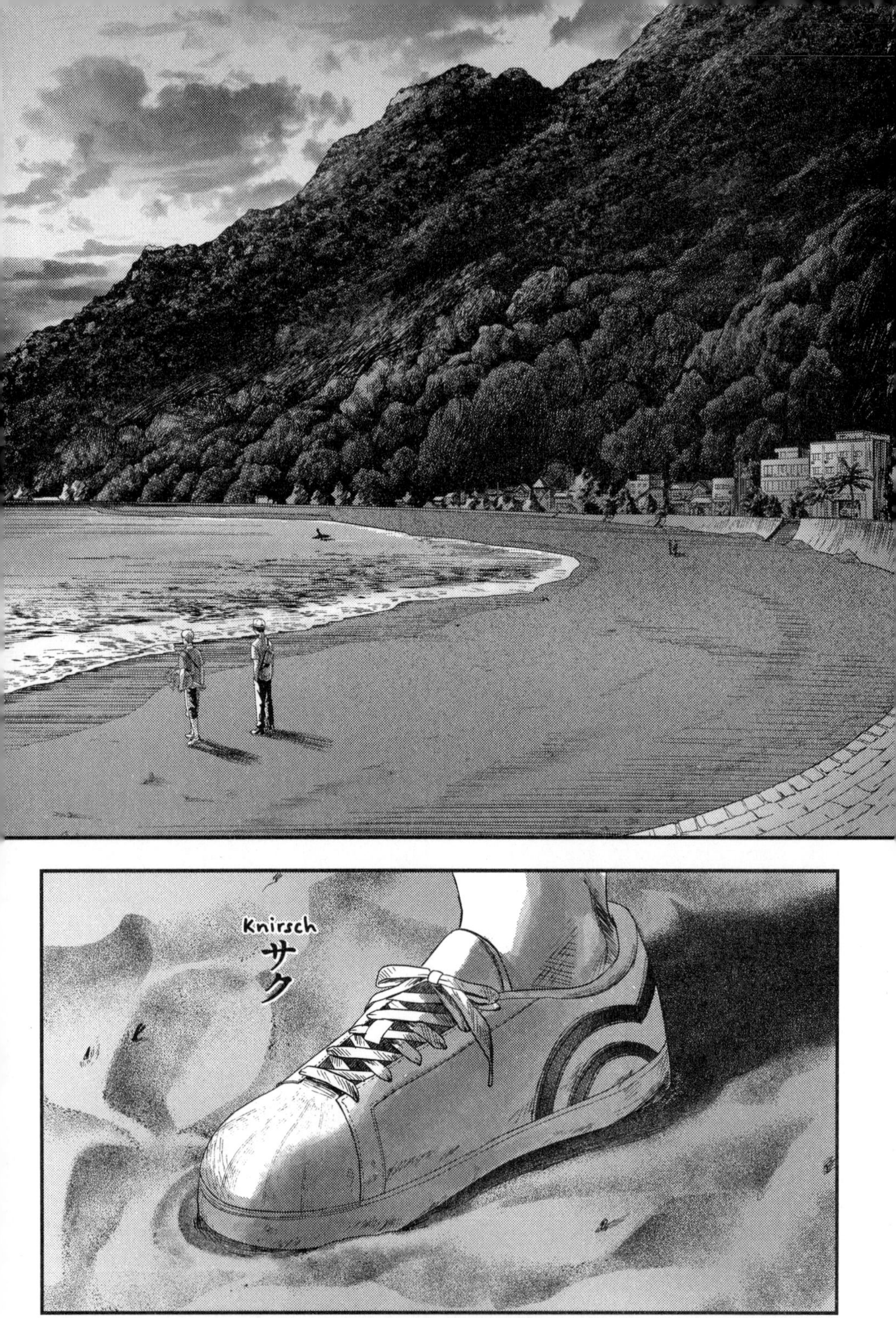
Knirsch
サク

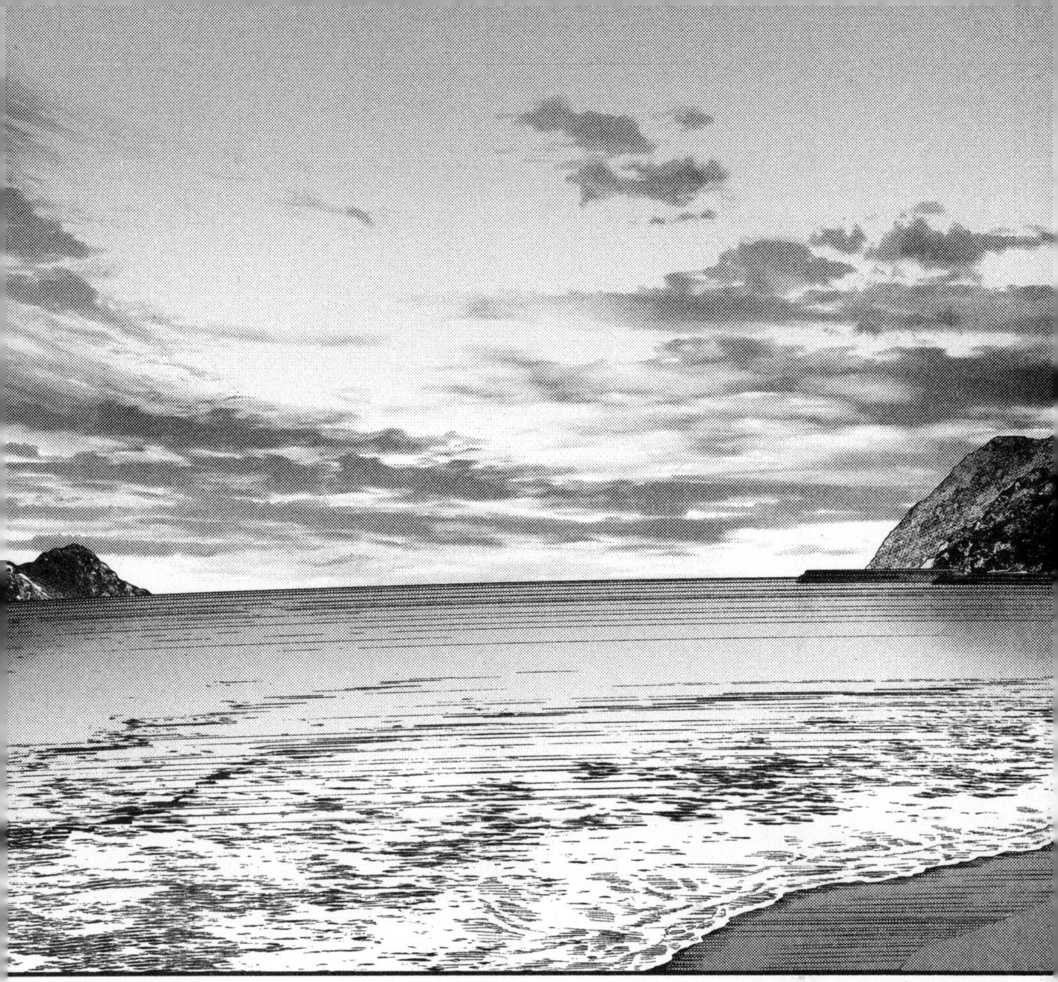

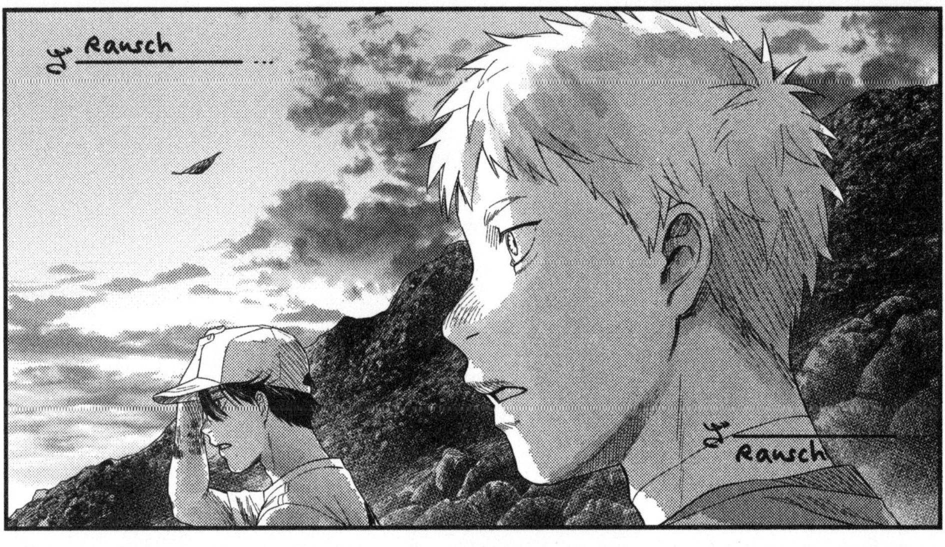
Rausch
Rausch

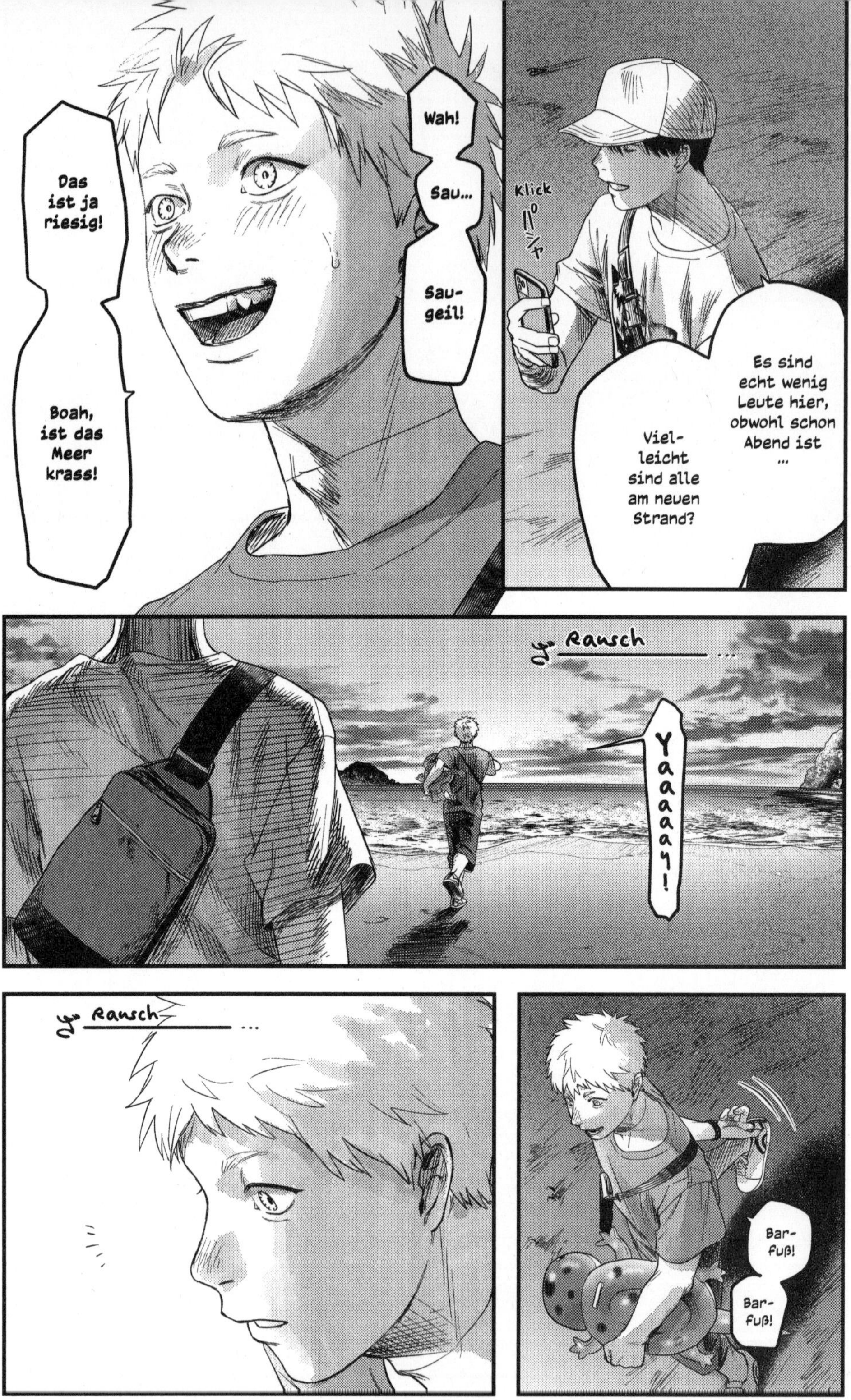
Klick
パシャ
Es sind echt wenig Leute hier, obwohl schon Abend ist ...
Viel-leicht sind alle am neuen Strand?
Wah!
Sau...
Sau-geil!
Das ist ja riesig!
Boah, ist das Meer krass!
Rausch ...
Yaaaaay!
Bar-fuß!
Bar-fuß!
Rausch ...

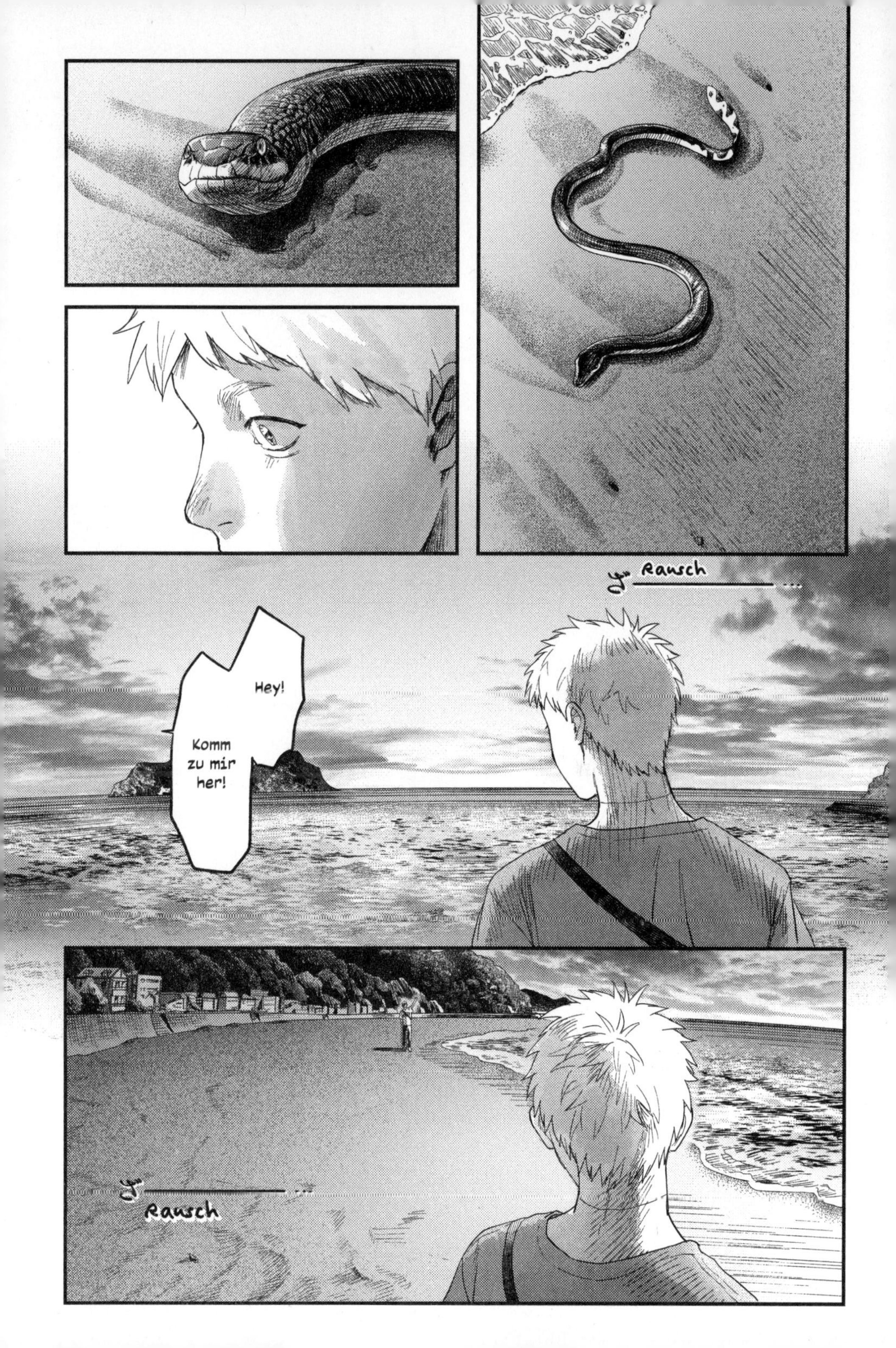
Rausch
Hey!
Komm zu mir her!
Rausch

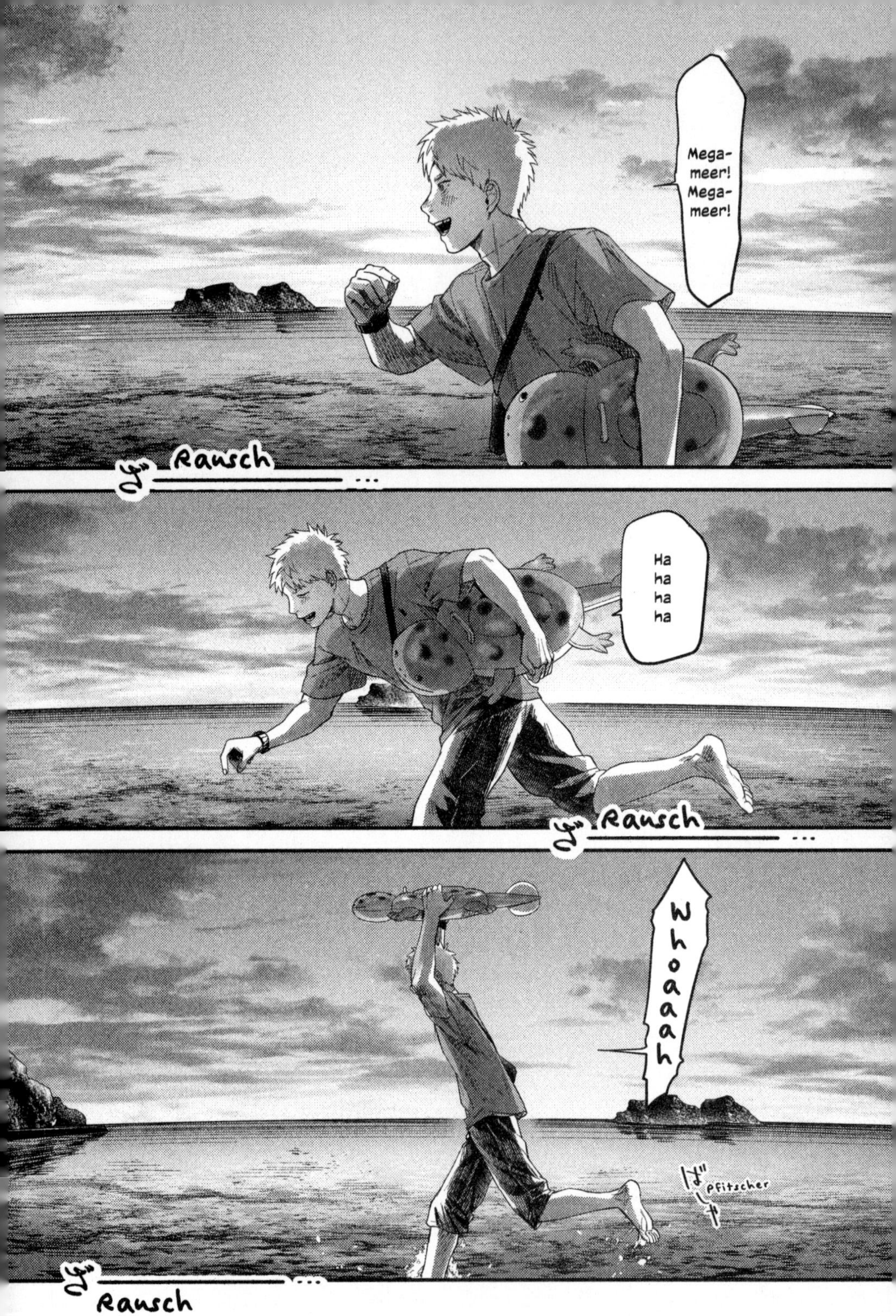

Mega-meer! Mega-meer!
Rausch
Ha ha ha ha
Rausch
Whoaaaah
Pfitscher
Rausch

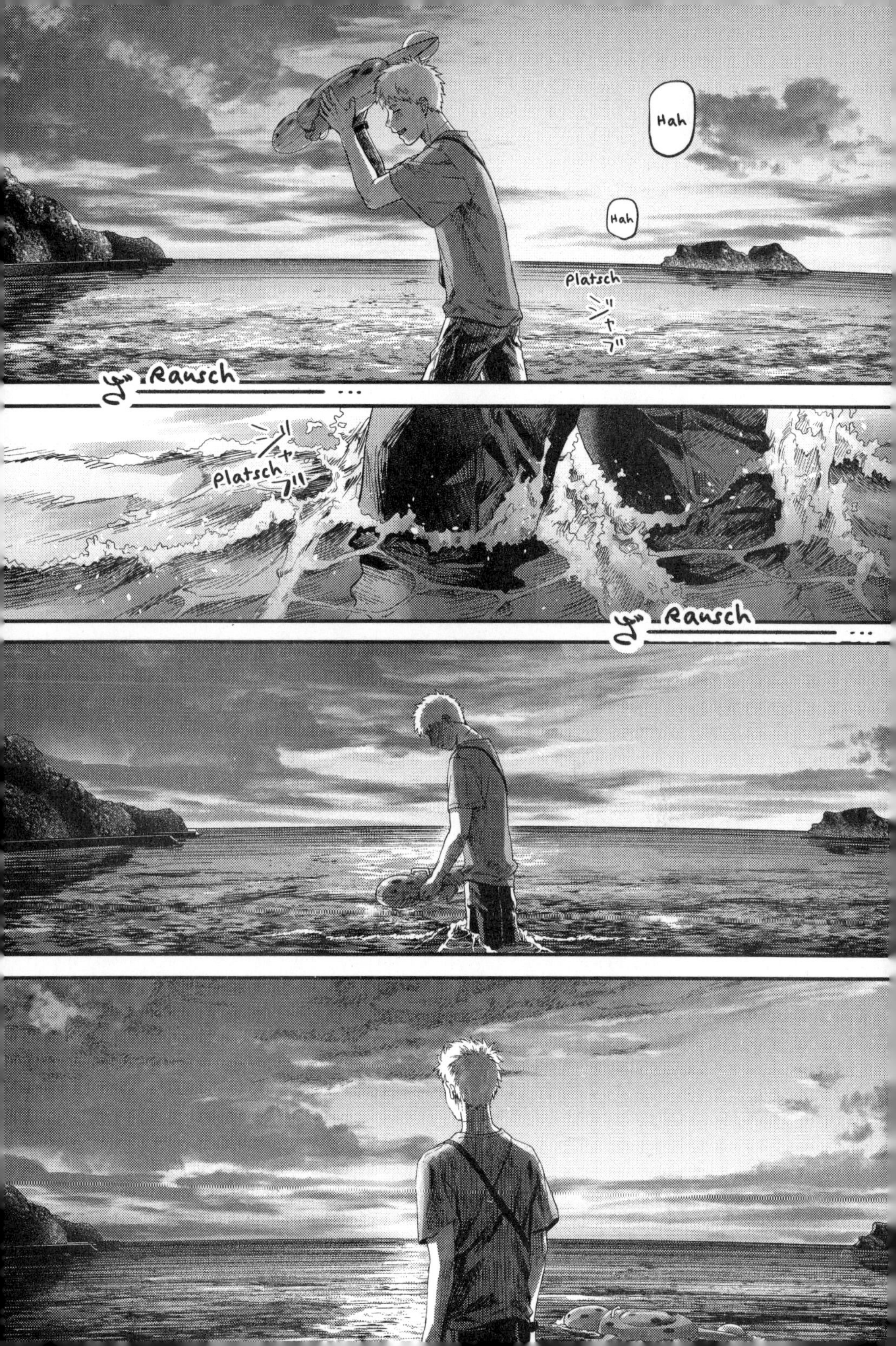
Hah
Hah
Platsch
Rausch
Platsch
Rausch

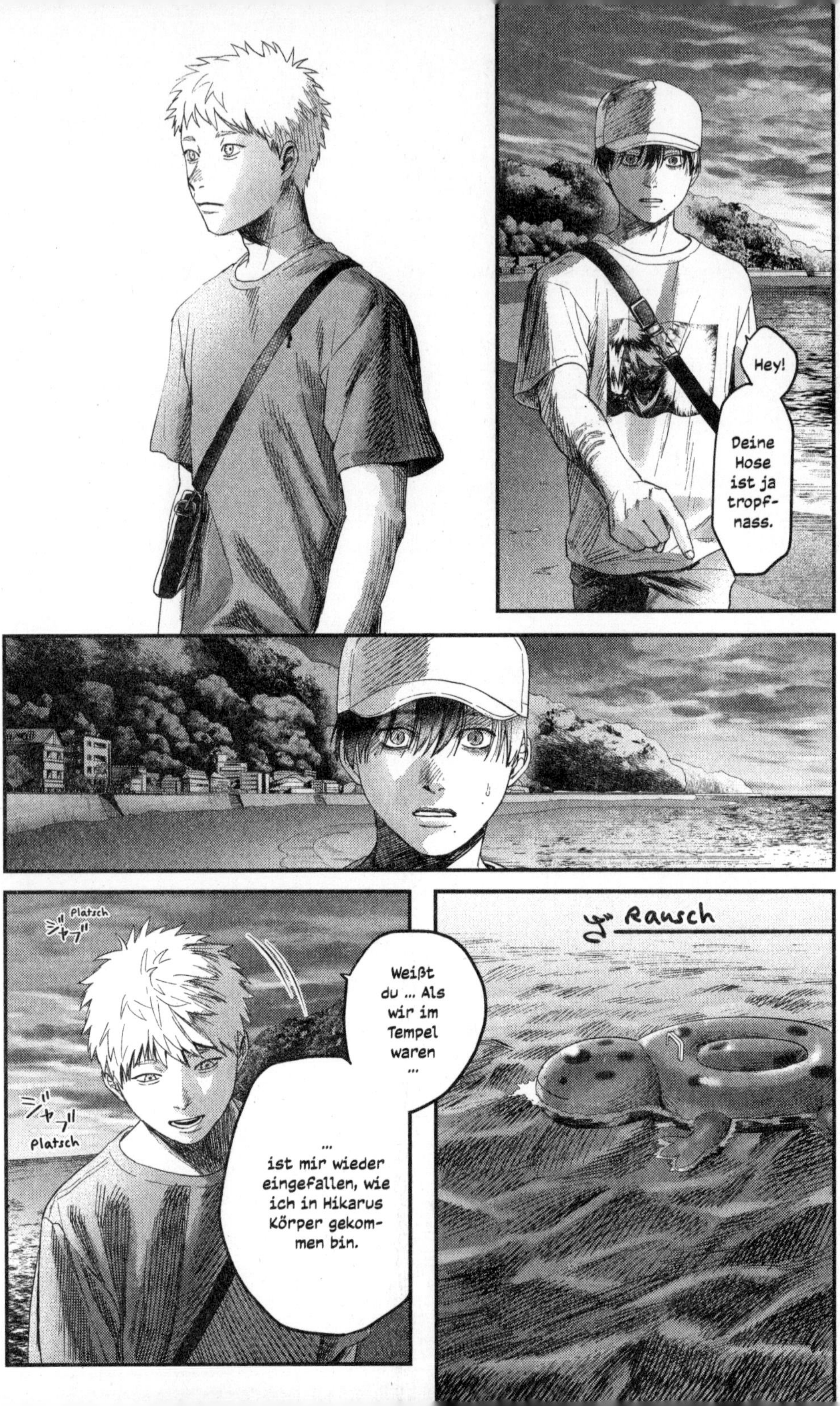
Hey!
Deine Hose ist ja tropfnass.
Platsch
Platsch
Weißt du ... Als wir im Tempel waren ...
... ist mir wieder eingefallen, wie ich in Hikarus Körper gekommen bin.
Rausch

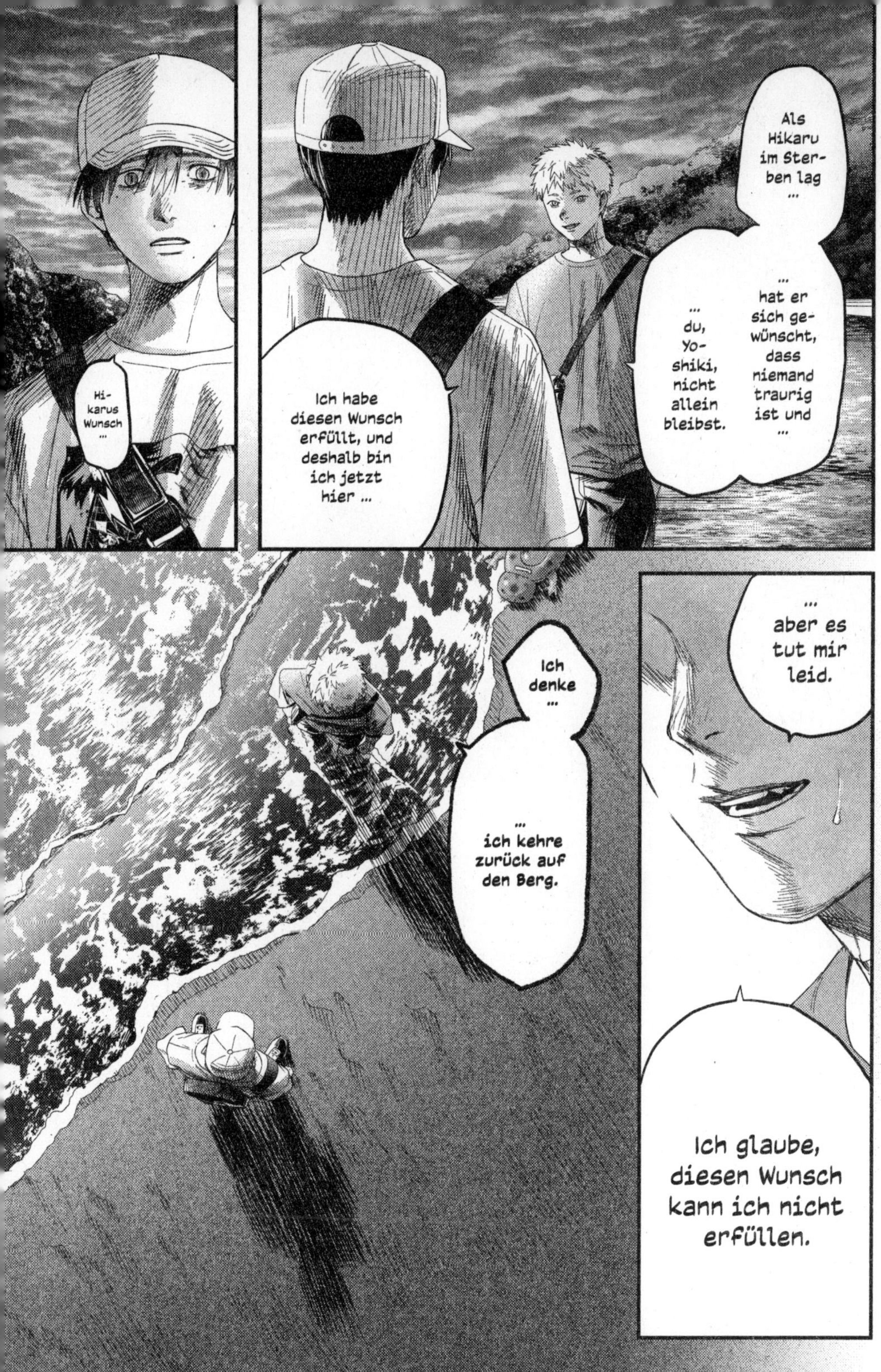

Als Hikaru im Sterben lag ...
... hat er sich gewünscht, dass niemand traurig ist und ...
... du, Yoshiki, nicht allein bleibst.
Ich habe diesen Wunsch erfüllt, und deshalb bin ich jetzt hier ...
Hikarus Wunsch ...
... aber es tut mir leid.
Ich glaube, diesen Wunsch kann ich nicht erfüllen.
Ich denke ...
... ich kehre zurück auf den Berg.

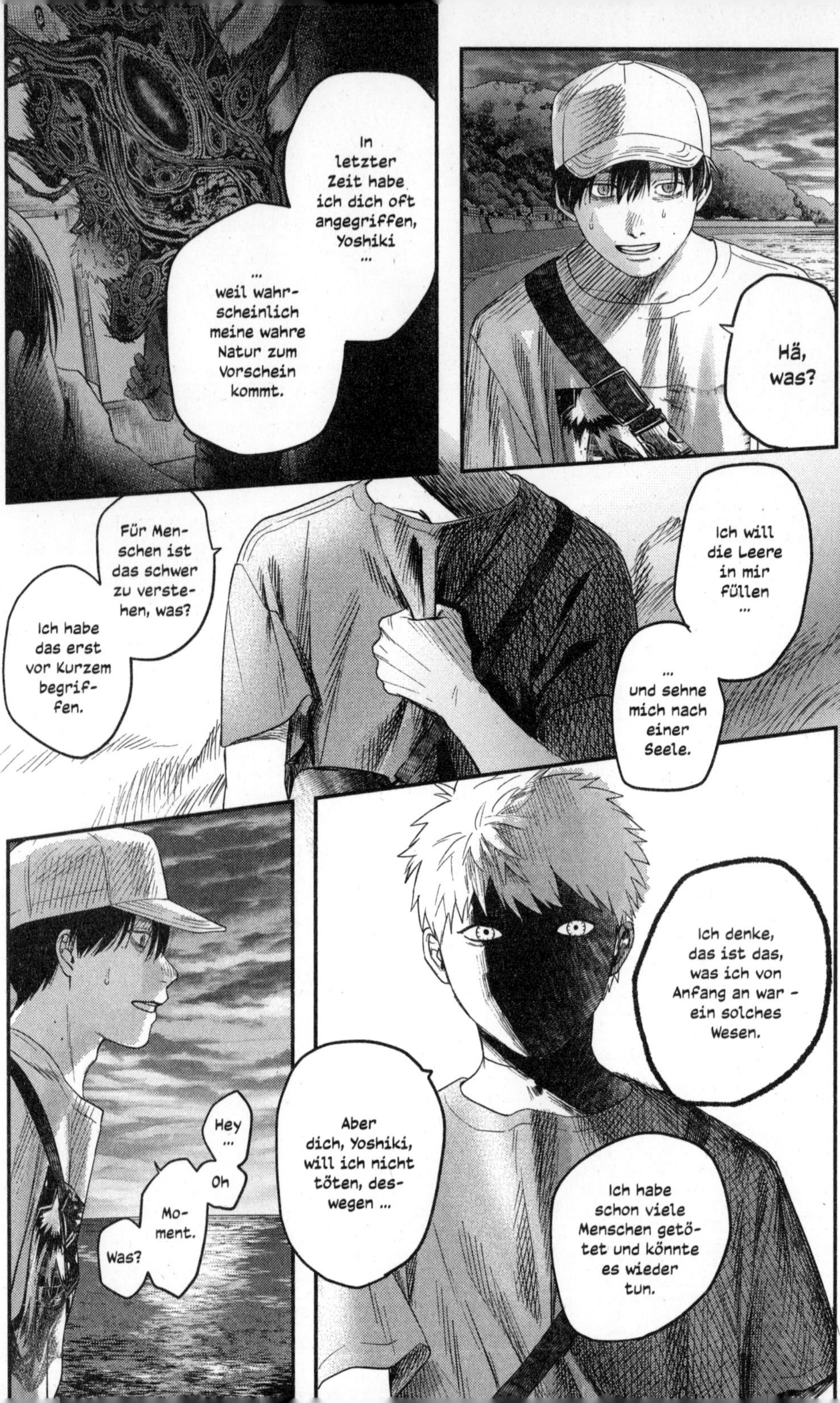
Hä, was?
In letzter Zeit habe ich dich oft angegriffen, Yoshiki ...
... weil wahrscheinlich meine wahre Natur zum Vorschein kommt.
Ich will die Leere in mir füllen ...
... und sehne mich nach einer Seele.
Für Menschen ist das schwer zu verstehen, was?
Ich habe das erst vor Kurzem begriffen.
Ich denke, das ist das, was ich von Anfang an war - ein solches Wesen.
Ich habe schon viele Menschen getötet und könnte es wieder tun.
Aber dich, Yoshiki, will ich nicht töten, deswegen ...
Hey ...
Oh
Moment.
Was?

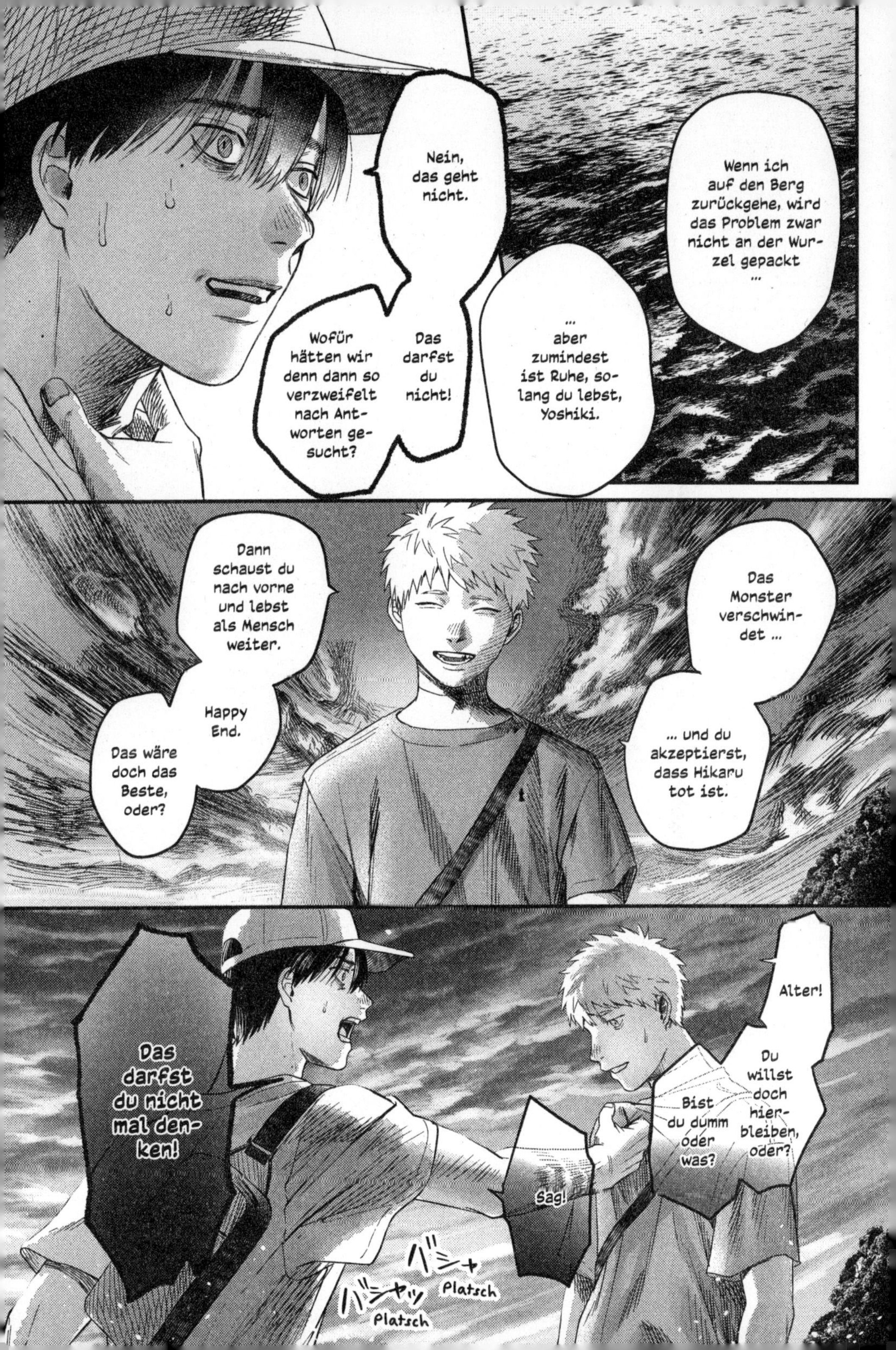
Wenn ich auf den Berg zurückgehe, wird das Problem zwar nicht an der Wurzel gepackt ...
... aber zumindest ist Ruhe, solang du lebst, Yoshiki.
Nein, das geht nicht.
Das darfst du nicht!
Wofür hätten wir denn dann so verzweifelt nach Antworten gesucht?
Das Monster verschwindet ...
... und du akzeptierst, dass Hikaru tot ist.
Dann schaust du nach vorne und lebst als Mensch weiter.
Happy End.
Das wäre doch das Beste, oder?
Alter!
Du willst doch hierbleiben, oder?
Bist du dumm oder was?
Sag!
Das darfst du nicht mal denken!
バシャ Platsch
バシャッ Platsch

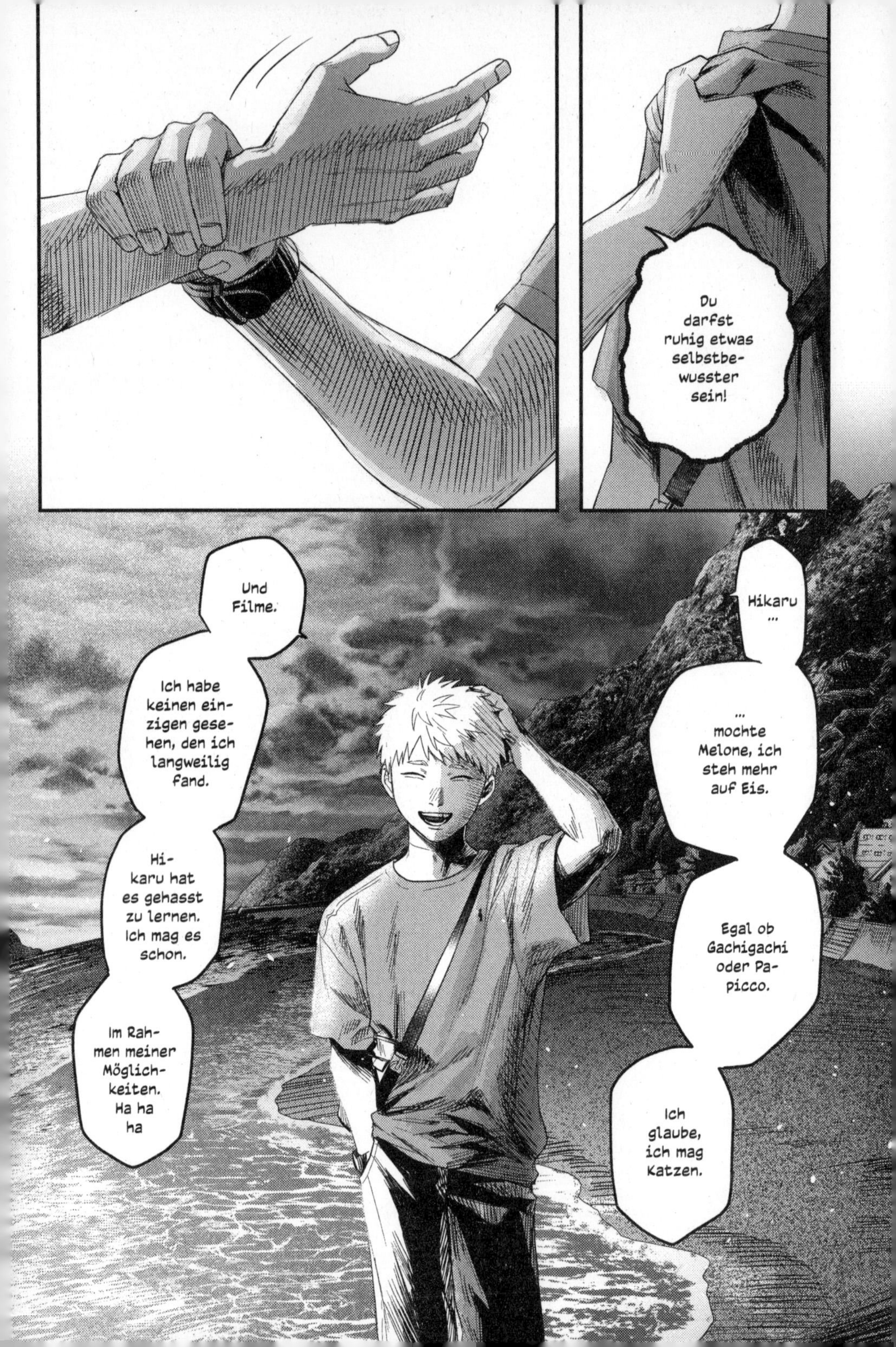
Du darfst ruhig etwas selbstbewusster sein!
Hikaru ...
... mochte Melone, ich steh mehr auf Eis.
Egal ob Gachigachi oder Papicco.
Ich glaube, ich mag Katzen.
Und Filme.
Ich habe keinen einzigen gesehen, den ich langweilig fand.
Hikaru hat es gehasst zu lernen. Ich mag es schon.
Im Rahmen meiner Möglichkeiten. Ha ha ha

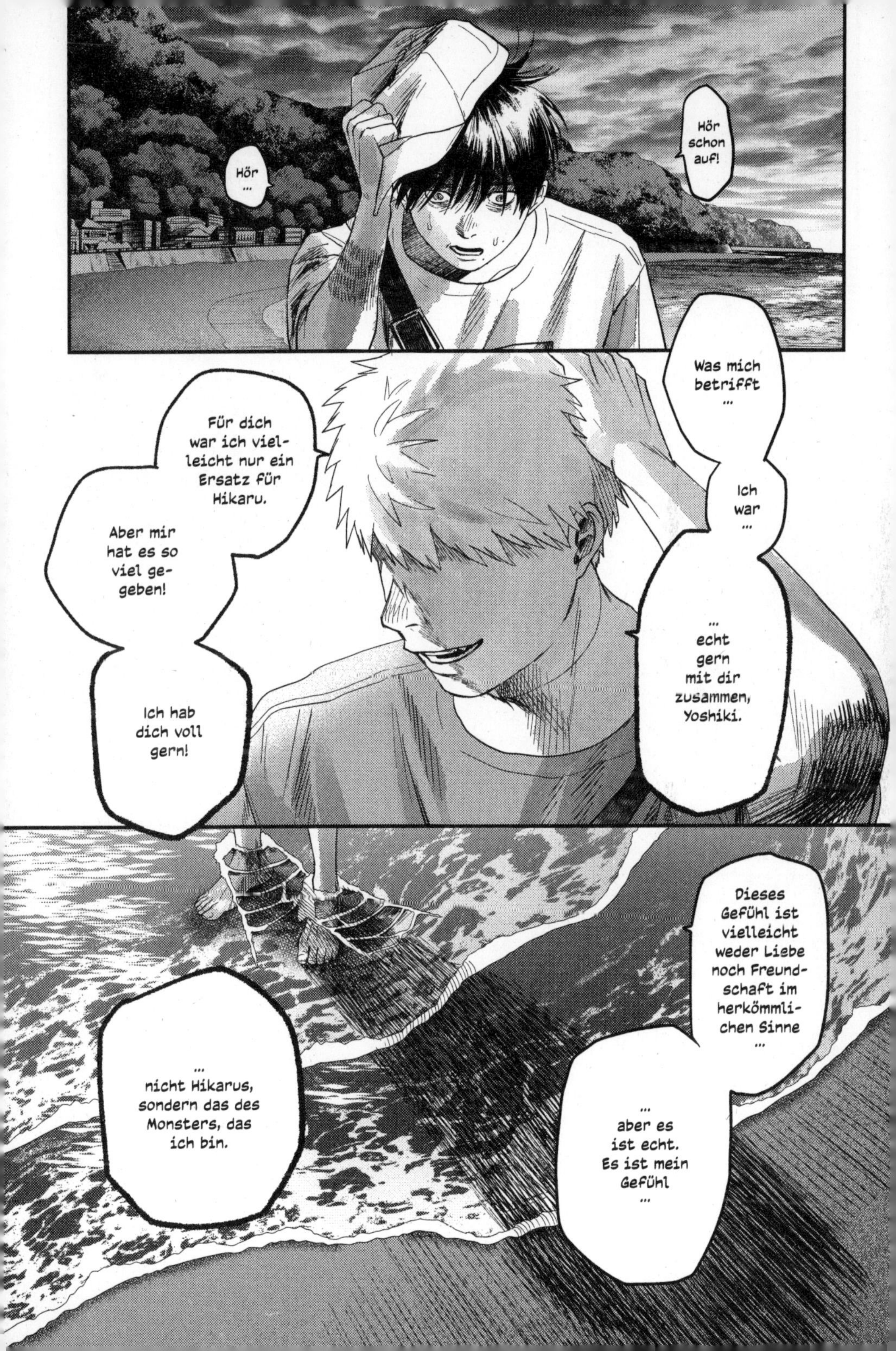
Hör schon auf!
Hör …
Was mich betrifft …
Ich war …
… echt gern mit dir zusammen, Yoshiki.
Für dich war ich vielleicht nur ein Ersatz für Hikaru.
Aber mir hat es so viel gegeben!
Ich hab dich voll gern!
Dieses Gefühl ist vielleicht weder Liebe noch Freundschaft im herkömmlichen Sinne …
… aber es ist echt. Es ist mein Gefühl …
… nicht Hikarus, sondern das des Monsters, das ich bin.

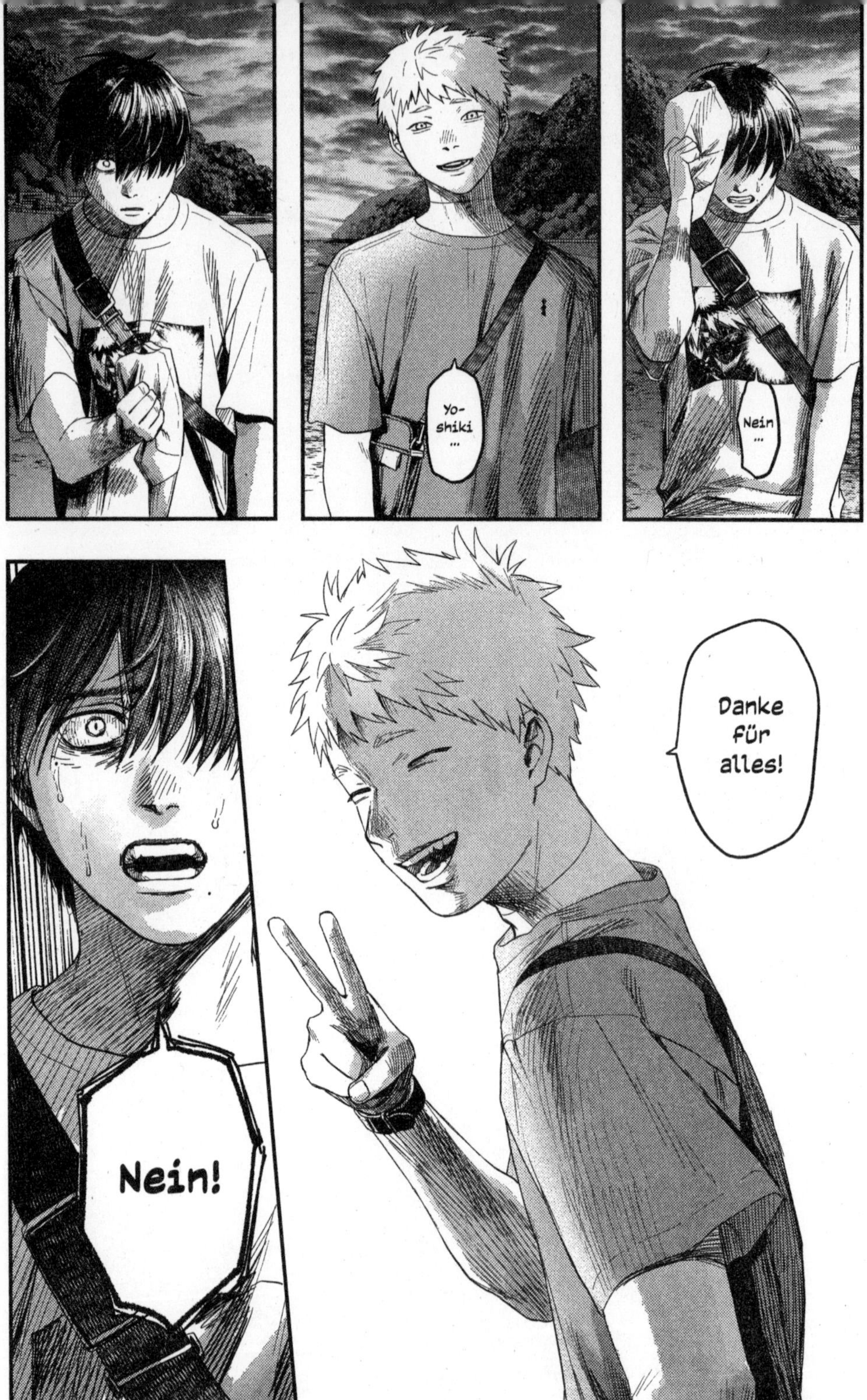
Nein …
Yo-shiki …
Danke für alles!
Nein!

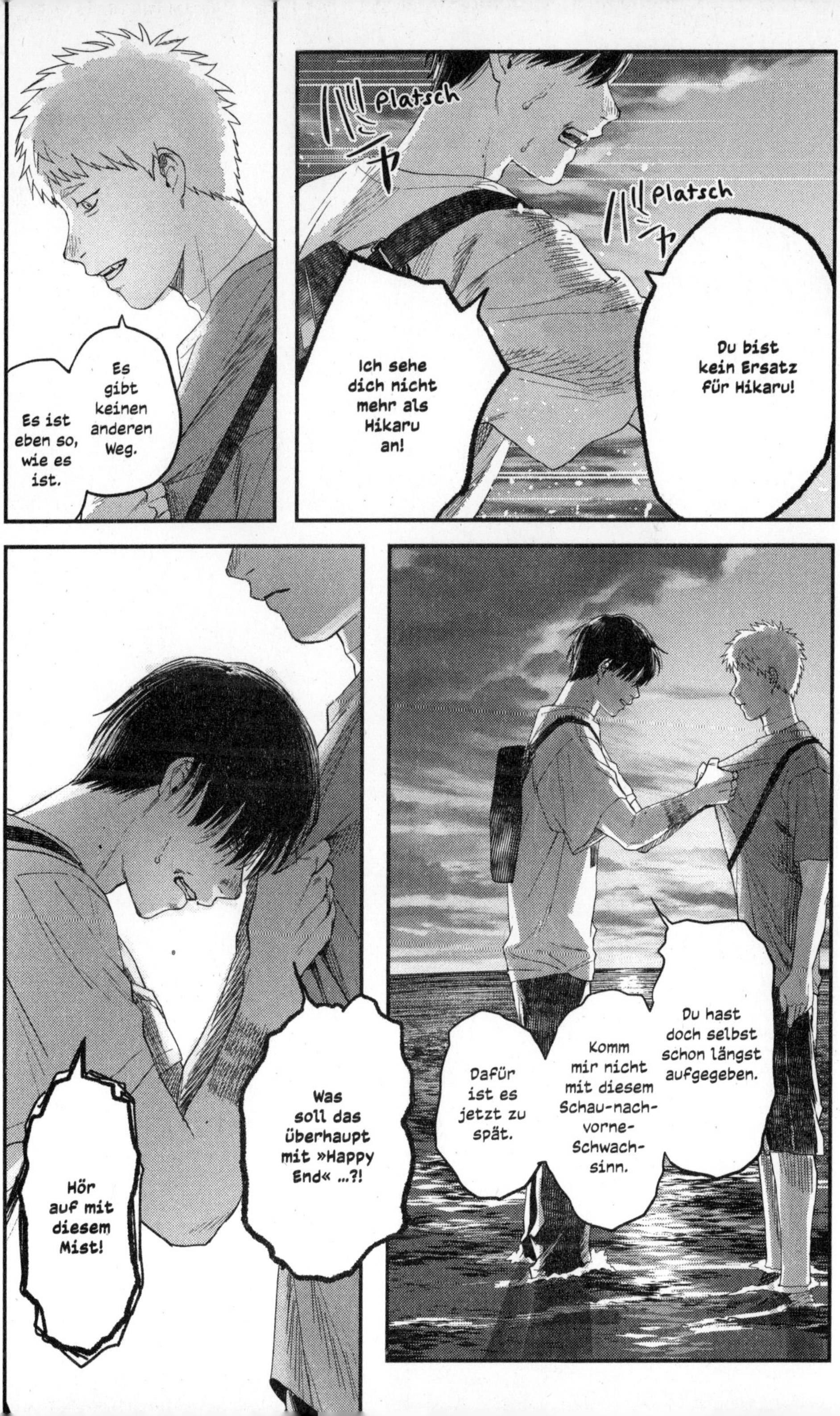
Platsch
Platsch
Du bist kein Ersatz für Hikaru!
Ich sehe dich nicht mehr als Hikaru an!
Es gibt keinen anderen Weg.
Es ist eben so, wie es ist.
Du hast doch selbst schon längst aufgegeben.
Komm mir nicht mit diesem Schau-nach-vorne-Schwachsinn.
Dafür ist es jetzt zu spät.
Was soll das überhaupt mit »Happy End« ...?!
Hör auf mit diesem Mist!

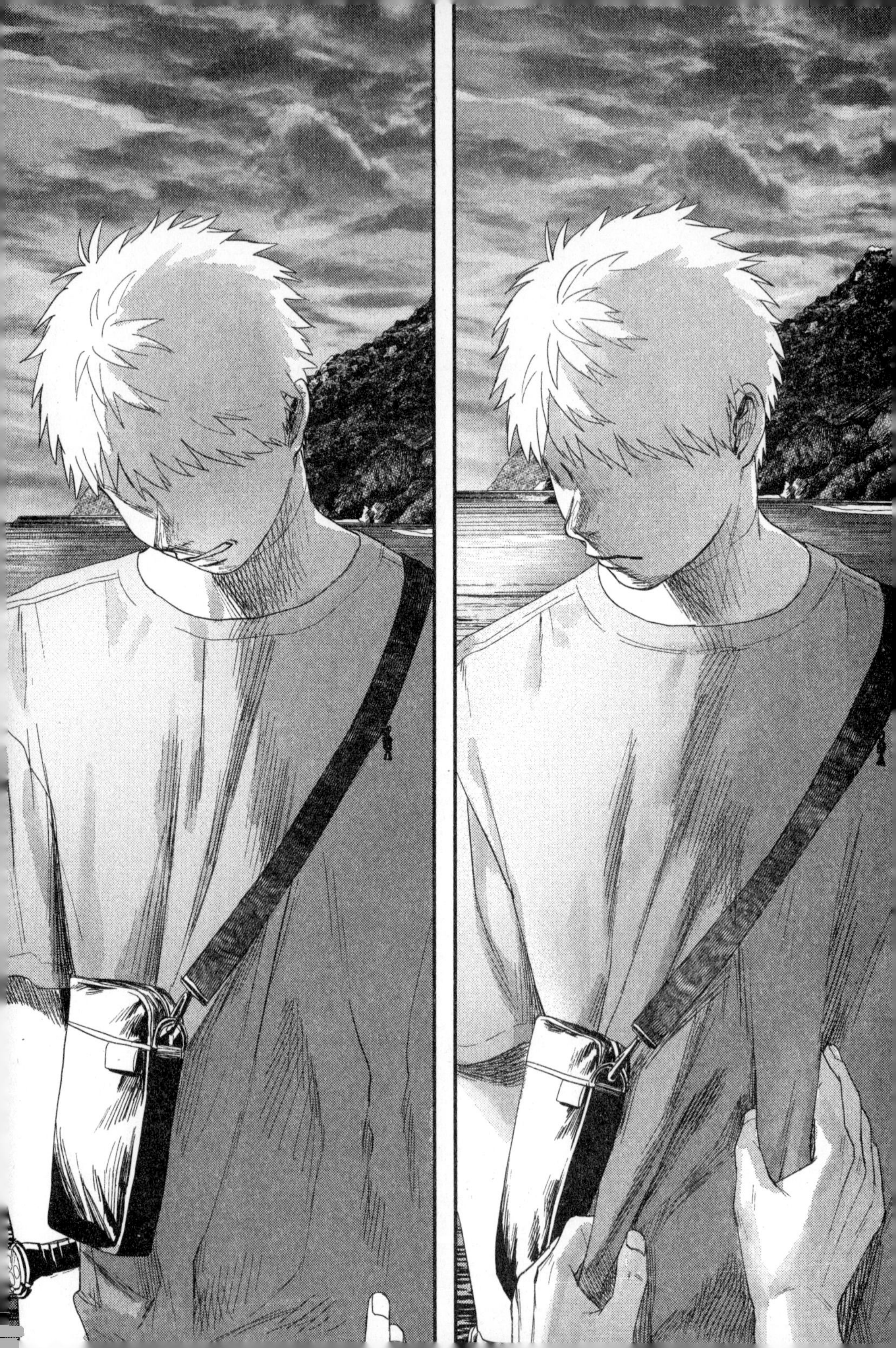

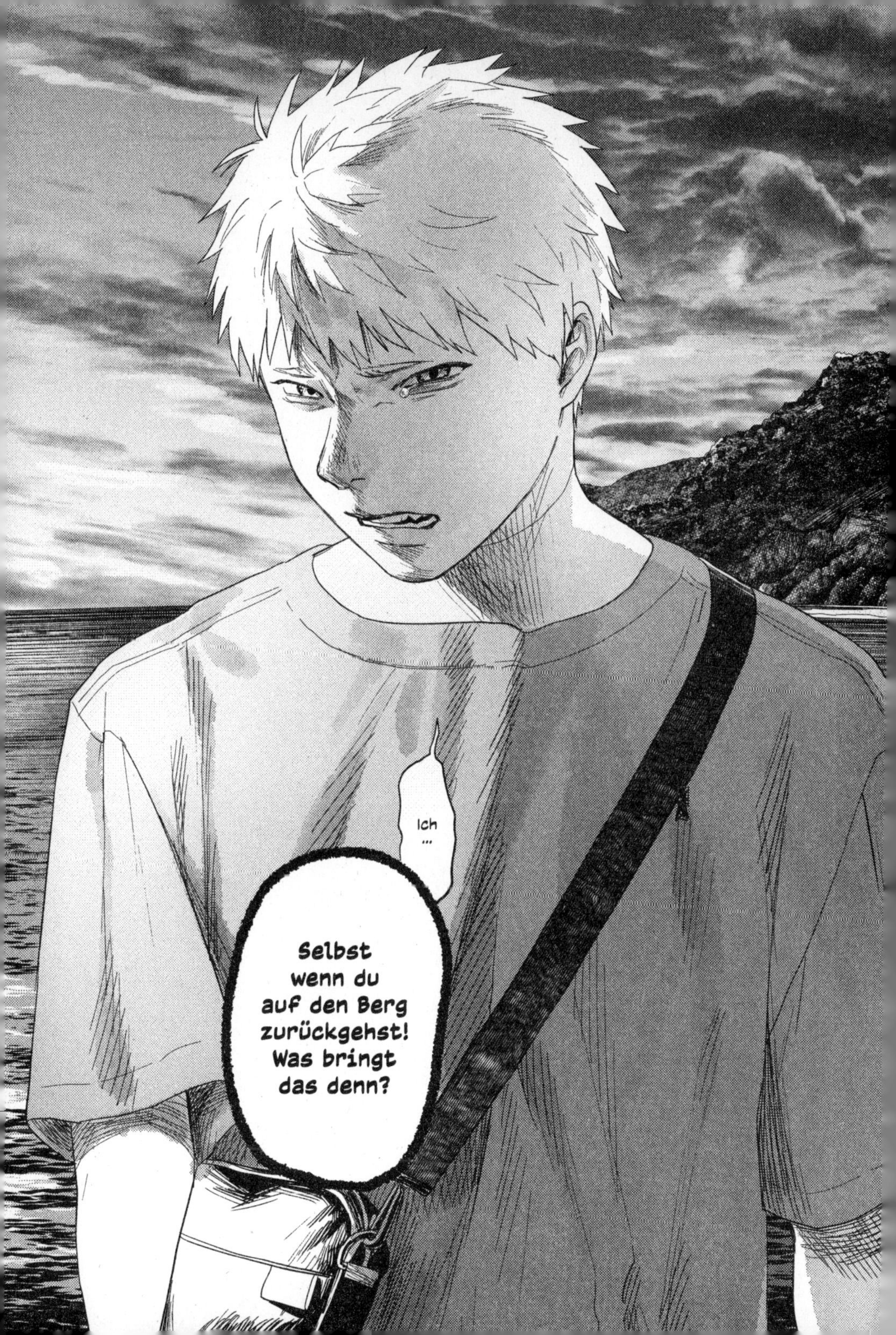
Ich …
Selbst wenn du auf den Berg zurückgehst! Was bringt das denn?

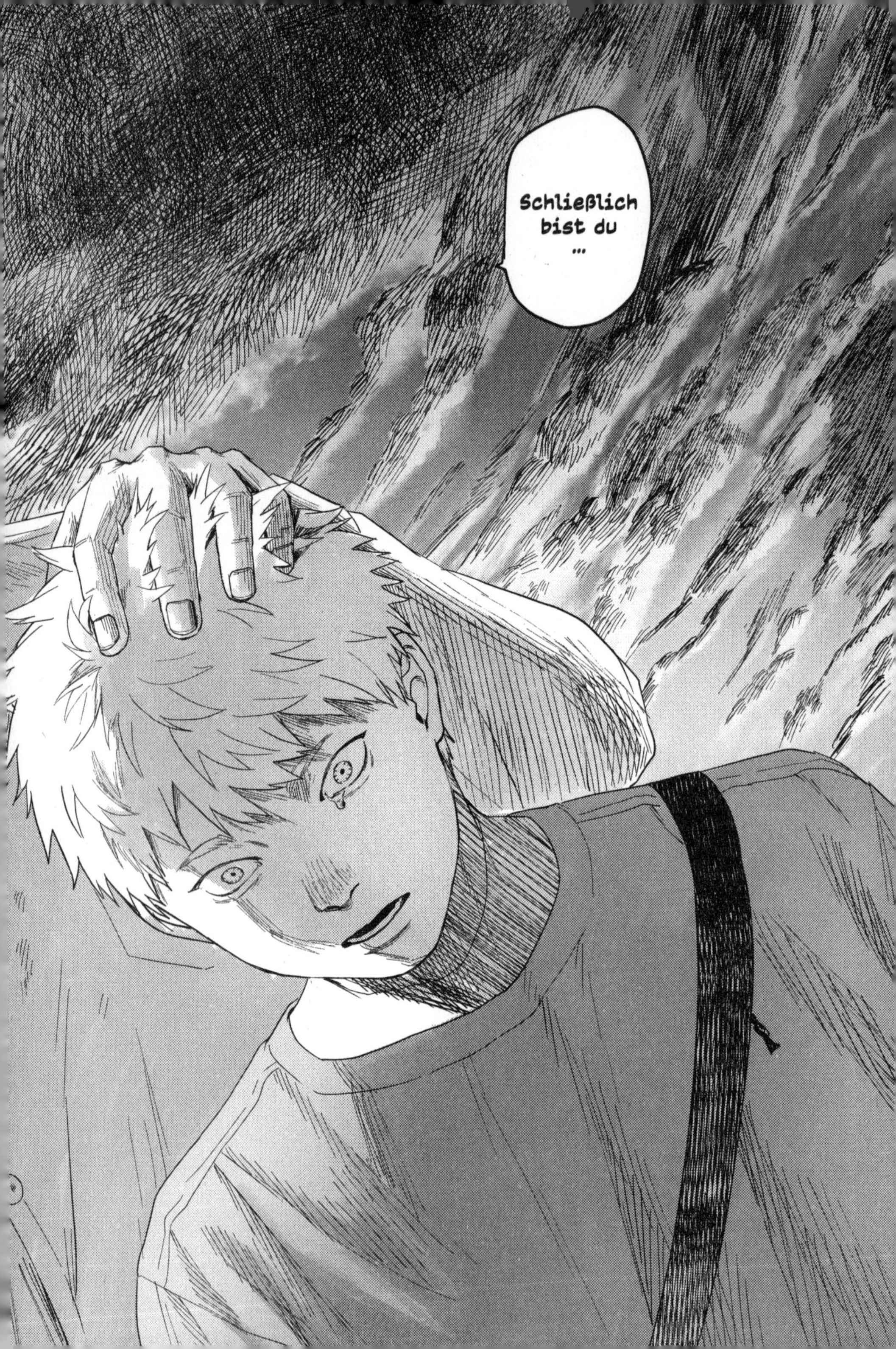
Schließlich bist du …

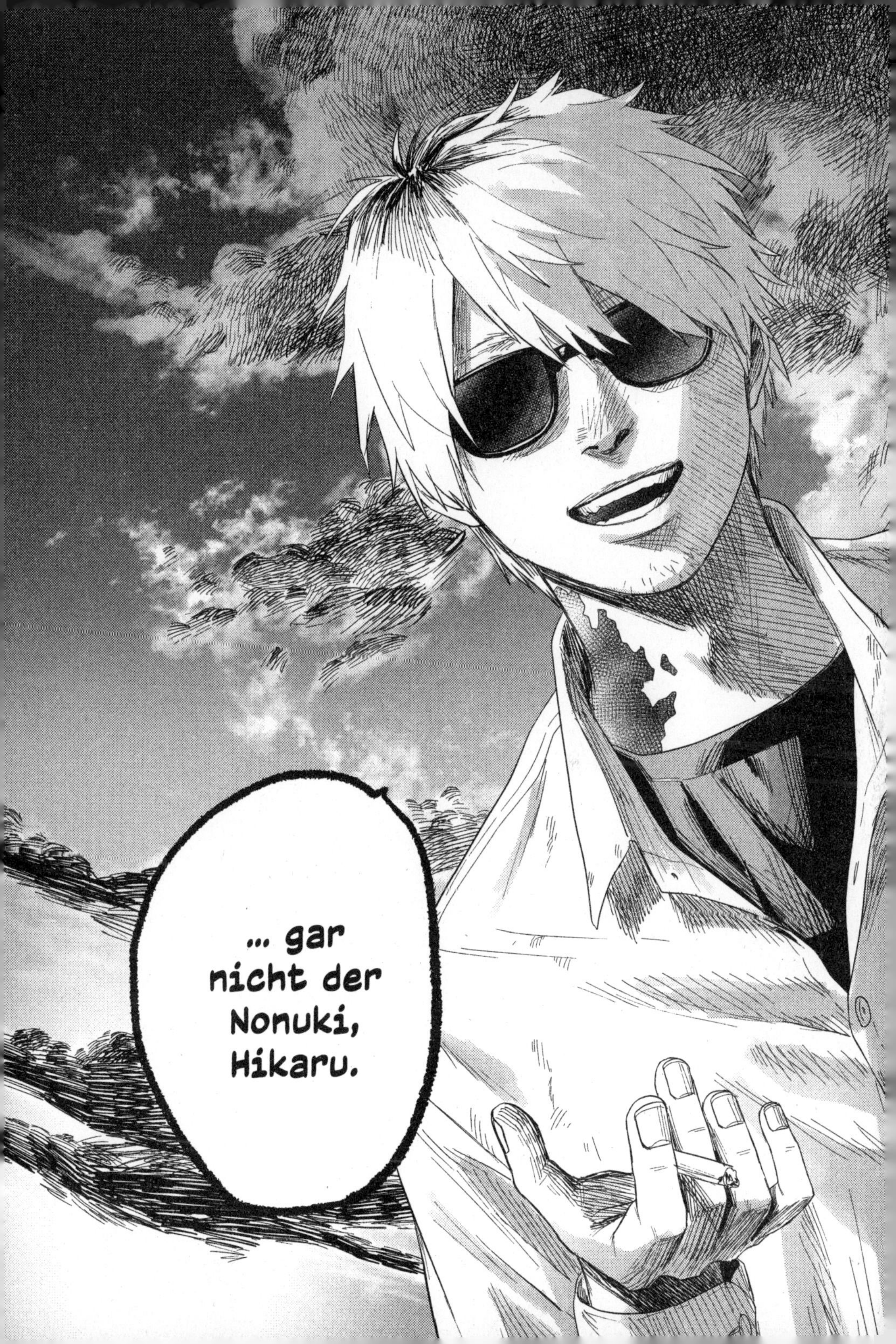
... gar nicht der Nonuki, Hikaru.

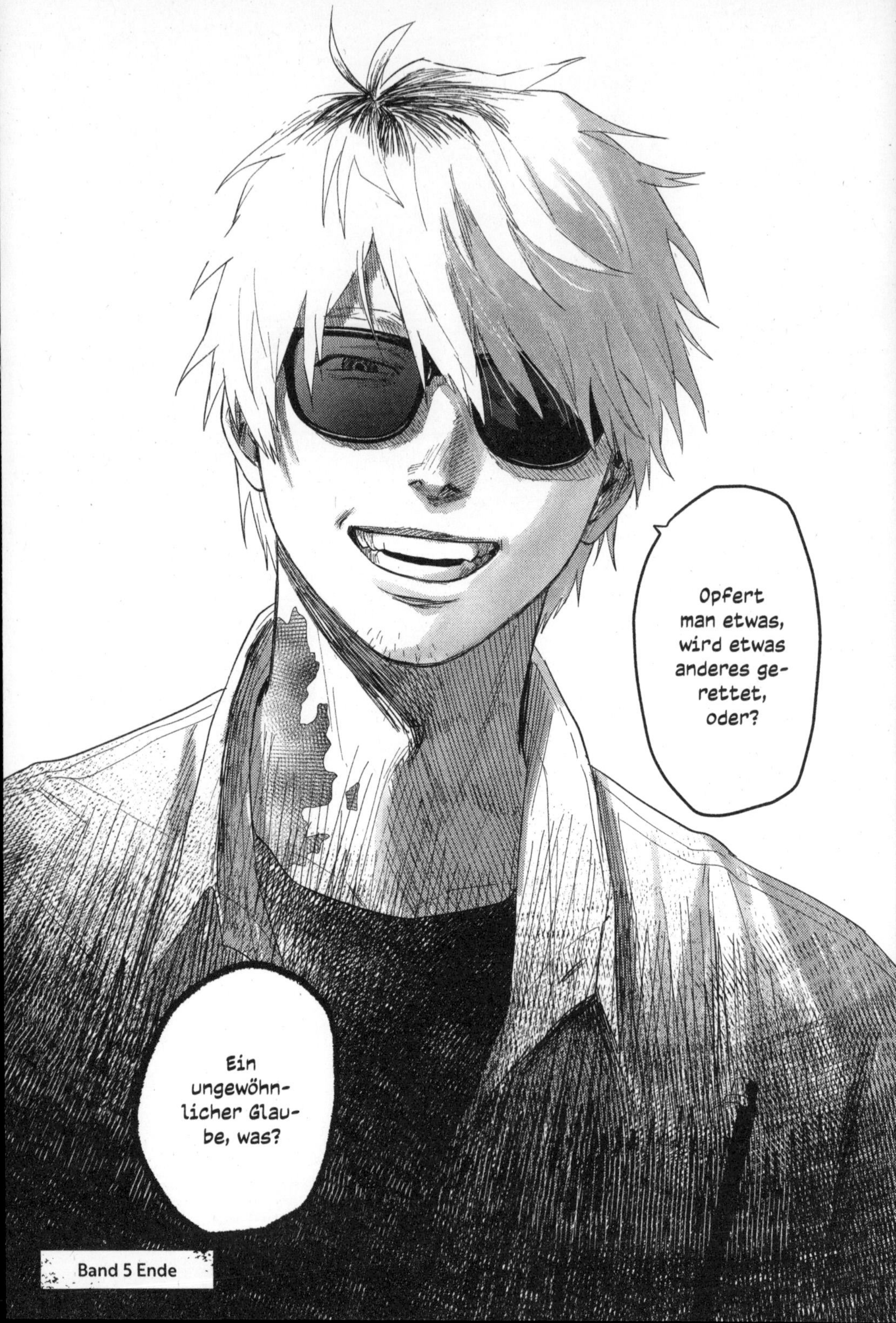
Opfert man etwas, wird etwas anderes gerettet, oder?
Ein ungewöhnlicher Glaube, was?
Band 5 Ende

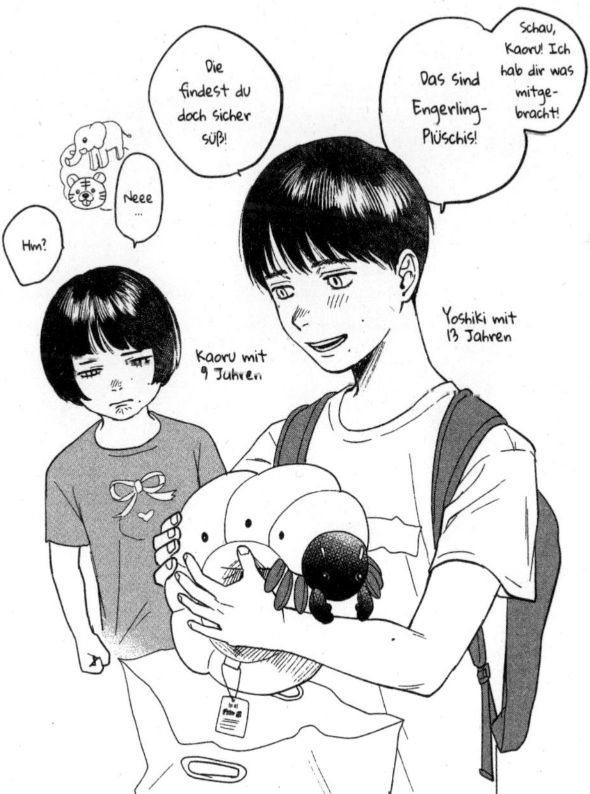
Schau, Kaoru! Ich hab dir was mitgebracht!
Das sind Engerling-Plüschis!
Die findest du doch sicher süß!
Neee …
Hm?
Yoshiki mit 13 Jahren
Kaoru mit 9 Jahren

Was an Yoshiki etwas nervt

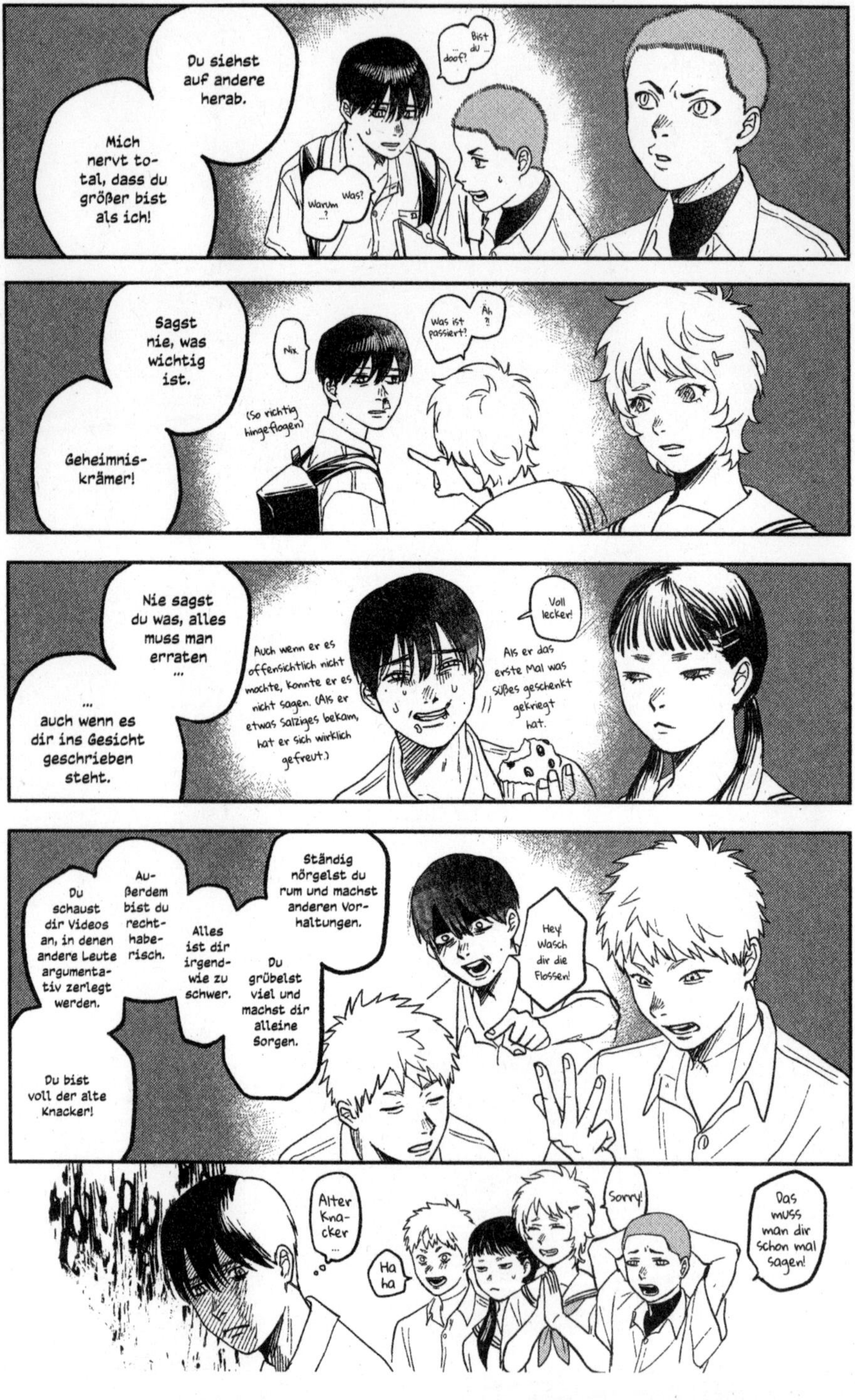

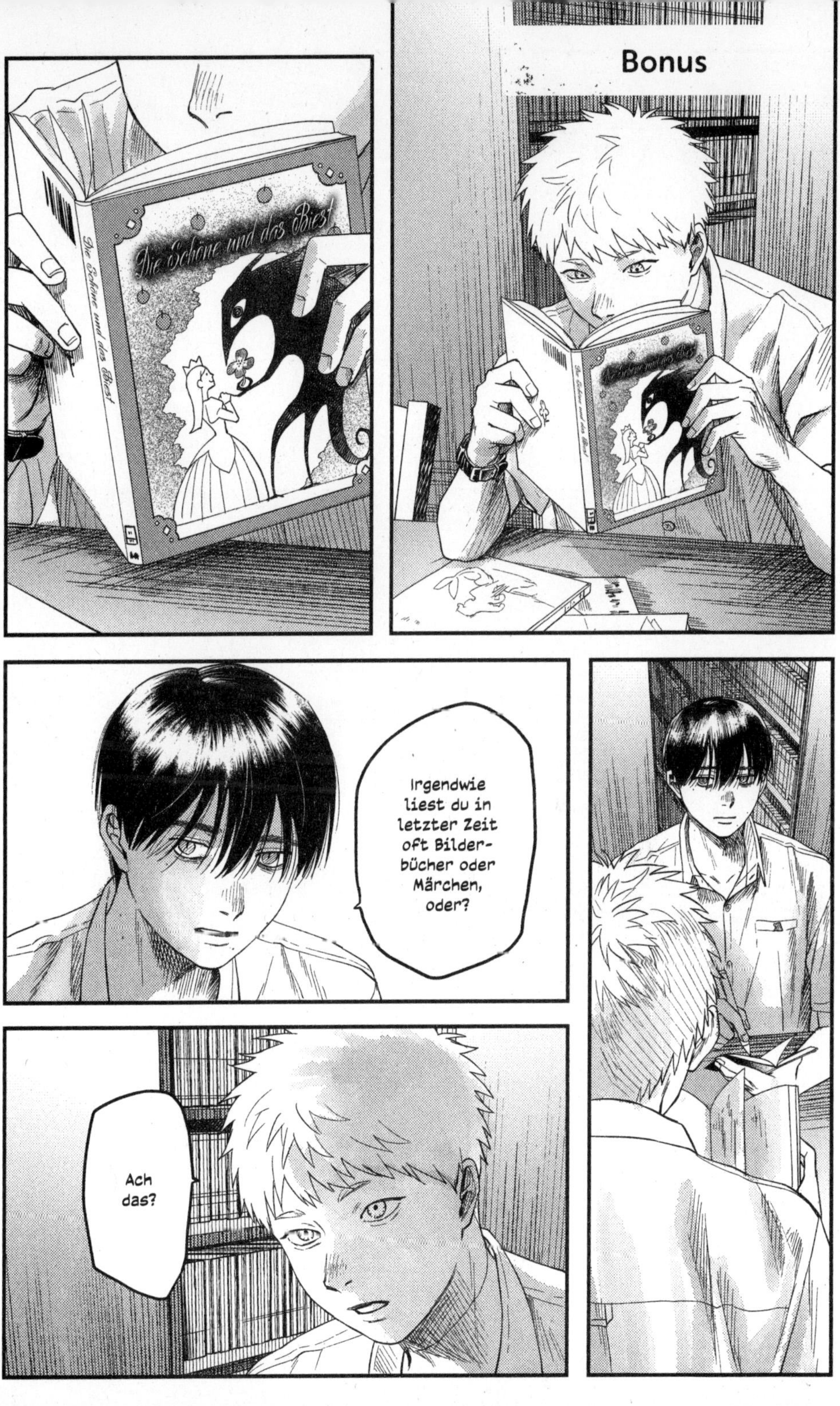
Bonus
Die Schöne und das Biest
Irgendwie liest du in letzter Zeit oft Bilder-bücher oder Märchen, oder?
Ach das?

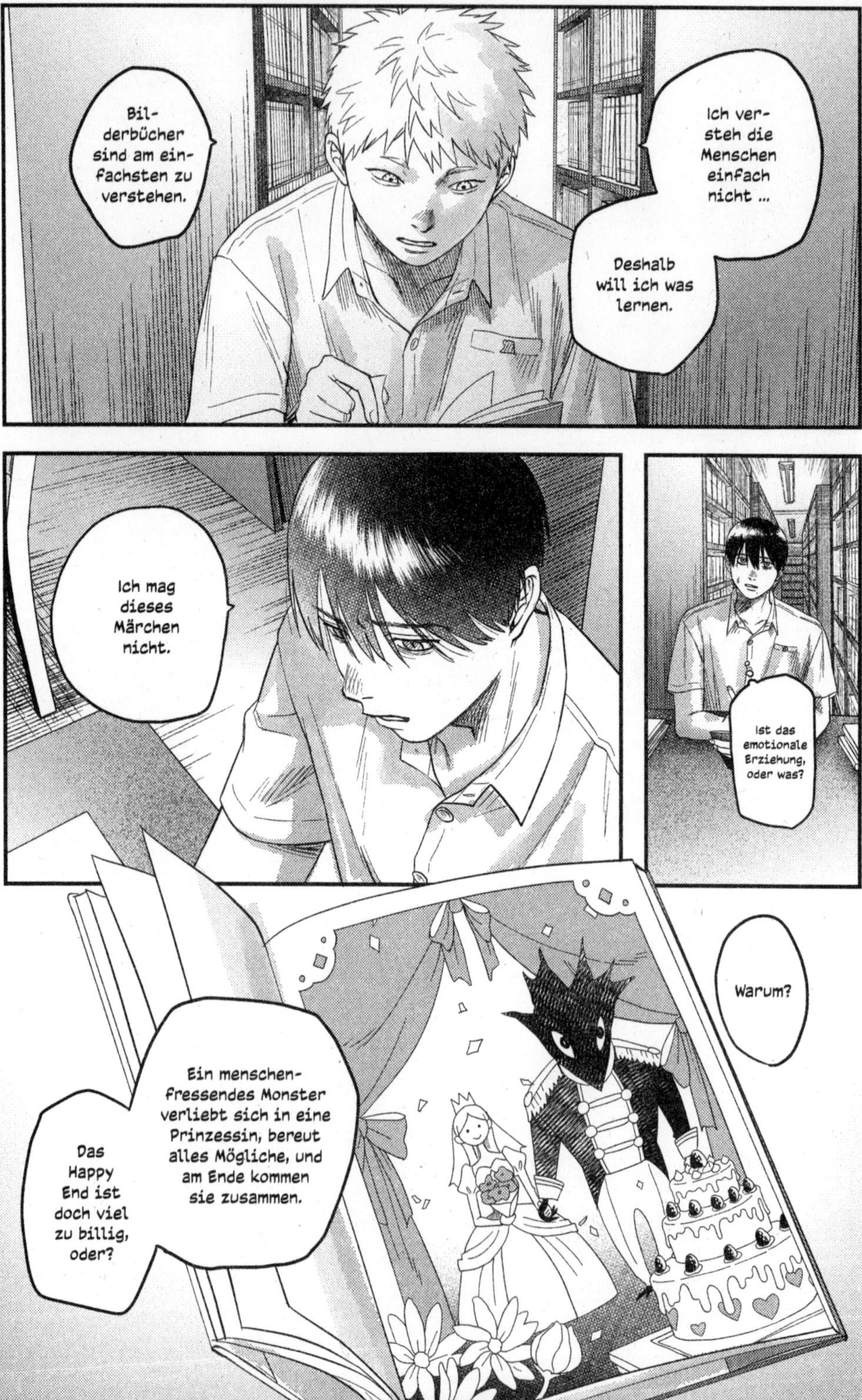
Ich versteh die Menschen einfach nicht ...
Deshalb will ich was lernen.
Bilderbücher sind am einfachsten zu verstehen.
Ist das emotionale Erziehung, oder was?
Ich mag dieses Märchen nicht.
Warum?
Ein menschenfressendes Monster verliebt sich in eine Prinzessin, bereut alles Mögliche, und am Ende kommen sie zusammen.
Das Happy End ist doch viel zu billig, oder?

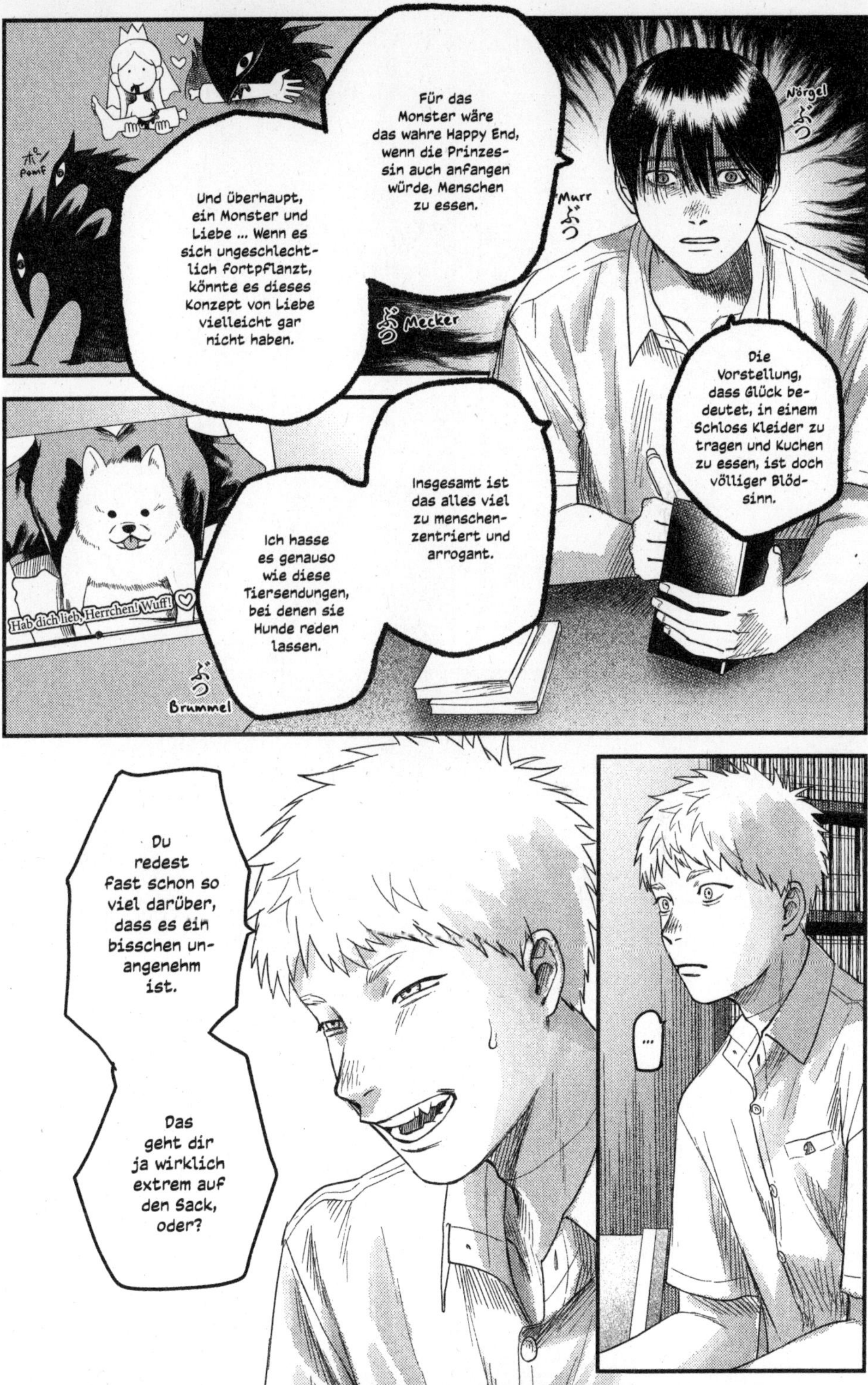
Nörgel
Murr
Für das Monster wäre das wahre Happy End, wenn die Prinzessin auch anfangen würde, Menschen zu essen.
Pomf
Und überhaupt, ein Monster und Liebe ... Wenn es sich ungeschlechtlich fortpflanzt, könnte es dieses Konzept von Liebe vielleicht gar nicht haben.
Mecker
Die Vorstellung, dass Glück bedeutet, in einem Schloss Kleider zu tragen und Kuchen zu essen, ist doch völliger Blödsinn.
Insgesamt ist das alles viel zu menschenzentriert und arrogant.
Ich hasse es genauso wie diese Tiersendungen, bei denen sie Hunde reden lassen.
Hab dich lieb, Herrchen! Wuff!
Brummel
...
Du redest fast schon so viel darüber, dass es ein bisschen unangenehm ist.
Das geht dir ja wirklich extrem auf den Sack, oder?

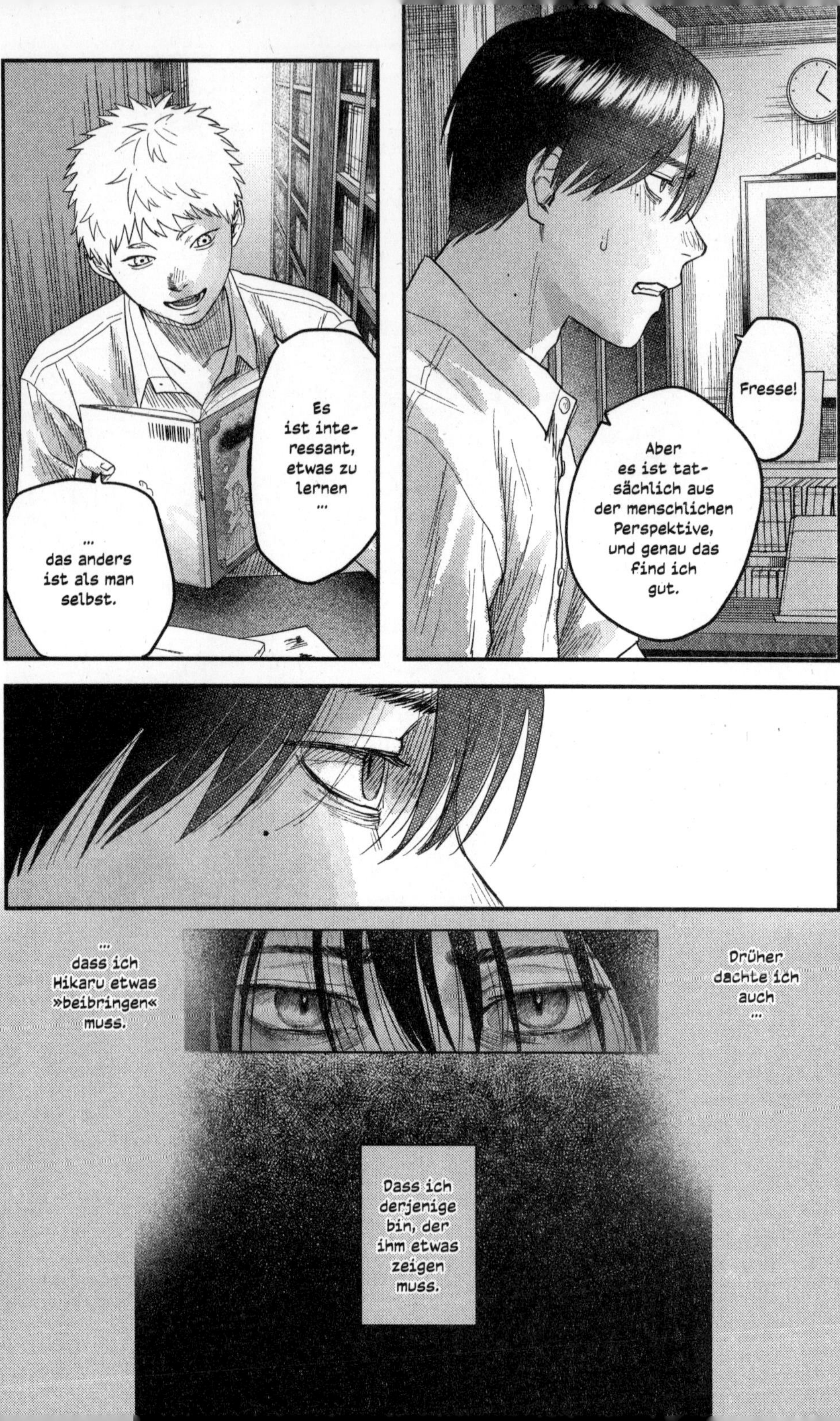

Fresse!
Aber es ist tatsächlich aus der menschlichen Perspektive, und genau das find ich gut.
Es ist interessant, etwas zu lernen ...
... das anders ist als man selbst.
Drüher dachte ich auch ...
... dass ich Hikaru etwas »beibringen« muss.
Dass ich derjenige bin, der ihm etwas zeigen muss.

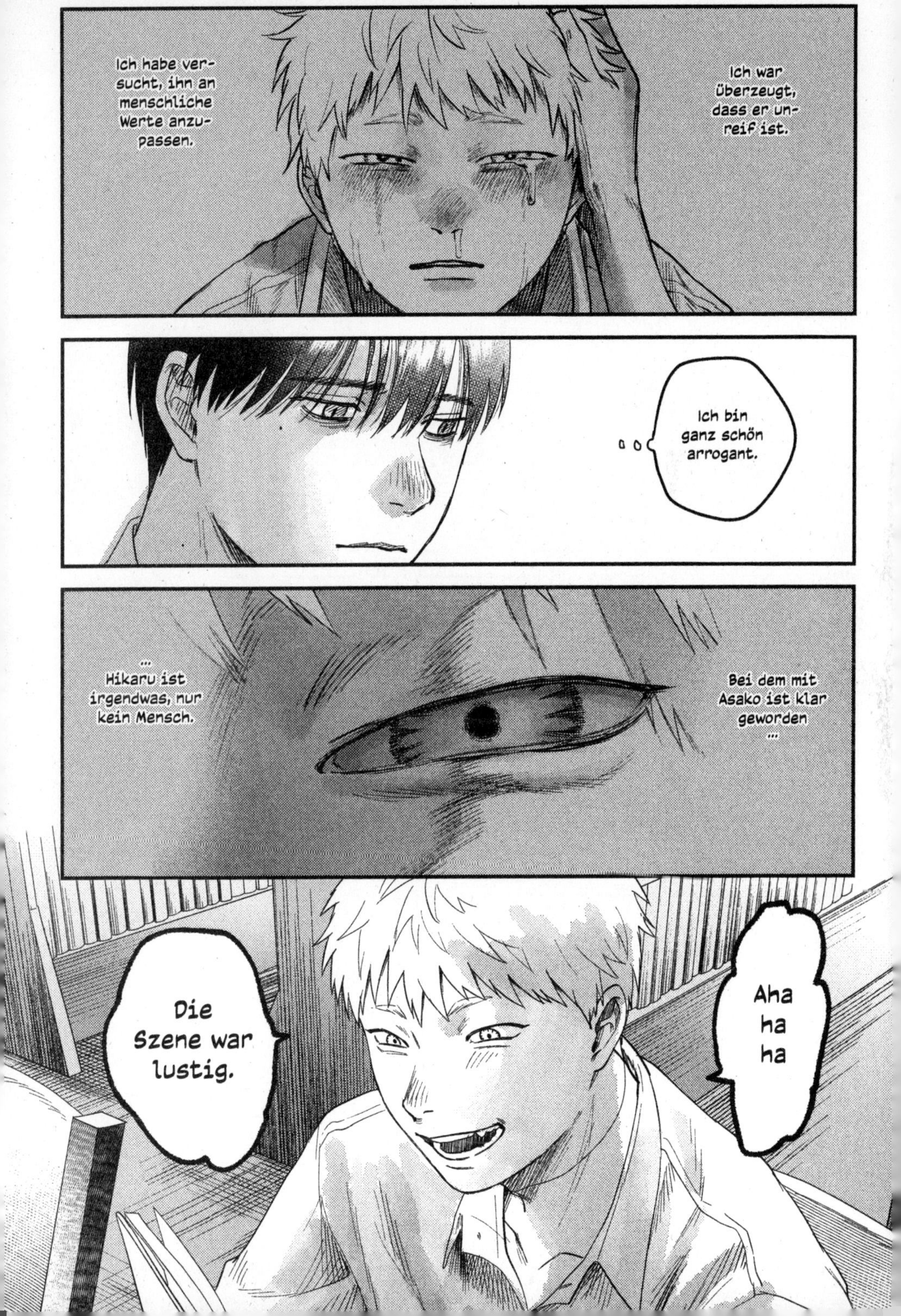
Ich war überzeugt, dass er unreif ist.
Ich habe versucht, ihn an menschliche Werte anzupassen.
Ich bin ganz schön arrogant.
Bei dem mit Asako ist klar geworden ...
... Hikaru ist irgendwas, nur kein Mensch.
Aha ha ha
Die Szene war lustig.

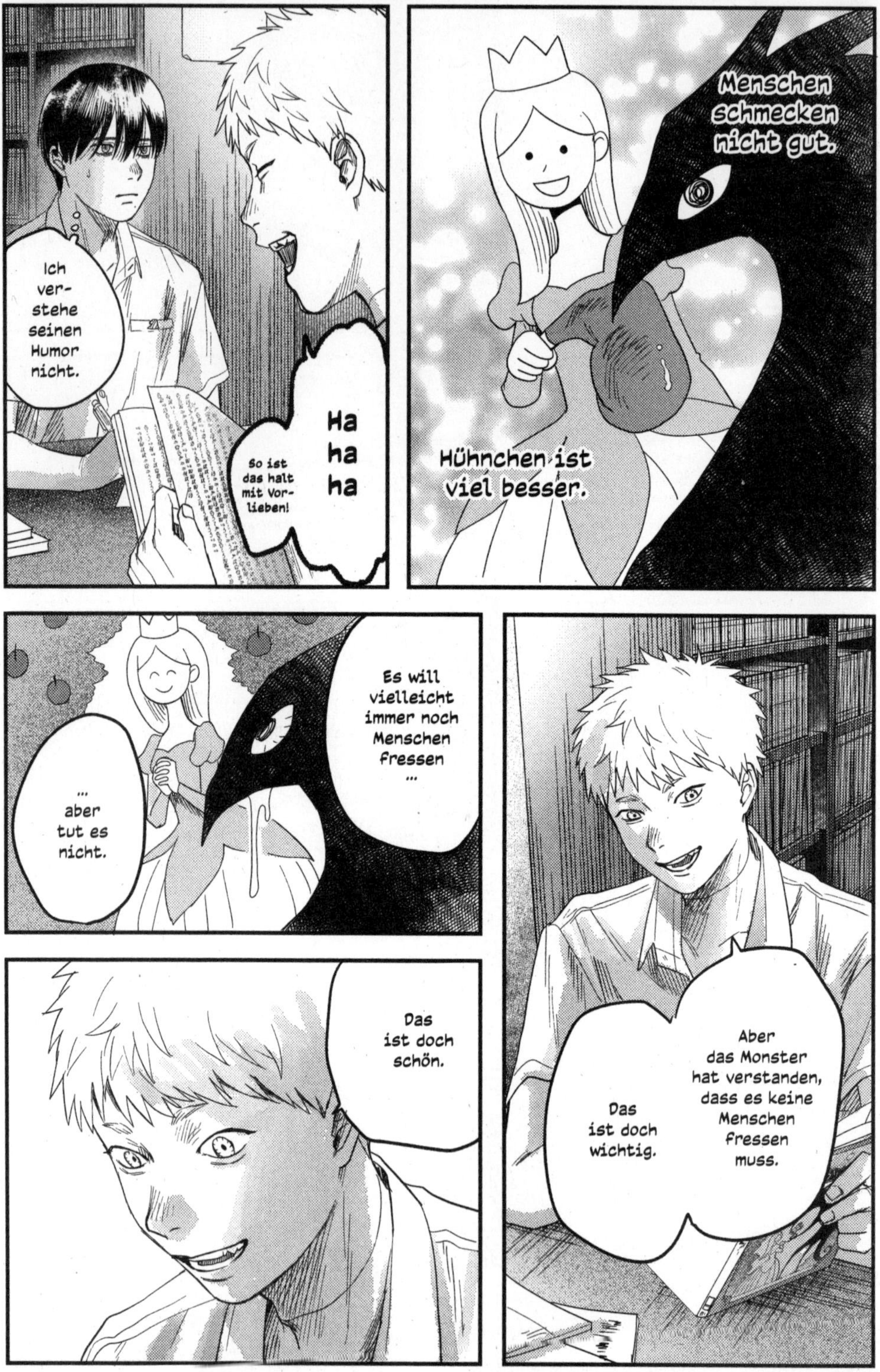

Menschen schmecken nicht gut.
Hühnchen ist viel besser.
Ha ha ha
So ist das halt mit Vorlieben!
Ich verstehe seinen Humor nicht.
Es will vielleicht immer noch Menschen fressen ...
... aber tut es nicht.
Aber das Monster hat verstanden, dass es keine Menschen fressen muss.
Das ist doch wichtig.
Das ist doch schön.

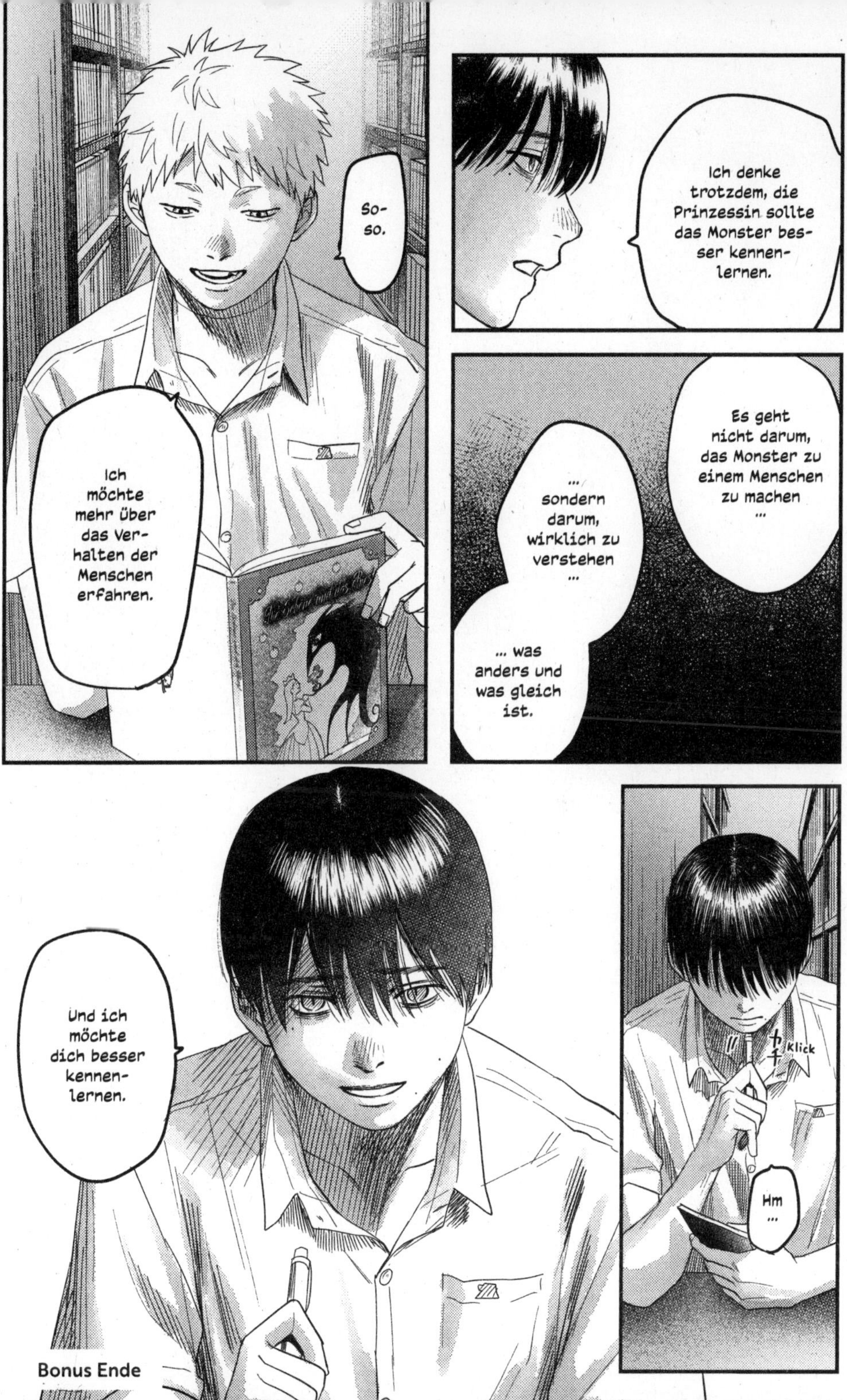
Ich denke trotzdem, die Prinzessin sollte das Monster besser kennenlernen.
Es geht nicht darum, das Monster zu einem Menschen zu machen ...
... sondern darum, wirklich zu verstehen ...
... was anders und was gleich ist.
So-so.
Ich möchte mehr über das Verhalten der Menschen erfahren.
Klick
Hm ...
Und ich möchte dich besser kennenlernen.

Bonus Ende

Frageecke

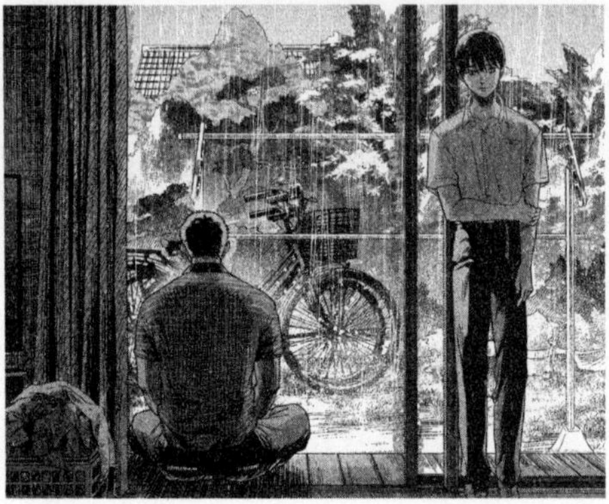

Wie hat das Verhalten von Yoshikis Vater Yosihki beeinflusst?

Yoshikis Eltern streiten oft, aber sein Vater wehrt sich kaum, sondern macht seinem Ärger Luft, indem er die Tür zuknallt. Seit dem Tod von Hikarus Vater verbringt er mehr Zeit allein. Yoshiki, der Zeit seines Lebens mitbekam, wie kommunikationsschwach sein Vater ist, kann ihm keinen Respekt entgegenbringen und begann im Laufe der Jahre, Abscheu gegenüber sich selbst zu empfinden, da er seinem Vater immer ähnlicher wird.

Ich würde gerne wissen, auf welche Musik Hikaru, *Hikaru* und Yoshiki stehen.

Hikaru hörte oft japanischen Rock und Openingsongs von Anime.
Hikaru hört alle möglichen Lieder und wird schnell von den Songtexten berührt.
Yoshiki mag Lieder ohne Gesang, die eine düstere Atmosphäre haben, und hört sie oft allein in seinem Zimmer.

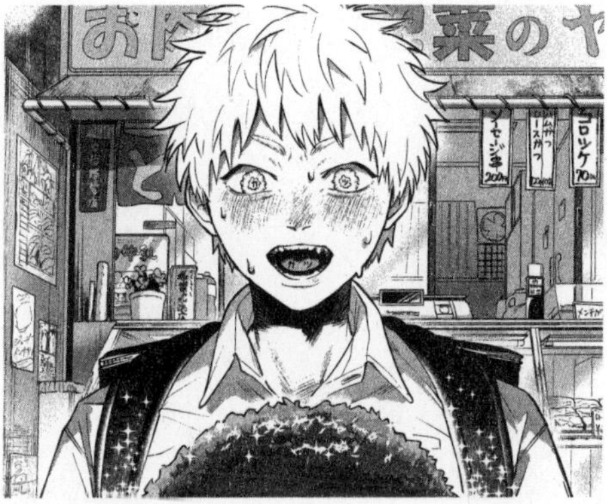

Ich bin neugierig, welche Gefühle *Hikaru* für Kaoru hat! In Band 2 beim Sommerfest war es schön zu sehen, wie *Hikaru* Kaoru an der Hand hielt und Kaoru auch Yoshikis Hand hielt.

Zu Lebzeiten war Kaoru für Hikaru wie eine echte kleine Schwester und er kümmerte sich immer um sie. Er war zwar nicht so aufmerksam wie Yoshiki, aber Hikaru half Kaoru oft unbewusst. Beim Sommerfest spiegelt sich das auch in *Hikaru* wider. Seit er zu Hikaru geworden ist, scheint es so, als wäre Kaoru »wie eine kleine Schwester und daher wichtig« in ihm verankert. Aus Kaorus Sicht wirkt er jedoch etwas distanziert.

Enthalten *Hikarus* Erinnerungen an Hikaru alle Sinne, die Hikaru damals empfand? Bleiben alle Empfindungen wie Geruch, Geräusch und die Emotionen von damals als »Hikaru-Erinnerungen« erhalten?

Ja, das tun sie. Allerdings fühlt es sich für *Hikaru* so an, als wäre ihm plötzlich ein dickes Wörterbuch voller »Hikaru-Erinnerungen« in den Kopf gehämmert worden. Daher fühlt sich dieselbe Erfahrung für ihn trotzdem neu an.

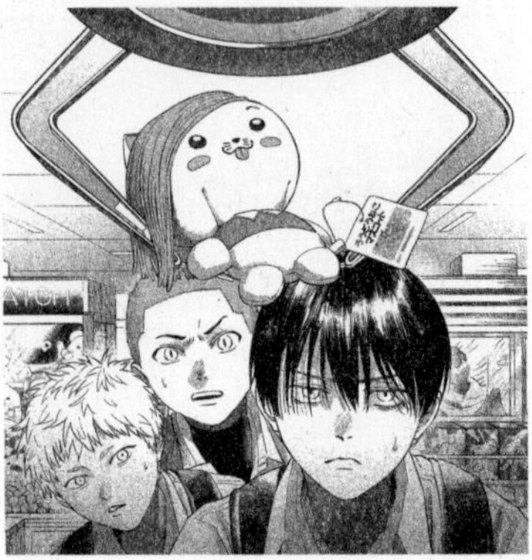

Sensei, nachdem ich Ihre bisherigen Illustrationen gesehen habe, dachte ich, dass *Hikaru* keine Kälte spürt. Wie sieht es mit Hitze aus? In der Geschichte sagt *Hikaru* manchmal »Puh, es ist heiß« und benutzt einen Ventilator, was darauf hindeutet, dass er Hitze mehr wahrnimmt als Kälte.

Da *Hikaru* keine »instinktive Angst vor dem Tod« hat, registriert er sowohl Hitze als auch Kälte einfach als angenehme Empfindungen. Er kann nicht krank werden, daher stören ihn auch taube Gliedmaßen durch Kälte nicht und selbst ein schwerer Sonnenbrand heilt bei ihm schnell.

Gibt es neben der langhaarigen Katze noch weitere Roudou-Neko-Maskottchen? Falls ja, welche Katze ist am beliebtesten?

Es gibt auch Boykott-Neko und Motojime-Neko. Die Hauptfigur Roudou-Neko ist die klassischste und genießt unter Oberschülerinnen enorme Beliebtheit.

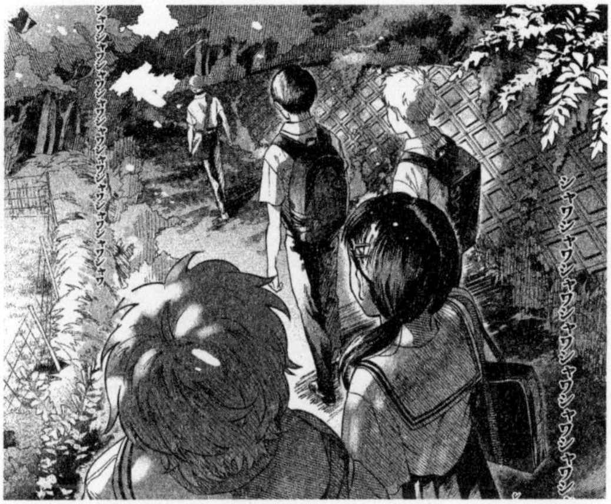

Ich würde gerne ein Ranking der Intelligenz von Yoshiki, Hikaru, Asako, Yuki und Maki haben!

Yoshiki, Asako, Yuki, Maki = Hikaru, in dieser Reihenfolge.
Die Schulnoten von Hikaru und *Hikaru* waren zu Lebzeiten ungefähr gleich, aber Hikaru hat nicht gern gelernt, während *Hikaru* es als unterhaltsam empfindet. Allerdings versteht er den Unterrichtsstoff nicht immer richtig.

Wer in Yoshikis Gruppe zeichnet am besten und wer hat eher Schwierigkeiten damit?

Am besten zeichnet Asako.
Maki ist auch ziemlich gut, da sie gerne Anime abzeichnet.
Yuki zeichnet im Mal-so-mal-so-Stil, ihre Zeichnungen sind oft unausgewogen.
Hikaru kann es am wenigsten.

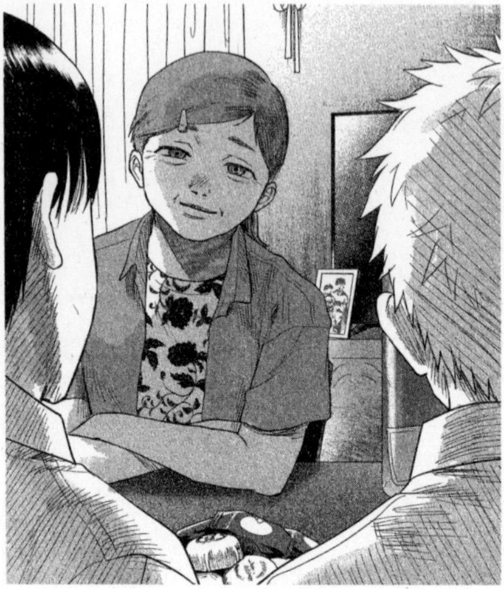

Seit wann kann Frau Kurebayashi die Anomalien ins Jenseits zurückschicken?

Sie konnte die Anomalien bereits von klein auf sehen, aber als sie das erste Mal als Oberschülerin eine Anomalie zurückschickte, führte das zu großen Komplikationen. Seitdem verbirgt sie ihre Kräfte. Allerdings neigt sie dazu, anderen zu helfen, was dazu führt, dass sich Gerüchte verbreiten, wodurch sie immer wieder mal in die Bredouille kommt.

Mokumokuren-sensei, arbeiten Sie analog oder digital?

Vollständig digital.

Nachwort

Vielen Dank, dass ihr auch den fünften Band gelesen habt. Ursprünglich war *Der Sommer, in dem Hikaru starb* als dreiteilige Serie geplant. Nun sind die Bände 1 bis 3 eher »Slice of Life«, in den Bänden 4 und 5 steht das »Mystery« im Vordergrund, und ab Band 6 beginnt ein neuer Abschnitt.

Assistenz:
Nomu, danke wie immer!

Die Geschichte geht also noch weiter, und ich hoffe, ihr bleibt dabei!

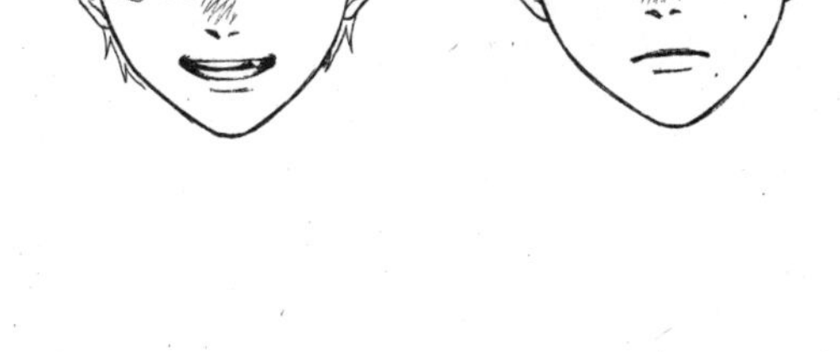

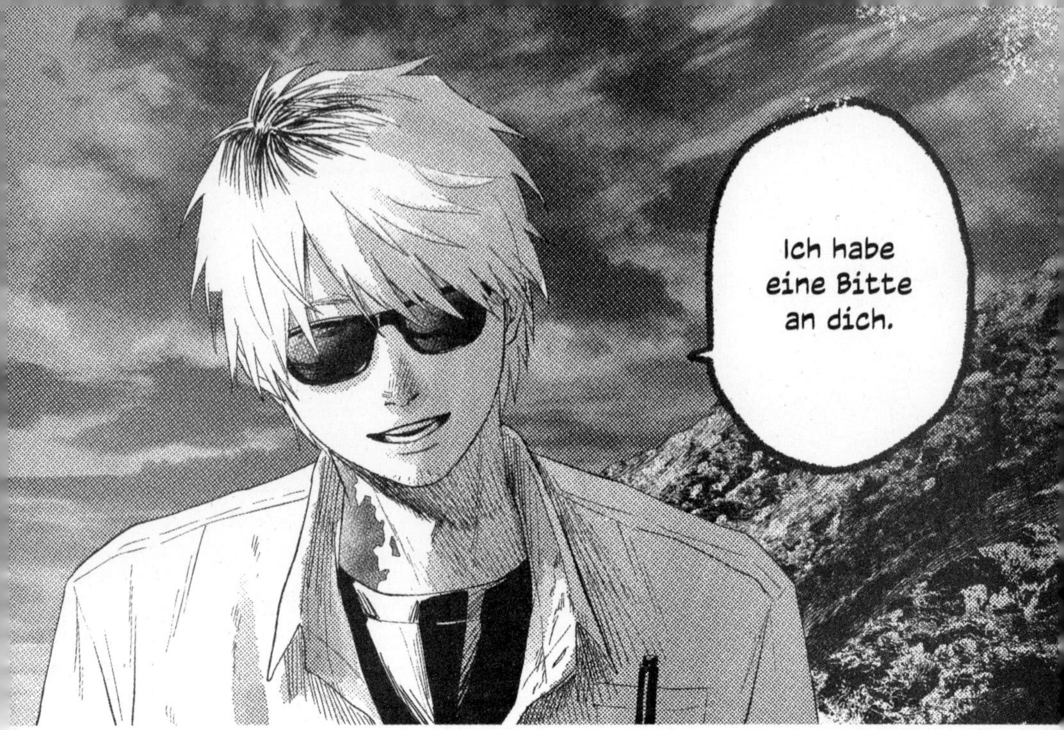

Vorschau auf den nächsten Band

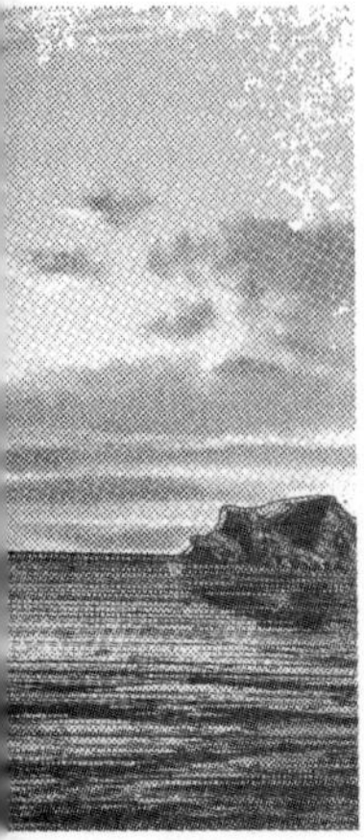

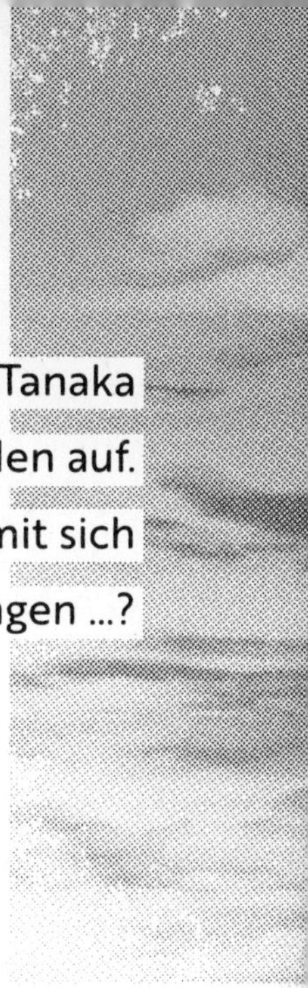

Urplötzlich taucht Tanaka
vor den beiden auf.
Was wird er mit sich
bringen …?

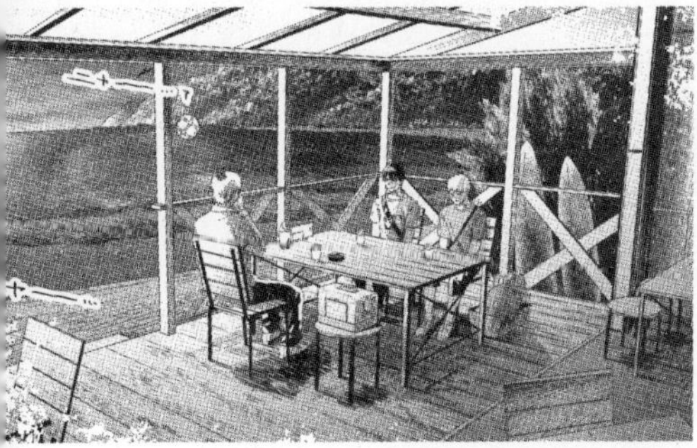

DER SOMMER, IN DEM HIKARU STARB

Fortsetzung in Band 6

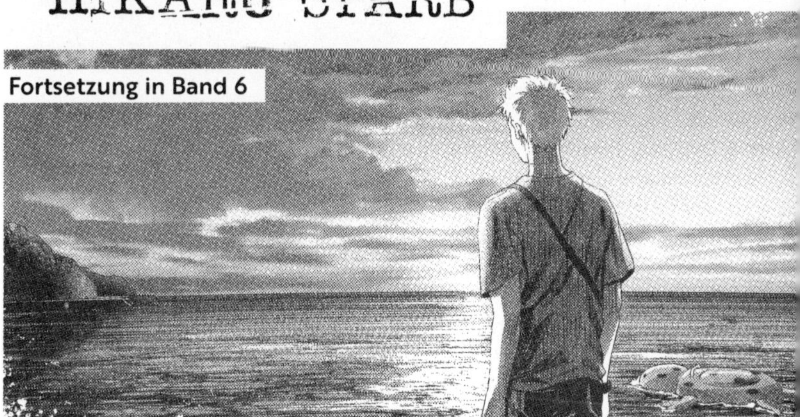

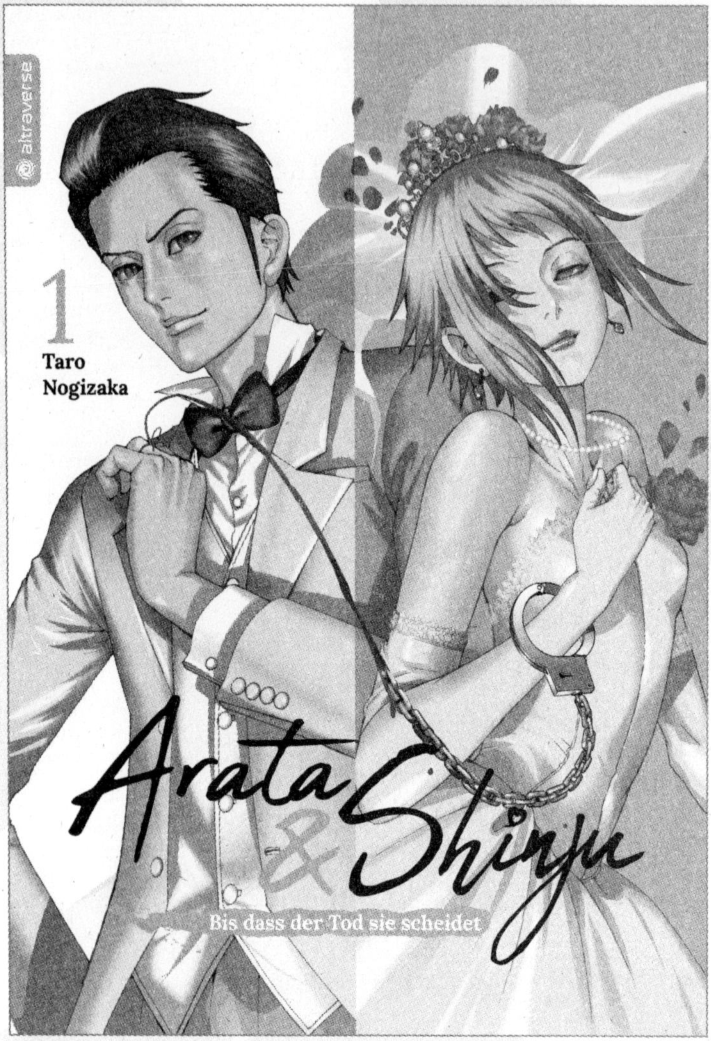

Arata & Shinju – Bis dass der Tod sie scheidet

Taro Nogizaka

Der Erziehungsberater Arata Natsume wird von einem seiner Schützlinge gebeten, den Mörder seines Vaters im Gefängnis zu besuchen und ihn zu fragen, wo dieser den noch immer verschollenen Kopf seines Vaters versteckt hat. Doch der Mörder entpuppt sich als gerissene junge Frau und schon bald beginnt ein Katz-und-Maus-Spiel zwischen den beiden, dessen erstes Ergebnis ist … dass die beiden heiraten?!

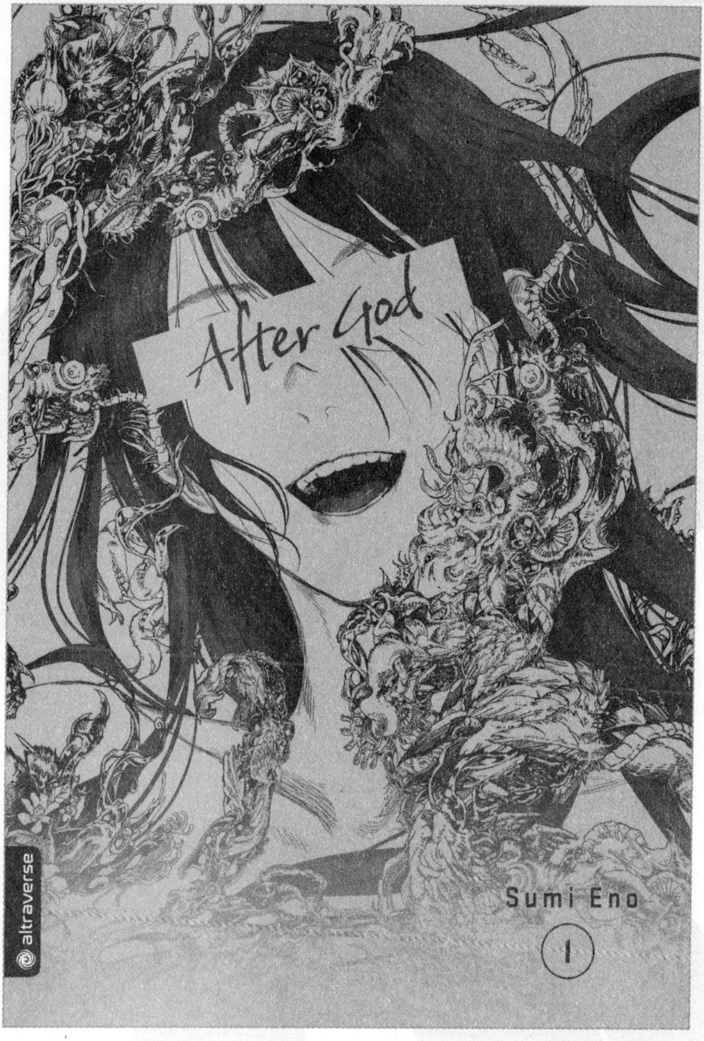

After God

Sumi Eno

Große Teile von Japan sind zu Gefahrengebieten erklärt worden, weil gefährliche Götter über sie herrschen. Der Wissenschaftler Tokinaga erwischt eine junge Frau namens Waka dabei, wie sie durch einen Grenzzaun starrt. Zur Rede gestellt behauptet sie, sie sei nur gekommen, um eine Freundin zu treffen. Tokinaga weiß, dass sie ihn anlügt, doch er ist sich nicht bewusst, dass Waka die Kraft besitzt, das Schicksal der Welt zu verändern ...

Fantasy 15+

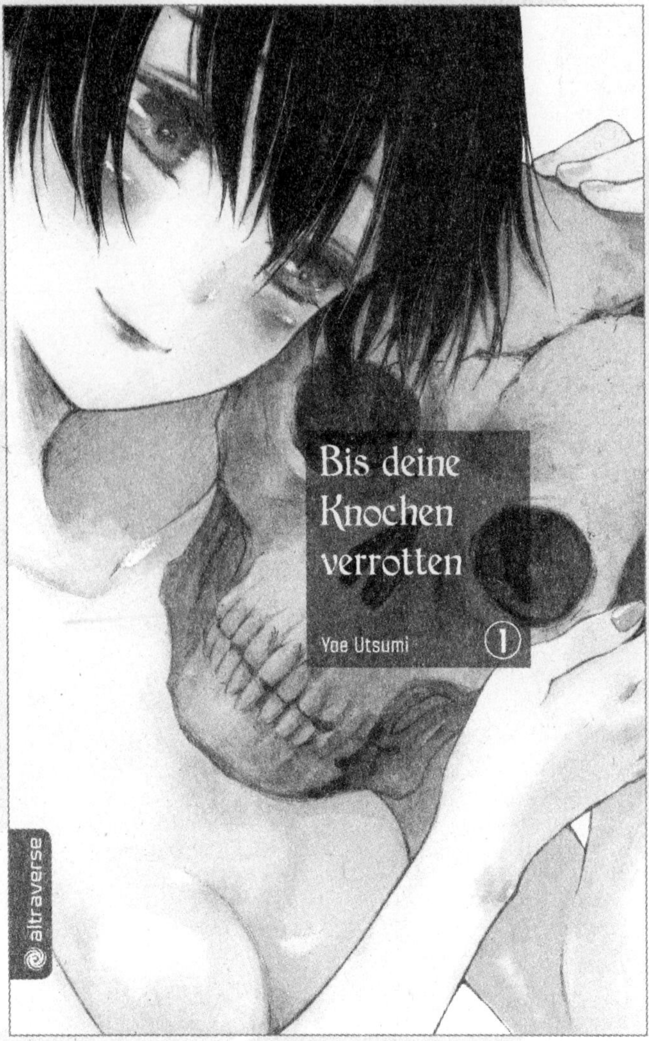

Bis deine Knochen verrotten

Yae Utsumi

Vor fünf Jahren töteten fünf Freunde einen Mann. Heute erinnert nur noch ein an einem geheimen Ort vergrabenes Skelett an ihr Vergehen. Als dieses plötzlich verschwindet und ein mysteriöser Unbekannter die Freunde erpresst, bricht für sie die Hölle auf Erden aus.

Fantasy 16 +

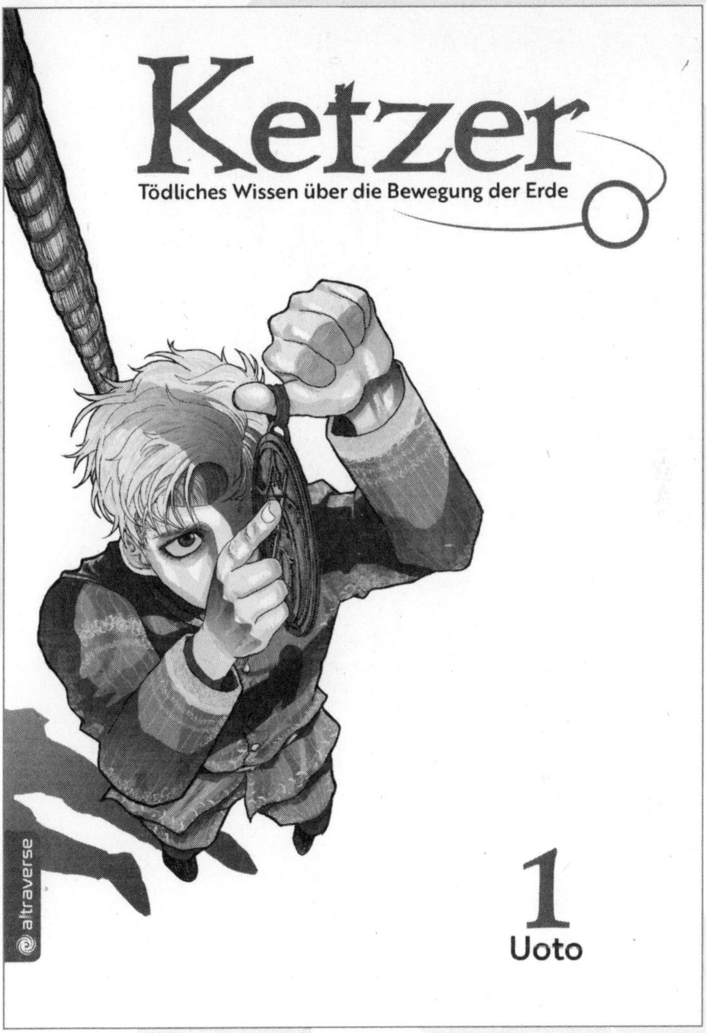

Ketzer

Uoto

Es ist das 15. Jahrhundert. Rafal, ein Musterschüler, möchte bald auf die Universität, um dort Theologie zu studieren. Aber ihn treibt eine weitere Leidenschaft um, die Sternkunde. Als er auf einen häretischen Wissenschaftler trifft, lernt er eine Theorie kennen, die nicht länger die Erde als Zentrum des Universums sieht. Eine Theorie mit weitreichenden Konsequenzen ...

Fantasy 13 +

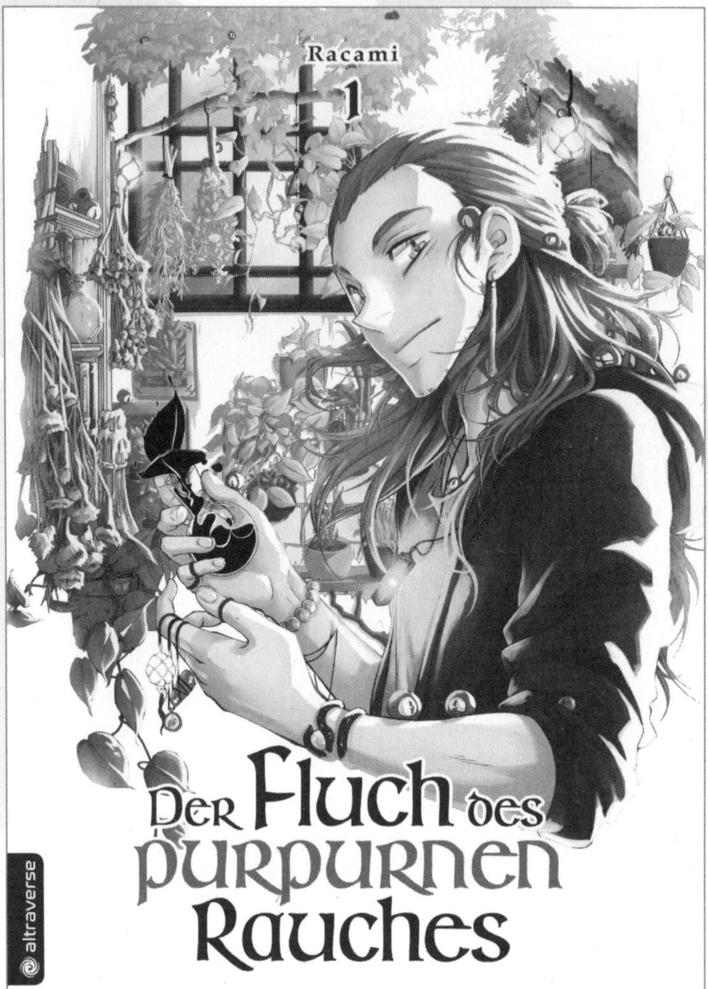

Der Fluch des purpurnen Rauches
Racami

Erin wüsste gern, was der optimale Verlauf ihres Lebens wäre. Um dies herauszufinden, sucht sie den Hexenmeister Artur auf. Der ist auch bereit, ihr zu helfen. Aber dafür muss Erin einen Preis zahlen: Sie soll zehn Jahre bei dem Hexenmeister bleiben ...

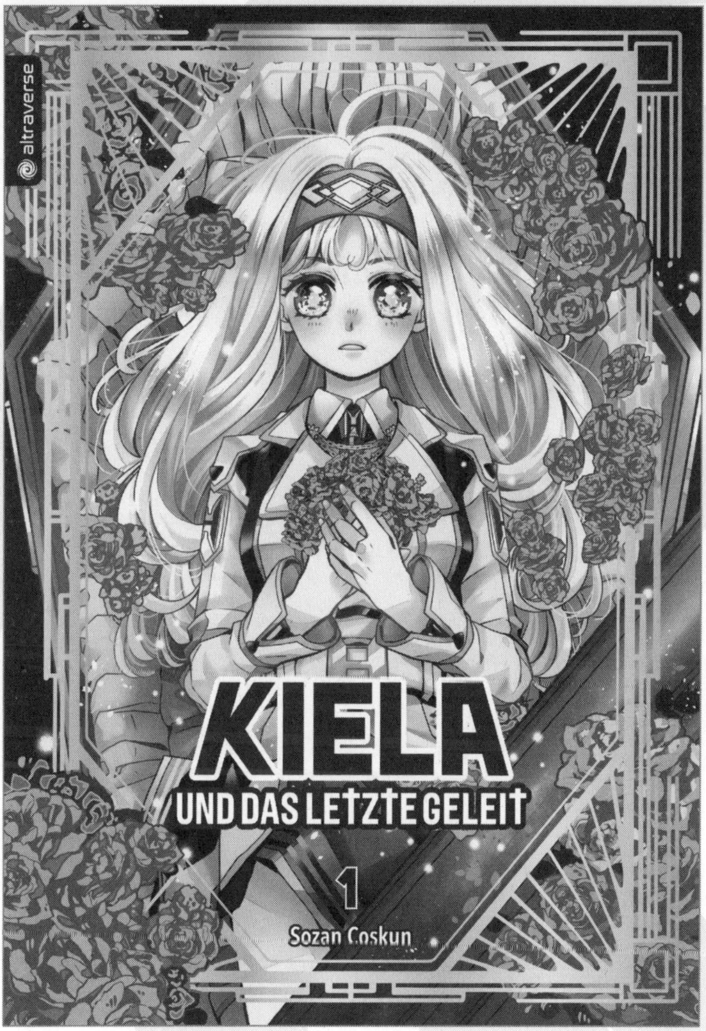

Mystery 15 +

KIELA UND DAS LETZTE GELEIT

Sozan Coskun

Ihr Zwillingsbruder ist in jungen Jahren einer Herzkrankheit erlegen. Seitdem wünscht sich Kiela sehnlichst, ihn zumindest noch ein Mal wiederzusehen. Könnte die Helsheim AG, die ihren Kunden sicheres Geleit ins Jenseits garantiert, vielleicht auch Kontakt zum Reich der Toten für sie herstellen?

altraverse

Deutsche Ausgabe / German Edition

Altraverse GmbH
Ruhrstr. 11 a
22761 Hamburg
kontakt@altraverse.de

Aus dem Japanischen von Anemone Bauer

HIKARU GA SHINDA NATSU Vol. 5

First published in Japan in 2024 by KADOKAWA CORPORATION, Tokyo.
German translation rights arranged with KADOKAWA CORPORATION, Tokyo through TUTTLE-MORI AGENCY, INC., Tokyo.

Redaktion: Jörg Bauer, Johannes Marschallek
Herstellung: Marilis Pästel
Lettering: Vibrant Publishing Studio

Druck: Nørhaven A/S, Viborg
Printed in Denmark

FSC www.fsc.org MIX Papier | Fördert gute Waldnutzung FSC® C104608

ISBN 978-3-7539-2984-2
3. Auflage 2026

www.altraverse.de